힘내라, 도서관!

힘내라, 도서관!

위대한 도서관 서사와 도서관 시민

우석훈 지음

오픈하우스

여는 말 — 7

1장 미국은 어떻게 경제대국이 되었는가?

가출한 17세 미국 소년 — 18
벤저민 프랭클린이 만든 것들 — 23
도서관 시민의 탄생과 미국의 도서관 혁명 — 31
어느 퇴역 대령과 도서관 소년 — 43
공공 도서관이란 무엇인가? — 53
미국 경제와 도서관 혁명 — 67
경제대국 미국의 성공 요인과 도서관 시민 — 81

2장 한국은 어떻게 경제강국이 되었는가?

일본 도서관, 짧은 역사 이야기 — 94
식민지 인도와 도서관학 5법칙 — 104
초대 총독의 무도서관 정책 — 112
인정도서관, 최초의 본격 사립 공공 도서관 — 119
대통령과 도서관 — 126
위대한 도서관 서사의 시작, 박정희 시대 — 132
전두환 시대에서 김대중 시대까지 — 143
위대한 도서관 서사의 시대 — 153

3장 차고, 넘치고, 또 넘치게

수학의 인문학	— 164
파운데이션, 도서관 그리고 개인 서재	— 172
'흘러넘치기 효과'와 지식 그리고 내생성장	— 178
물, 공기 그리고 도서관 시민	— 191
문해력 격차와 도서관 격차	— 201
AI 시대, 책은 살아남을 것인가?	— 207
길게 생각하기, 쌓아놓고 읽기	— 220
어떤 '야한 소설'의 가치와 도서관의 가치	— 234
너희가 사서를 아느냐?	— 251

4장 힘내라, 도서관!

도서관은 누구하고 놀아?	— 266
기적의도서관과 작은도서관	— 275
학도 격차	— 287
의정부음악도서관, 전문 도서관의 세계	— 304
국회도서관은 야당 몫?	— 312
꿈꾸는도서관, 공간을 장소로 바꾸는 도서관	— 321
장애인 도서관과 점자책	— 335
도서관 시민과 '살아 있는 도서관'	— 340
도서관과 돌봄의 경제	— 350
히키코모리를 위한 짧은 도서관 소묘	— 361

책을 덮으며	— 371

여는 말

1

최근 뇌과학이 유행하면서 책을 읽을 때 뇌에서 벌어지는 여러 현상에 대한 설명이 조금씩 나오고 있다. 책을 읽으면 뇌의 여러 부위가 활성화되고 뉴런을 연결하는 시냅스가 재구성된다고 하는데, 막연히 "책을 읽으면 머리가 좋아질 거야", "특히 어린이나 청소년 시기에 책을 읽으면 두뇌 발달에 도움이 될 거야"라고 했던 말들에 대한 근거가 정교해지고 있는 것이다.

나는 초등학교 1학년 때 학교에 잘 적응하지 못했다. 박정희 시절이었는데, 국민교육헌장을 외우지 못하면 학교 교문 앞에서 손을 들고 서 있거나 무릎을 꿇고 있어야 했다. 나는 매일 교문 앞에 서 있었다. 외우면 그만인데, 그게 도무지 외워지지가 않았다. 그때부터 나는 소문난 문제아로 찍혔다. 초등학교 2학년이 되자 담임 선생님이 학교 자료실 열쇠를 나에게 주셨다. 이유는 모른다. 그렇게 처음 자료실에 갔을 때, 그림책과 동화책이 가득한 공간에서 눈이 번쩍 뜨였던 기억이 난다. 어쩌면 유독 문제아였던 나에게 학교에서 내린 거의 마지막 조치였는지도 모른다.

그렇다고 해서 내가 평생 책을 좋아하는 사람으로 자랐을까? 꼭 그렇지도 않다. 가슴에 손을 얹고 맹세컨대, 나는 지금도 책 읽기를 좋아하지 않는다. 특히 첫 장을 넘기는 순간이 매우 두렵다. 두

꺼운 책은 지금도 가슴을 내리누르고, 어떤 핑계를 대고라도 그 순간을 피하고 싶다. 책? 사실 안 보고 싶다. 그래도 꾸역꾸역 읽기는 한다. 좋아서 읽거나 즐거워서 읽는 게 아니라 살아남기 위해서, 먹고살기 위해서 책을 읽는다. 내가 보는 책 중에는 무지 어려운 책들이 많고, 흔히 '벽돌책'이라고 불리는 전화번호부만 한 책들이 많다. 책을 사랑하느냐고 묻는다면 그렇다고 말하기는 어렵다. 나는 아직도 책이 무섭다. 평생을 책을 읽으며 살았는데, 아직도 책 읽기를 좋아하게 되지는 않았다.

책과 반대되는 속성을 가진 것이 설탕이다. 인간을 포함한 많은 동물들이 원래 단 것을 좋아하도록 설계되어 있다. 곤충들도 그런 경우가 많다. 많은 열량을 가장 쉽게 얻을 수 있는 방법이기 때문에 본능으로 자리 잡은 것이다. 물론 모든 동물이 그런 것은 아니다. 육식 야생 동물이었다가 사람과 함께 살게 된 고양이는 대표적으로 단맛을 인지하지 못한다. 단맛 수용체 단백질을 만드는 핵심 유전자 중 하나인 T1R2가 고양이를 비롯한 사자나 호랑이에게는 없다고 한다. T1R1과 T1R3 유전자가 함께 작용하면 감칠맛을 느끼게 되고, T1R2와 T1R3가 함께 작동해야 비로소 단맛을 느끼게 된다. 인간은 단맛에 반응하도록 설계되어 있다.

책은 인간 본능에 진화적으로 포함되기에는 너무 늦게 역사에 등장했다. 그래서 도파민을 비롯해 사람을 움직이게 하는 보상 체계에 포함되어 있지 않다. 내가 여전히 책을 무서워하고, 책 첫 장을 넘길 때마다 심호흡을 크게 하고, 매번 큰맘 먹고 도전하게 되는 것이 이상한 일이 아니다. 요즘에는 만화책조차 읽기가 무서워지기 시작했다. 이건 노안 때문이다. 〈은하영웅전설〉이 마지막으로 읽은 만화책이다.

    책을 가까이 하고, 독서를 통해서 뭔가 얻어내는 능력은 생물학적인 것이 아니다. 한 사람 한 사람이 어른이 되어가며 억지로 갖추어야 하는, 후천적으로 습득하는 능력이고 개별적인 노력의 결과다. 그냥 저절로 책을 좋아하게 되는 사람, 그런 건 없다. 나는 평생 책을 보고, 결국 책을 쓰는 직업을 갖게 되었지만, 새로운 책에 대한 도전이 나를 설레게 한 적은 한 번도 없다. 그냥 피하고 싶어서 매번 꾀를 낸다.

    인간은 각자 태어나 어른이 되어가면서 스스로 독서 능력을 만들어나가야 한다. 그게 자본주의에서 도서관이 생겨난 이유다. 농노에서 시민으로, 경제 주체가 하는 역할이 바뀌었다. 모든 부모가 자녀에게 필요한 책을 원하는 만큼 사줄 수는 없다. 필라델피아에서 최초로 생겨난 작은 도서관은 처음부터 사람들에게 책을 빌려주기 위한 것이 목적이었다. 결국 미국은 영국으로부터 독립했고, 도서관의 효능감을 경험한 신대륙 전역에 도서관이 쫙 퍼져나갔다.

2

    도서관 경제를 다루기에 앞서 도서관의 역사에 대해 몇 년간 살펴보았다. 특히 공공 도서관이 왜 미국에서 먼저 생겨났는지, 왜 영국을 비롯한 유럽의 많은 국가들이 대서양 너머 신생국에서 시작된 공공 도서관 모델을 채택하게 되었는지, 그 과정이 너무 드라마틱하고 재밌었다. 그렇게 도서관의 역사에 대해 전체적으로 한 번 톺아본 뒤 한국의 상황도 살펴보았다.

가장 먼저 알게 된 사실은, 조선총독부 초기에 실시한 조선의 무無도서관 정책이었다. 대부분의 사람들은 일본이 조선에서 뭘 더 가져가기 위해 조선에 이것저것 만들어줬고, 그게 훗날 한국의 경제 발전에 도움이 되었다고 생각한다. 어떤 분야에서는 그게 맞고, 그렇지 않은 분야도 있다. 예를 들어, 잡히자마자 죽어버리는 멸치를 삶아서 보관하는 방식은 일본에서 유래한 것이다. 우리는 멸치를 그냥 건조시켰다. 도서관에 관해서는 그런 일반적인 일본 유래설이 잘 안 맞는다. 철도와 항만 등 일본이 적극적으로 조선에 건설한 시설들과 달리, 총독부는 도서관만큼은 아예 만들지 못하게 했다. 그 시절에는 사실 일본도 도서관이 뭔지 제대로 몰랐다. 일본 또한 자발적으로 도서관을 만든 나라가 아니라, "이건 꼭 필요하다"고 말하는 높으신 분들이 껍데기만 갖다 놓은 것이 시작이었다. 일본의 도서관 정책이 비로소 본궤도에 올라가는 것은 패망 후 미군정 시절이다.

한국에 도서관 붐이 분 것은 6·25 때였다. 국회도서관과 건대 등 대학 도서관 그리고 고등학교에 일었던 학교 도서관 붐이 모두 정확히는 1·4 후퇴 이후에 생겨났다. 이때 생겨난 사회적 힘이 군사정권과 만나면서 진짜로 도서관을 대규모로 만들기 시작했다. 한국 보수가 진정으로 한국에 기여한 것이 있다면, '정말 열심히 도서관을 만든 일'이라고 할 수 있다.

한국의 도서관들을 살펴보면서 처음에 나는 진보와 보수 사이에 도서관 정책에 대해 차이가 있지 않을까 생각했다. 그러나 아주 미세하게 있을지는 몰라도, 전체적인 흐름 속에서는 그런 차이가 별로 없었다. 무식한 걸로는 둘째 가라면 서러울 정도인 전두환도 도서관만큼은 열심히 지었다. 도서관을 진짜로 싫어했던 대통령은 김영삼과 윤석열, 두 사람이다. 김영삼은 도서관만 싫어한 것이 아니다. 그를 아는 사람들에게 물어보니까, 프린터로 출력된 보고서조차 읽기 힘들어했다고 한다. 김영삼은 문화부에 '도서관과'가 별도로 존재하는 것을 못마땅하게 여겼고, 결국 '박물관과'와 통합시켰다. 윤석열은 대통령이 주재하도록 되어 있는 국가도서관위원회를 대통령이 하지 않는 일로 바꾸고 싶어했다. 그러나 그걸 도와줄 국회의원을 충분히 확보하지는 못했다. 그 대신 대통령령을 바꾸어서, 도서관이 책을 덜 사게 만들었다. 도서관이 껍데기만 남고, 내부는 텅 비는 방향으로 제도를 바꾼 것이다. 생각보다 꼼꼼했다.

　이렇게 한국 도서관의 역사를 살펴본 뒤, 나는 감동을 느꼈다. 우리의 도서관은 아직 어수룩한 데가 있고, 건물만 있는 것이라고 해도 무방한 경우도 많았다. 그럼에도 불구하고, 20세기에 독립한 수많은 국가 중에서 한국처럼 하나의 사이클을 도는 자체적인 도서관 스토리를 가진 나라는 없는 듯하다. 나는 그것을 '위대한 도서관 서사'라고 부르기로 했다. 여기에는 감동적인 이야기들이 정말 많다. 지금 있는 도서관 한 곳 한 곳마다 눈물 나는 사연을 한 트럭씩 가지고 있다. 도서관이 만들어질 때의 이야기도 그렇고 이후에 몇 번이나 문 닫을 위기를 가까스로 넘기면서 버텨

내고 있는 곳이 대부분이다. 종로에 있는 어린이 도서관은 경찰이 몇 번씩이나 그 건물을 가져가려고 했었다. 그곳에 있던 '비밀경찰'들이 나중에 양지로 나온 게 바로 청와대 민정수석실이다. 박근혜는 이 도서관을 아예 없애고 싶어했지만 겨우겨우 살아남았다.

1930년 김인정 여사가 평양에 만든 인정도서관은, 감동으로만 보면 한국 도서관 역사에서 단연 최고다. 일제는 이곳을 눈엣가시로 생각해서 갖은 훼방을 놓았고 절대 여기에 지원금이 가지 않도록 했다. 소련이 진주한 후에는 이 도서관 건물을 소련 문화부 건물로 사용하기도 했는데, 남한에서는 북한에서 있었던 일이라는 이유로 외면했고, 북한에서는 나중에 월남한 반동분자의 일이라며 외면해 결국 묻혀버린 역사가 되었다. 지금이라도 김인정 여사에게 건국훈장 같은 서훈을 추서하면 좋겠다는 생각이 든다.

군사독재 시대를 지나면서 한국에도 위대한 도서관 서사가 생겨났다. 일본한테 뭔가 배운 것을 나름대로 한국식으로 응용한, 그런 시시한 역사가 아니다. 2차 경제발전5개년계획이 시행된 바로 다음 해에 공공도서관설치5개년계획이 같이 움직였다. 한국 경제를 일구는 과정에서 한국 도서관이 했던 역할은 지금껏 크게 부각되지 않았지만, 분명 도서관 서사는 경제 발전과 함께 움직여 왔다.

3

미국을 비롯한 많은 나라에서 현대식으로 도서관을 만드는 과정은, 시민들이 도서관을 만들자고 하고 돈을 모으는 것으로부터 시작된다. 나중에는 지방 정부가 돈을 대고, 결정적으로는 강철왕 카네기 같은 사람들이 대규모 기부를 하게 된다. 그런 다음 시민들이 직접 참여해서 도서관을 경영하는 것으로 한 사이클이 마무리된다. 그 과정에서 도서관 시민들이 생겨났다. 이 도서관 시민이 미국 도서관의 진짜 힘이다. 미국 도서관이 세계 최고인 이유다.

우리나라는 순서가 조금 다르게 왔다. 건국 초기에 생겨난 한 줌의 사서들이 군인들을 설득하는 데 성공해 시민 단계를 생략하고 도서관이 먼저 생겼다. 도시에 대규모 공공 도서관이 들어서는 동안, 농촌 지역 등 도서관 없는 지역을 중심으로 마을문고 운동이 일어났다. 소설〈상록수〉로 널리 알려진 야학과 같은 민중 흐름이 있었다. 그리고 도서관 시민이 본격적으로 형성되기 시작한 것은 2000년대 들어서부터다. 한국에서 시민 개념이 전면적으로 등장한 것은 1990년대 중후반이다. 그러다 보니 위대한 도서관 서사가 존재하는 나라임에도 불구하고, 도서관 시민의 형성은 상대적으로 늦어졌다. 그래도 아주 없지는 않다. 도서관마다 독서 동아리를 비롯해서 시민들이 만든 모임이 하나씩 늘어가는 중이다. 이것이 바로 도서관이 지역에 뿌리내리는 과정이다. 미국과 비교하면 순서가 조금 다르기는 하지만, 우리의 위대한 도서관 서사도 이제 비로소 한 바퀴를 돌게 되었다. 도서관이 엄청나게 중요한 기관이라고 생각하는 사람은 많지 않지만, 이제 어떤 단체장이 와서 흔들더라도 바로 문을 닫지 않고 얼마라도 버틸 수 있을 정도는 된다.

전체적으로 내용을 정리하고 나서, 나에게 새로운 꿈이 생겼다. '살아 있는 도서관'이라는 말은 인도의 도서관학자 랑가나단의 도서관 법칙 중 하나인 '유기체적 도서관'에서 나온 표현이다. 처음 공공 도서관이 출발할 때, 한국 도서관은 군인의 얼굴을 가졌었다. 조선총독부도 군인들의 기관이고, 유신 시대도 군인들이 만든 것이다. 총독부 시절에는 한국말로 된 책을 못 읽게 했고, 군인들은 금서를 못 읽게 했다. 정말로 군인 얼굴을 한 도서관은 일본에 있었다. 일본의 도서관에서는 잠이 들면 수위가 와서 깨웠다. 우리는 그 정도까지는 아니었다. 잠자는 것 정도는 봐줬다. 군인의 얼굴에서 이후 공무원의 얼굴로 한국 도서관의 얼굴이 한 번 바뀌었다. 지금은 바리스타의 얼굴로 바뀌기 위해 발버둥을 치는 중이다. 요즘 시대에는 카페가 사람들이 가장 편안하게 생각하는 공간이기 때문이다. 가장 군인스럽던 일본의 도서관에조차 카페가 생겨날 정도로 시대가 변했다.

 한국 도서관의 위대한 서사가 한 번 더 역할을 할 순간이 왔다는 생각이 책을 마무리할 때 들었다. 미국의 많은 도서관이 코로나 때 돌봄 기능을 톡톡히 했다. 특히 경제적으로 어려운 지역일수록 주민들이 모일 수 있고 공권력이 작동할 수 있는 공간이 별로 없는데, 도서관은 그 역할을 할 수 있다. 이런 역할은 도서관 시민이 형성되어 있지 않다면 불가능하겠지만 다행히 한국은 지난 20여 년 동안 나름대로 도서관 시민을 만들어왔다고 생각한다.

 우리가 가지고 있는 도서관의 위대한 서사가 한 발 더 나아간다면, 그것은 '따뜻한 자본주의'로 한국 자본주의가 전환할 수 있는 발판 역할일 것이다. 지금의 질문이 '카페와 도서관'이라면 다음 단계의 질문은 '돌봄과 도서관'일 것이다. 우리가 눈을 감고 있거나 자신의 문제가 아니라고 외면하고 있는 히키코모리 파트를 정리하면서 이런 생각이 더 많이 들었다. 히키코모리 파트는 왠지 다른 흐름과 어울리지 않는 것 같아서 마지막 순간에 빼려고 했었다. 사서들과 상의를 해 보니, 그래도 있는 게 더 좋을 것 같다는 의견이 많았다.

도서관 경제를 전체적으로 정리하고 나니 잘난 사람들의 도서관, 똑똑한 사람들의 도서관, 책 좋아하는 사람들의 도서관에서, '따뜻한 자본주의'를 열어 나간 도서관, 그런 흐름이 오면 좋겠다는 바람이 생겼다. 책을 정말 싫어하던 대통령의 시대를 마지막으로, 도서관과 함께 따뜻한 자본주의를 펼쳐나가는 시대가 오면 정말 좋을 것 같다. 이런 마음을 모아서 한마디 외친다. 힘내라, 도서관!

지겹도록 물어보는 수많은 얘기에 언제나 꼼꼼하게 대답해주신 많은 사서 여러분에게 감사를 드린다.

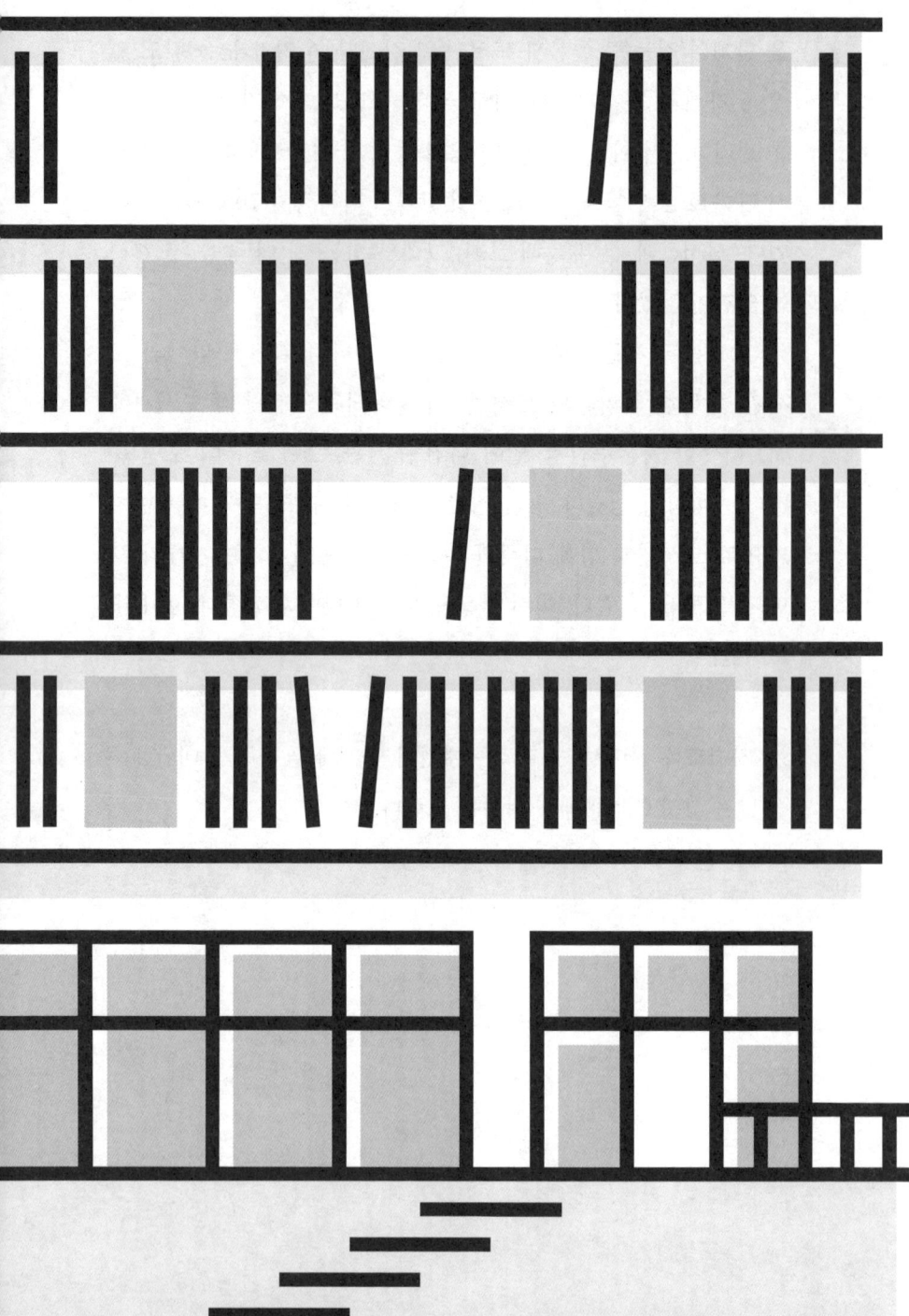

1장

미국은 어떻게 경제대국이 되었는가?

가출한 17세 미국 소년

1717년, 미국 보스턴에 살던 17세 소년이 가방 하나와 약간의 돈을 들고 집을 나왔다. 그의 집안은 가난했고, 소년은 열 살 때부터 인쇄소에서 일했다. 형과의 갈등이 심해지면서 결국 소년은 가출을 결심했다.

하지만 그때에는 성미가 불같고 시시때때로 폭력을 행사하는 형에게 분노를 느끼고 있었기 때문에 공정하지 않다는 건 안중에 없었다. 사실 제임스 형이 그렇게 고약한 사람은 아니었다. 만약 손찌검만 하지 않았다면 잘 지냈을지도 모르겠다. 어쩌면 그 손찌검도 내가 너무 건방지고 도전적이어서 형을 도발시킨 것일지도 모르지.

〈프랭클린 자서전〉 | 벤저민 프랭클린 지음 | 강미경 옮김 | 느낌이있는책 | 2017

가출한 그는 뉴욕행 배를 탔다. 그런데 배가 방향을 잃고 밤새 표류했다. 사흘 뒤 뉴욕에 겨우 도착했을 때 그는 파도에도 젖고 비에도 젖어 아주 초라한 몰골이었다. 그곳에서 며칠을 머물고 나서 그는 운 좋게 작은 배를 타고 필라델피아에 도착하게 되었다. 처음 계획과는 크게 다른 두 번의 항해로 옷가방은 찾을 길이 없었고 남은 것이라고는 1달러짜리 네덜란드 지폐와 1실링이 전부였다. 배에서 내린 그는 허기를 면하려고 빵을 사먹었고, 시장 근처에 있는 퀘이커 교회에서 잠을 잤다. 이것이 가출한 17세 소년이 필라델피아에서 맞이한 첫날 밤이었다. 사흘 뒤 우여곡절 끝에 그는 인쇄소에 취직을 하게 된다.

형과의 불화로 자신이 살고 있던 보스턴을 떠나 필라델피아에 정착하게 된 이 소년이 바로 훗날 미국 건국의 세 가지 주요 문서인 독립선언문, 영국과의 평화 협정 그리고 헌법까지, 이 모든 것에 전부 서명을 한 유일한 인물, 벤저민 프랭클린이다. 100달러짜리 지폐에 얼굴이 새겨져 있는 그는 조지 워싱턴과 함께 대표적인 미국 건국의 아버지다. 형과의 갈등으로 이민 1세대인 부모 몰래 가출한 이 소년이 이렇게 중요한 사람이 될 거라고 생각한 사람은 아마 없었을 것이다.

부끄럽지만 이전까지 나는 벤저민 프랭클린에 대해서 자세히는 몰랐다. 그저 피뢰침을 만들었고, 미국 독립전쟁 중에 프랑스의 참전을 이끌어낸 정치인 정도로만 알았다. 40대 중반, 우연히 그의 자서전을 읽게 되었다. 그의 자서전을 읽으면서 1995년에 읽었던 미국 경제학회에 발표된 논문 하나가 생각이 났다. 어쩌면 내 인생을 바꾸었을지도 모르는 그 논문의 제목은 〈Attracting "Otherwise Bright Students" to Economics〉였다. 우리말로 번역하기 참 어렵다. 영어를 그대로 써서 독자들에게 죄송하지만 "Otherwise Bright"라는 표현은 아주 미묘하다. Bright, 똑똑하기는 한데, 그게 전통적인 방식이 아니라 다른 방식이라는 표현이다. "다른 방식으로 똑똑한 학생을 경제학에 끌어들이기" 정도의 제목을 단 논문은 유색인종과 여성 경제학도에 대한 얘기였다. "그들은 멍청한 게 아니다. 그들은 다른 것이다."

1990년대의 미국 경제학회에는 위기감이 팽배했었다. 그 이유 중 하나는 백인 남성 중심의 경제학이 유색인종과 여성들에게 외면당했기 때문이다. 수학으로 표현하는 전통적인 방식으로 진행되는 학부 수업의 첫 강의를 듣자마자, 똑똑한 유색인종과 여성들이 바로 수강 철회를 하고 나가버리는 현상이 벌어졌다. 왜냐하면 그들은 이런 수업이 자신에게 도움이 되지 않는다는 것을 바로 눈치챌 만큼 '똑똑한' 학생들이었기 때문이다. 지금도 그렇지만 경제학 수업은 주류 학생들에게 유독 친절하고, 여성들을 비롯한 많은 비주류에게는 그다지 친절하게 구성되어 있지 않다. 그 논문은 내가 어떻게 살아야 할지에 대해서 많은 생각을 하게 해주었다. 내가 '똑똑한' 사람인지는 잘 모르겠지만, 적어도 내 주변의 다른 동료들과는 아주 다른 삶을 살게 될 거라는 사실은 예감했던 것 같다. 나는 비주류의 삶을 이론적으로만이 아니라 현실적으로 받아들였다.

벤저민 프랭클린은 당시로서는 대표적으로 "다른 방식으로 똑똑한" 사람이었다. 가출 이전에도 그랬고, 가출 이후에도 인쇄공으로 일하면서 푼돈이나마 성실하게 모으면서 살았다. 좋은 학교를 나오고, 좋은 교육을 받고, 그렇게 남들의 인정을 받으며 성공하는 삶과는 처음부터 거리가 멀었다. 일단 아이비 리그를 졸업하면서 시작되는 현대 미국의 많은 정치인과는 아예 궤적이 다르다. 그렇다고 그가 유명한 정치인이냐? 그가 대표적 정치인이 된 것은 미국이 독립에 가까워진 말년이지, 그가 인생 중반에 열심히 했던 일은 국회의 서기, 요즘 식으로 말하면 국회 속기사였다. 그 서기도 선거로 뽑히니까 아예 정치와 상관없는 것은 아니지만, 우리가 알고 있는 대통령에 당선되는 코스를 밟은 그런 전형적인 선거 영웅은 아니었다. 이 시기의 미국에서 전 세계 모든 사람이 알고 있는 대표적 정치인은 미국의 초대 대통령 조지 워싱턴이 아니겠는가? 그는 군인 출신이었고, 영국과 벌인 미국 독립전쟁을 결국 승리로 이끈 전형적인 영웅이었다. 조지 워싱턴에 비하면 벤저민 프랭클린은 외형적인 공이 좀 떨어진다. 그의 가장 큰 공을 꼽자면 프랑스 대사로 가서 프랑스의 참전을 이끌어낸 것이라고 할 수 있다. 독립전쟁의 마지막이자 결정적인 장면은 요크타운 전투였다. 미국군이 바다 쪽으로 영국군을 몰았고, 바다에서는 프랑스의 함대가 퇴로를 차단하고 있었다. 이 전투에서 영국군이 결국 항복을 하면서 우리가 미국이라고 부르는 지금의 바로 그 미국이 식민지에서 독립국으로 변하게 된다. 물론 프랑스의 참전이 결정적이기는 하지만, 그 전쟁 전체를 지휘한 사령관인 조지 워싱턴의 공적을 넘어서기는 어렵다. 그렇다면 조지 워싱턴이 훨씬 중요한 사람이고, 벤저민 프랭클린은 그 다음가는 사람들 중 하나였을까? 정말로 그렇다면 조지 워싱턴에 관한 이야기로 책을 시작하지, 굳이 벤저민 프랭클린 이야기로 시작하진 않았을 것이다.

조지 워싱턴이 미국의 독립을 이끌었다면 지금 우리가 아는 이 강하고 유능한 미국을 만든 이는 벤저민 프랭클린이 아닐까 싶다. 정치와 전쟁, 이런 외형적이고 화려한 눈으로 보면 그는 그렇게 내세울 만한 엄청난 공적이 없다. 그렇지만 그는 그야말로 '파운딩 파

더', 기초를 만든 아버지라는 말이 딱 맞다. 그는 미국을 만들었다. 그것도 그냥 미국이 아니라 잘나가는 미국을 만들었다. 영국과 프랑스 등 오랜 역사를 가지고, 자본주의 그 자체를 만들어낸 유럽의 국가들을 결국 뛰어넘는 그 미국을 만들었다. 그는 평생에 걸쳐 이것저것 많이 만들었는데 그런 것들이 지금의 미국을 이루고 있다고 봐도 과언이 아니다. 싸움 잘하고, 리더십 강한 위인은 많다. 그렇지만 어느 누구도 그만큼 시대를 만들고, 새로운 스타일을 만들지는 못했다.

벤저민 프랭클린은 위인전 대상으로서는 그렇게 매력적인 인물이 아니다. 전투의 신, 위대한 지도자, 혹은 위대한 개척자, 그런 사람들은 훅 밀고 들어오는 한 방이 있다. 누가 봐도 그 삶이 매혹적일 정도로 화려하고, 어려운 순간 역시 극단적으로 비극적이다. 나폴레옹의 인생이 대표적으로 그렇다. 정약용의 인생이 그렇고, 이순신의 인생이 그렇다. 왕에게 맞아 죽을 뻔한 위기에서 전멸당한 해군의 남은 군사를 이끌고 대역전극을 펼친 명량해전, 그런 게 전형적인 위인전 스타일의 삶이다. 벤저민 프랭클린은 그런 화끈하고 극적인 스타일의 삶을 살지는 않았다. 그러나 그가 만든 많은 것들이, 그가 살아 있던 시절에는 크게 빛나지 않았을지 몰라도, 시간이 지나면서 결국 세상을 바꾸었고, 무엇보다도 경제, 아니 자본주의의 성격 자체를 바꾸게 되었다. 그런 매력적인 사람은 내가 아는 사람 중에서는 처음이었다.

벤저민 프랭클린이 만든 것들

'프랭클린 다이어리'는 스마트폰의 디지털 다이어리가 등장하기 전까지 한 시대를 풍미했던 일정기록표다. 이 다이어리의 이름이 바로 벤저민 프랭클린에서 따온 것이다. 수험 준비를 하는 학생들도 많이 썼고, 내가 아는 사람 중에서는 노회찬 같은 유명인사도 애용했다. 프랭클린의 자서전에도 간단하게 나오는데, 그는 자신이 생각하고 실천하고 싶었던 덕목들을 매일매일 돌아보기 위해 표를 만들었다. 이 테이블 모양의 표가 훗날 전 세계 일정표의 표준이 되다시피한 것이다.

1. 절제
배부르게 먹지 말자.
취하도록 마시지 말자.
2. 침묵
자타에 이익이 없는 말은 하지 말자.
쓸데없는 말을 하지 말자
3. 질서
모든 물건은 제자리에 두자.
일은 모두 때를 정해서 하자.
(중략)

13. 겸손
예수와 소크라테스를 본받자.
〈프랭클린 자서전〉

그가 지켰던 덕목의 1번과 2번에서부터 나는 탈락이었다. 배부르게 먹고, 취하도록 마셨다. 하이고. 나는 술을 아예 안 마시는 건 그런대로 잘 했는데, 일단 한 잔이라도 마시면 멈출 수가 없었다. 어쩌다가 낮술 마시는 날에는 취해서 버스 타고 집에 가는 게 창피했다. 그 정도 염치는 있었다. 결국 퇴근한 사람들 술 마시고 귀가하는 시간까지 그냥 때려 마셨다. 그게 박사 초년기의 내 모습이었다. 나는 벤저민 프랭클린의 자서전을 그때 읽었어야 했다. 내 인생은 그때부터 엇나갔다.

배부르게 먹고 취하도록 마시는 많은 사람들과 달리 미국의 국부가 된 벤저민 프랭클린은 그가 정한 덕목을 지켰는데, 그런 그가 지키기 가장 어려워했던 것은 3번 덕목이었다.

열세 덕목 중 가장 지키기 어려운 것은 '질서'였다. 직공들처럼 자기만의 시간을 가질 수 있다면 모를까 나 같은 사업주는 그게 어려웠다. 세상 사람들과 교제도 해야 되고, 손님들이 원하면 시간을 내줘야만 했다. 게다가 종이나 그 밖의 물건들을 제자리에 두는 것도 내게는 쉽지 않은 일이었다.

〈프랭클린 자서전〉

사람들의 예상과는 달리, 그의 책상도 어지간히 엉망이었나 보다. 유일하게 내가 벤저민 프랭클린을 닮은 것은 대개 엉망으로 되어 있는 내 방의 상태 정도다. 자기 책상의 '질서'를 지키기가 제일 어려웠다고 할 정도로 그는 많은 일을 했고 많은 사람을 만났다. 그 일을 정리하는 것이 결국 그의 플래너가 되었고, 그게 다이어리계의 최고 히트 상품인 프랭클린 플래너가 되었다. 솔직히 말해서 나는 그렇게 열심히, 그리고 성실하게 살아본 적이 없어서, 뒤늦게야 그런 게 있는 줄 알게 되었다. 어쨌든 스스로 질서와 정리가 제일 어렵다고 할 정도로 수많은 사람을 만난 것이 프랭클린의 인생인 것은 맞다. 준토Junto라고 불렸던 그의 동료들과의 모임은, 미국이 독립하기 이전부터 스스로 통치할 수 있는 미국이라는 나라를 어떻게 만들어 나가고 있었는지 이해하는 데 중요하다. 이건 일종의 친목 모임이면서 같이 모여 책도 읽고 그들이 살아가는 필라델피아 공동체의 수많은 문제들을 해결하기 위한 토론 모임이기도 했다. (나도 30대까지는 그렇게 주기적으로 같이 책을 읽고 토론하는 그룹이 있었는데, 나중에 게을러지면서 전혀 그렇게 하지 못했다.)

프랭클린의 발명품 중 대표적인 것이 교과서에도 나오는 '피뢰침'이다. 그는 과학도 좋아해서 유럽 출신 과학자의 실험 장비를 싸게 구입해 다양한 실험을 했는데, 그렇게 해서 만들어진 것 중 하나가 피뢰침이다. 아마 프랭클린이 아니더라도 언젠가는 누군가가 낙뢰의 피해를 줄이는 피뢰침을 고안했을 테지만, 주로 신문을 만드는 인쇄공이 피뢰침 실험을 했다는 사실이 놀랍기는 하다. 벤저민 프랭클린의 위대함 혹은 특이성은 그가 혼자서는 할 수 없는 수

많은 장치들을 만들어냈다는 점이다. 그에게는 동료들이 있었다. 그렇게 동료들과 토론하고 상의하면서 많은 장치와 제도들을 만들어냈다. 지금 와서 보면, 그가 만들거나 발명한 것들의 '목록'이 중요한 것이 아니라 '준토를 통해서 그런 걸 만들었다는 점'이 중요하다. 그가 진짜로 만든 것은 '물건'이 아니라 '스타일'이다. 왕이나 관료가 밀실에서 결정하는 스타일에서, 시민들이 얘기하고 상의해서 서로 힘을 모아 뭔가 만드는 시민사회의 새로운 공화국 스타일, 이것이 바로 그때 만들어졌다.

세간에 잘 알려지지 않은 프랭클린의 업적 중에서, 그가 필라델피아에서 어떤 사람이었는지를 잘 알려주는 사례가 그와 그의 동료들이 만든 '근대식 소방서'이다. 당시에는 목조 주택이 대부분이라 한 번 불이 나면 인접한 건물들에까지 불이 번져 결국 마을 한 블록 전체가 전소하는 경우가 많았다고 한다. 특히 급하게 조성된 식민지 지역이라, 제대로 된 도시계획 같은 게 별로 없어서 더 그랬을 것이다. 그와 그의 동료들은 전형적인 시민적 방식의 소방대를 고안해냈다. 자발적으로 소방대에 참여한 사람들에게 가죽 물통과 바구니 등을 자기 집에 구비하도록 했고, 한 달에 한 번 모임을 열었는데 결석하면 벌금을 부과했다. 이 벌금은 소방펌프, 사다리, 갈고리 등의 추가 장비를 구매하는 데 썼다. 이 방식은 큰 호응을 거두어서 나중에는 집이 있거나 재산이 있는 사람 대부분이 이 소방대에 가입하였다. 과연 엄청난 장비 없이 집집마다 물통을 상비해두는 것만으로도 효과가 발생할 수 있을까?

다시 얘기로 돌아가서, 우리는 잘해나갔다. 실제로 소방대가 창설된 이후 우리 도시에서는 한 번의 화재로 두세 집 타는 불상사는 일어나지 않았다. 자부하건대 우리 도시보다 소방 시설이 완비되어 있는 곳은 세계를 통틀어서도 없을 것이다.

〈프랭클린 자서전〉

1730년대에 첨단 장비나 기술도 없이 만들어진 이 소방대 조직이 과연 효과적이었을까? 그들의 생각은 화재를 아예 막자는 것이 아니라, 일단 화재가 벌어졌을 때 신속하게 대처해서 이웃집으로 불이 번져나가는 걸 막자는 것이었다. 한 블록 전체가 전소하는 불행한 일을 막자는 것이 그들의 목표였기 때문에, 두세 집이 연쇄적으로 불에 타는 것을 막기에는 그들의 소방대만으로 충분히 효과적이었다. 이런 엉성한 소방 조직이 근대식 소방서의 기원이 되었다. 당연히 국가가 소방대를 만들었을 것이라고 우리는 생각하지만 그렇지 않았다.

필라델피아의 준토 회원들은 소방대만 만든 것이 아니라 도시 치안 문제도 새롭게 정비하였다. 지금처럼 행정 시스템이 정비된 상황에서는 생기지 않았을 문제지만, 독립 이전의 미국은 그런 게 제대로 되어 있지 않았다. 이런 방식으로 벤저민 프랭클린은 연이어 지역에 대학을 만들었고 병원도 만들었다. 이런 일들을 도시 예산만으로 해결할 수는 없어서, 사람들을 설득하고 기부금을 모으고 사람들의 의지를 모아 하나하나 난제를 해결해 나갔다. 이 과정에서 '자치'라는 개념이 생겨나고, 지금 우리가 '시민사회'라고 부르는 새로운 존재가 그런 일들을 처리하면서 형성되어 갔다. 유럽의 시민사회가 프랑스 대혁명을 거치면서 형성된 것과 달리, 미국의 시민사회는 준토 같은 시민들의 모임을 통해서 이루어졌다. 오늘날 우리의 시각으로 보자면 그런 일들은 선거로 좋은 정책을 제시하는 후보를 뽑으면 될 거라고 생각하기 쉽지만, 중앙정부라는 것이 아직 존재하지도 않았고, 통치하는 영국이 식민지에 그런 돈을 쓸 리도 없고 그런 것을 결정하는 것도 가능하지 않았다. 식민지가 점점 발전하는 것을 원하는 제국이 있겠는가?

이런 일련의 흐름 속에서 벤저민 프랭클린은 준토 회원들끼리 책을 돌려 읽을 수 있게 작은 시스템 하나를 고안해냈다. 워낙 많은 변화를 만들었던 벤저민 프랭클린의 삶에서 보면 이 원시적인 도서관은 수많은 에피소드 중의 하나일 뿐이다. 그렇지만 궁극적으로는 이 변화가 결국 미국을 근본적으로 바꾸게 된다. 도서관의 미국, 이건 우리가 크게 주목하지 않는 모습이다. 그러나 이 작은 변화가 미국을 바꾸었다.

그즈음 준토는 전처럼 술집에서 모이는 대신 그레이스 씨 댁의 조그마한 방을 빌려 쓰고 있었다. 그 방은 우리를 위해 집주인이 일부러 마련한 것이었다. 그러던 어느 날 회원들이 개인적으로 가지고 있는 책을 모아 공동의 서재를 만들자는 제안을 했다. 실제로 논제에 따른 토론을 준비하려면 많은 책을 읽어야 했기 때문에 서로서로 빌려보는 일이 많았다. 그래서 각자 소장한 책들을 한군데 모아놓으면 필요할 때마다 보기에 좋을 것 같았던 것이다. 모두들 내 의견에 찬성했다. 이렇게 해서 우리는 각자 내놓을 만한 책을 가지고 왔다.

〈프랭클린 자서전〉

당시 책은 원래도 그렇게 싸지 않았는데, 배를 타고 건너와야 하는 미국에서는 정말 비쌌다. 그러나 식민지 시대의 리더들은 당시 모국인 영국에서 나오는 최신 트렌드에서 결코 뒤처지고 싶지 않았다. 책은 비싸기도 했지만 구하기도 어려웠다. 정말로 보고 싶은 책들은 영국에 가는 사람들을 통해서 직접 사다 보는 수밖에 없었는데, 책은 꽤 무겁다. 돈도 돈이지만 누군가에게 쉽게 부탁할 수 있는 물건이 아니다. 어쨌든 그렇게 귀하게 구해서 각자 가지고 있던 책들을 공동의 서재에서 서로 같이 볼 수 있게 하자는 것이 당시 이 사람들에게 던져진 과제였다. 지금 식으로 이들의 절박함을 표현하자면, 책을 같이 읽는 것은 독립운동과 다를 게 없었다. 비슷한 일들이 일제강점기 때 한국에서도 벌어졌었다.

공동의 서재를 마련해서 책을 같이 보자는 준토의 첫 번째 시도는 실패했다. 관리가 어려워졌기 때문이다. 프랭클린은 책을 관리하기 위해서 회원들이 최초에 40실링씩을 내고, 그 뒤로는 50년간 매년 10실링씩 내는 규칙을 만들어 '회원제 도서관' 형태로 다시 시도했다. 이 새로운 시도는 대성공을 거두었고 미국 전역으로 회원제 도서관이 퍼져나갔다. 프랭클린이 늙어서 회고록을 쓸 시점에서는 이미 일반적인 것이 되었다.

오늘날 미국에서 흔히 볼 수 있는 회원제 도서관은 우리 도서관을 모태로 한 것이다. (…) 결과적으로 도서관은 미국인들의 대화의 질을 높여주었고, 평범한 상인이나 농부들이 다른 나라의 지식인들 못지않은 교양을 쌓게 해주었다. 식민지 주민들이 자신들의 권리를 부르짖으며 궐기할 수 있었던 것 역시 도서관 덕분이었다.

〈프랭클린 자서전〉

미국식 실용주의라고 할 수 있는 프래그머티즘의 상징이 된 벤저민 프랭클린은 참으로 여러 가지 것들을 만들었다. 일상의 계획표에서 피뢰침 그리고 지금도 사용되는 미국식 난로인 프랭클린 난로까지, 살면서 잠시도 쉬지 않고 뭔가를 만들면서 사람들의 삶을 개선하였다. 청의 황제를 만나고 온 박지원이 쓴 〈열하일기〉를 보면 그도 무엇인가 조선에서 바꿀 수 있는 많은 물건들을 발견하기는 했지만, 실제로 조선의 현실을 바꾸지는 못했다. 아주 작은 것이더라도 진짜로 현실을 바꾸는 것은 매우 어려운 일이다. 달리기만 하면서 미중 수교 등 역사 속 중요한 순간의 주인공이 된 포레스트 검프를 보는 느낌이다. 영화 초반, 어린 포레스트 검프가 첫 번째로 한 일은 무명 시절의 엘비스 프레슬리에게 다리 교정기를 한 자신만의 신나는 춤을 보여준 것이었다. 엘비스 프레슬리는 결국 검프의 춤을 바탕으로 한 로큰롤 댄스로 슈퍼스타가 된다. 아주 담백하고 자화자찬이 없는 스타일, 내가 읽은 수많은 위인전 속 인물 중에서 포레스트 검프를 가장 많이 닮은 사람이 벤저민 프랭클린이다.

도서관 시민의 탄생과 미국의 도서관 혁명

벤저민 프랭클린과 그의 동료들의 모임인 준토에서 시작된 책 모임은 회원제 도서관으로 자리를 잡고, 이 모델은 순식간에 신대륙 여러 곳으로 확산되었다. 이민 온 사람들로 구성된 신대륙에서는 때 아닌 독서 열풍이 불었다. 프랭클린이 만든 독서 모임 준토는 나중에 필라델피아도서관이 되었다. 이 도시가 독립 정부의 임시 기지가 되었고, 그때 국회도서관 역할을 하기도 했다. 처음에는 몇 사람이 모여 각자 몇 실링씩 내는 걸로 운영되던 이 작은 도서관은 점차 지역의 노동자와 학생들에게 무료로 책을 대여하면서 그야말로 지역의 중심 기관으로 발전하였다.

미국 독립영웅의 자서전에 지나가듯 언급되어 있는 이 작은 도서관 에피소드를 처음 접하고서 나는 눈이 번쩍 뜨였다. 이때 나에게 '과연 도서관이란 무엇인가' 하는 질문이 생겼다. 나는 도서관이 무엇인지 제대로 알고 있는 걸까?

이탈리아의 기호학자 움베르트 에코는 매혹적인 소설을 쓴 작가로도 아주 유명한 사람이다. 세계적으로 빅히트를 친 그의 대표작 〈장미의 이름〉은 중세 수도원의 도서관에서 벌어진 살인 사건을 다루고 있다. 이 사건의 배경에는 우리 생각과는 달리 그리스와 로마 시대의 대부분의 책들이 유럽에서는 유실되어 거의 보존되지 않았다는 역사적 사실이 존재한다. 그리스도 망했고 로마도 망했다. 그들이 모아두었던 책들은 다 소실되었고, 일부는 동로마 제국의 수도인 콘스탄티노플, 지금의 이스탄불에 남아 있었고, 대부분의 책들은 오히려 아랍권에 보존되었다. 한참 시간이 지나 데카르트 시대가 되어서야 아랍어가 아니라 라틴어로 철학을 공부할 수 있었다고 한다. 전설 같은 얘기다. 많은 학자와 장사꾼들이 아랍 일대로 사라졌던 원본을 찾거나 사러 떠나던 시절의 얘기가 〈장미의 이름〉에 나온다.

지금 우리에게 남겨진 아리스토텔레스의 〈시학〉은 1편, 즉 비극에 관한 편뿐이다. 하지만 실전된 2편, 희극 편이 마침내 어느 수도원의 도서관에 도착하게 된다는 게 소설의 출발이다. 현실에서는 이 2편은 영원히 소실되어 아무도 그 내용을 알지 못한다. 젊은 수도사들은 당대 최고로 평가받는 아리스토텔레스의 책을 너무도 읽고 싶어서 금서로 지정된 이 책을 몰래 읽기 시작한다. 그런데 기이하게도 이 책을 읽은 수도사들이 잇따라 시체로 발견되는 사건이 벌어진다. 이 사건의 비밀을 찾아가는 늙은 수도사 윌리엄의 조사 과정이 책의 내용이고, 영화에서는 숀 코네리가 윌리엄 역을 맡았다.

이 사건이 보여주는 현실은 우리가 알고 있는 그리스와 로마의 문헌 대부분이 사실 후대에 복원된 것이라는 점이다. 그들이 한데 모아두었던 수많은 책들은 안타깝게도 원래의 모습 그대로 후세에 전해지지 않았다. 정말일까? 그렇다. 건물과 예술품은 비록 손상되었더라도 복원이 가능하게 흔적이나마 남아 있었지만, 책은 제국의 몰락을 견디지 못하고 대부분 사라졌다. 그리고 정치적 격동기 속에서 망해버린 나라의 기록을 잘 보존해야 한다는 의식을 가진 사람도 당시 유럽에는 드물었던 것 같다. 오늘날 우리의 공부가 어느 단계를 넘어가면 결국 영어를 배워야 하는 것처럼, 철학 공부를 하기 위해서는 아랍어를 배워야 하는 시대가 있었다.

고대 도서관 중 가장 유명한 곳은 알렉산더 대왕 사후 그의 후계자들이 이집트 알렉산드리아에 세운 알렉산드리아도서관이다. 또한 드라마「미스 함무라비」의 제목이 된 그 함무라비 법전이 발견된 바빌로니아 보르시파도서관 역시 중요한 고대 문헌 보관소로 손꼽힌다.

역사적으로 생각해볼 만한 가치를 지닌 또 다른 도서관은 로마의 도서관이다. 로마 초기에는 별도의 도서관이 없었고 유력 인사들이 개인적으로 책을 모아둔 도서관들이 번창했었다. 우리가 잘 아는 대표적인 로마 권력자, 카이사르 황제는 두 개의 도서관을 만들어 시민들에게 개방하겠다고 약속했는데, 그 약속을 지키지 못하고 얼마 뒤 암살당해 죽었다. 결국 그의 사후에 도서관 한 개가 만들어진다. 나중에 아우구스투스 황제가 도서관 두 개를 더 만드는데, 그중 하나가 아폴론 신전 근처에 있는 팔라티노도서관이다. 다른 도서관은 이제 흔적이 없는데, 팔라티노도서관이 유적으로 남아 지금까지도 중요한 연구 대상이 되고 있다. 로마의 도서관 대부분은 로마 시민들이 사랑했던 목욕탕과 가까이 있었다. 이 시설들은 지금으로 말하면 일종의 대형 아케이드 비슷한 것인데, 쇼핑몰 대신 목욕탕이 있고, 그 옆에 사람들이 휴식하면서 책을 볼 수 있는 도서관이 자리하고 있었다. 이런 시설은 공공의 자금으로 지어진 것은 아니고, 유력 인사나 황제가 자신의 지갑을 열어서 시민들에게 주는 선물과 같은 거라 '시민의 덕'이라고 표현했다고 한다. 사서 출신 학자인 송승섭의 〈문명의 뇌, 서양 도서관의 역사〉를 보면 이 시기부터 중세에 이르는 도서관 얘기들을 좀 더 자세하게 알 수 있다.

내가 아는 도서관의 역사는 대략 이 정도였다. 이 얘기를 중국 버전으로 가지고 가면 역시 수많은 책을 모아놓은 곳에 대한 황제의 도서관 얘기가 나오고, 한국으로 오면 조선왕조실록을 보관한 사고 등의 얘기가 나온다. 대체로 도서관은 규모가 큰 것은 황제가, 작은 것은 유력 인사가 개인적인 목적을 위해서 만들었다. 아니면 〈장미의 이름〉의 배경이 된 이탈리아 어느 작은 수도원의 도서관처럼 종교가 만들었다. 이처럼 왕 아니면 종교, 한마디로 힘을 가진 존재가 비싸기도 하고 구하기도 어려운 책을 모아둔 것이 도서관 아니겠는가? 나는 그 정도로만 가볍게 알았다. 그런데 벤저민 프랭클린의 준토와 회원제 도서관의 스토리를 보면서, 내가 뭔가 크게 잘못 알고 있다는 생각을 하기 시작했다.

벤저민 프랭클린이 만든 도서관은 규모도 작고, 그 시기에 사람들이 많이 보던 책들을 약간만 가지고 있었다. 도서관이 가지고 있는 자료의 가치로는 파피루스나 양피지를 모아둔 이집트의 도서관이나 중세의 도서관들에 비해서는 정말 보잘 것 없었다. 희귀한 자료라면 환장하는 전문가의 눈이나 고증이 중요한 문헌학의 눈으로 보면 프랭클린 이후로 미국에 급속하게 퍼져나간 작은 회원제 도서관은 아무것도 아닌 것으로 보일 것이다. 최근에 유행하는 그 자체로도 문화적 가치를 갖는 도시 랜드마크급의 화려한 도서관에 비하면 아무런 문화적 가치가 없을지도 모른다. 그렇지만 자본주의, 특히 미국 자본주의라는 쉽게 설명하기 어려운 경제 개념과 연결시키면? 프랭클린은 도서관 덕분에 식민지 국민들이 미국 독립을 외칠 수 있었다고 말했다. 잘 생각해보면 그 말이 아주 과장도 아니다.

도서관이라는 단어는 프랑스어로는 bibliothèque, 독일어로는 bibliothek이다. 라틴어 bibliotheca에서 유래한 단어들이다. 바이블bible이 책을, 테카theca는 장비, 기술, 도구를 의미한다. 요즘 우리가 쓰는 재테크, 시간테크의 테크와 같은 어원이다. 어원 그대로 해석하면 책을 보관하는 기술 혹은 저장하는 도구 정도의 의미다. 박물관에서 사용하는 수장고와 의미가 같다. 책을 보관하는 창고 혹은 그런 장소 즉 '보관'의 의미가 강하다. 실제로 프랑스어에서 특별한 설명 없이 '비블리오테크'라고 말하면 '책장'을 의미한다. 가구의 뉘앙스가 강하다.

영미권에서 도서관을 뜻하는 단어 라이브러리library는 나무 속껍질을 의미하는 liber, 즉 종이를 만드는 '재료'를 어원으로 가지고 있다. 라틴어 비블리오가 아직 종이가 발명되기 전의 폭넓은 책자를 의미한다면, 리브로는 종이로 된 책만을 의미한다. 종이는 중국에서 처음 만들어졌는데 언제 만들어졌는지는 확실하지 않다. 실크로드를 거쳐 서양에 종이가 전파된 것은 대체로 8세기 이후로 보고 있다. 라틴어 리버가 추상명사로 바뀌면서 라이브러리라는 단어가 만들어지는데, 여기에는 장서, 책장의 의미보다는 '책에 관한 것'이라는 의미가 좀 더 강하다. 프랑스나 스위스 같은 불어권에서는 라이브러리라고 하면 도서관이 아니라 '서점'을 의미한다. 스위스의 독일어권 도시인 취리히에서 '라이브러리'가 어디에 있느냐고 물었더니 대형 서점을 안내해준 적이 있다. 서점이나 도서관이나 책을 다루는 것은 마찬가지지만, 영미권에서는 확실히 그 용법이 달라졌다. 책에 관한 것을 다루는 게 라이브러리이고, 그와 관련된 일을 하는 사람이 라이브러리언, 즉 '사서'다. 비블리오테크라는 유럽식 도서관 이름에는 책을 보관하는 곳의 의미가 좀 더 강하고, 라이브러리라는 영미식 도서관 단어에는 보관뿐만 아니라 사람들에게 책을 빌려주는 대출 관리를 포함한 좀 더 포괄적인 의미가 들어 있다. 20세기 이후로는 이미 도서관이 무엇인지 대중에게 확실하게 인식되었기 때문에, 비블리오테크라고 하든 라이브러리라고 하든, 사람들이 크게 다르게 받아들이지는 않는다.

도서관이 책을 보관하는 곳이냐, 아니면 사람들이 책을 읽을 수 있게 하고 빌려주는 곳이냐, 이건 도서관의 두 가지 속성에 해당한다. 왕이 책을 모아둘 때에는 〈조선왕조실록〉의 경우처럼 중요하고 귀중한 책을 보관한다는 성격이 강하다. 신하나 학자들만이 그 귀한 책들을 제한적으로 읽어볼 수 있다. 벤저민 프랭클린이 만든 도서관은 희귀하다기보다는 '비싼' 책, 즉 영국에서 배를 타고 건너온 책을 서로 돌려 본다는 것이 포인트다. 책을 보관하는 것보다는 읽는 것을 더 중요하게 여긴 것이다. 국가가 힘이 강해지면 기록의 의미를 가진 중요한 자료를 보관하려는 경향성이 생긴다. 여러 주요 국가의 역사가 그렇고 권력의 속성이 그렇다. 그 자체로는 자본주의와 별 상관이 없다. 미국 독립 직전에 등장한 회원제 도서관은 책을 읽고 싶어해서 스스로 돈을 내고 그걸 관리할 의향이 있는 사람들이 집단적으로 등장했음을 의미하기도 한다. 책장 혹은 책꽂이로서의 도서관은 책이나 서류가 등장하면서 존재했지만, 책을 빌려주는 행위를 중심으로 한 도서관은 자본주의와 함께 등장했다. 이게 역사다. 왜 그럴까? 시민이라는 개념 자체가 프랑스 혁명과 함께 등장했기 때문이다. 자본주의가 등장하고, 농노에서 벗어난 사람들이 노동자와 자본가로 나뉘었고, 이들이 시민이 되었다. 그렇지만 그때에도 도서관은 왕이 하는 일이었고 국가가 주로 하는 일은 책을 보관하는 일이었다.

미국에서 도서관을 이용하는 정도로 그친 것이 아니라 그걸 스스로 만들고 관리하면서 운용할 생각을 가진 사람들이 대거 등장했다는 것은 매우 특별하고 이례적인 일이다. 왕립 도서관을 시민들에게 전면적으로 허용하고, 대중들에게 인기가 높은 목욕탕 가까이에 배치해서 보다 많은 사람이 이용할 수 있도록 한 로마의 경우에 시민들은 도서관의 주체가 아니라 왕의 시혜에 대한 수혜자에 가깝다. 물론 그런 시혜에 대해 호의적인 여론이 형성되어 있으니까 왕이 국가의 돈이 아니라 각종 전리품 등 자신의 사비를 들여서 그런 일을 했을 것이다. 그렇지만 그걸 시민적 주체라고 보기는 어렵다.

벤저민 프랭클린이 활동하던 18세기 중후반, 독립을 희망하는 에너지가 폭발을 준비하던 그 시절, 그때 새롭게 생겨난 것은 그저 수많은 도서관의 한 종류에 불과한 회원제 도서관뿐만이 아니다.

이전에는 존재하지 않았던 도서관 시민, 바로 그 독특한 존재가 그때 탄생한다. 도서관을 만들고 도서관과 함께 움직이는 존재인 도서관 시민, 그건 당시 유럽에서는 아직 생겨나지 않았던 존재다. 학문과 예술을 비롯해서 공업과 산업 등 모든 것이 그 시절에는 유럽이 미국보다 앞서 있었다. 당연한 일이다. 산업 혁명은 영국에서 벌어졌고 미국은 그걸 따라갔을 뿐이니까. 그래서 일본과 함께 미국과 독일을 후발 산업국가로 분류한다. 미국 시민들이 자체적으로 도서관을 만들었고, 그로부터 100년이 지나서야 미국에서는 철도가 본격적으로 만들어지기 시작했다. 미국이 경제적 발전을 본격적으로 시작하기 전 그저 영국의 식민지에 불과할 때, 시민들에 의해서 자생적이고 자발적으로 도서관이 만들어지기 시작한다. 미국과 영국의 공공 도서관은 역시 그로부터 100년쯤 지난 뒤 본격적으로 생겨난다.

미국에서 생겨난 이 현상은 '도서관 혁명'이라고 불러도 이상하지 않을 정도로 매우 특별한 일이다. 왕과 종교 그리고 귀족이 귀중한 책을 소장하기 위해서 만들던 도서관을, 그다지 돈과 권력을 갖지 않은 사람들이 만들기 시작했다. 중세 때부터 희귀한 책들을 모으기 시작한 유럽의 왕립 도서관이나 대학 도서관 혹은 종교 도서관들을 미국의 도서관들이 무슨 수로 따라가겠는가? 그렇지만 미국은 도서관 시민을 만들었고, 보관이 아니라 대출을 위한 도서관을 만들었다. 유럽식 비블리오테크와 미국식 라이브러리와의 차이는 생각보다 크다.

도서관의 본질은 무엇인가? 오래되고 희귀하며 중요한 자료를 많이 가지고 있는 것이 좋은 도서관인가? 이건 창고로서의 기능이 본질이라고 보는 시각이다. 유럽 쪽에서는 이런 시각이 강하다. 그런 게 왕의 도서관이다. 반대로, 더 많은 사람이 찾아오고 원활하게 대출이 이루어져야 좋은 도서관이라는 또 다른 시각이 존재할 수 있다. 미국식 라이브러리가 가지고 있는 독특한 뉘앙스다. 희귀한 자료가 풍부하게 잘 구축된 도서관은 연구자를 비롯한 전문가들에게는 분명 좋은 도서관이다. 반면에 접근성이 좋고 문턱이 낮은 도서관은 시민들에게 좋은 도서관이다.

도서관 시민의 탄생, 이는 18세기 중후반부터 19세기 전반에 걸쳐 미국에서 발생한 일이다. 신대륙에서 아직 국가가 형성되지 않았던 시절, 미국은 식민지로 불리기는 했지만, 원래 있던 국가가 다른 나라의 침략을 받아서 지배받게 된 일반적인 식민지와는 좀 달랐다. 정부를 뺏긴 게 아니라 처음부터 정부가 없었다. 그 혼돈 속에서 현대식, 아니 자본주의식 도서관이 탄생하게 된다. 벤저민 프랭클린이 만든 것은 단순한 독서 클럽이 아니라 도서관 시민들이고, 시민들에게 대출을 목적으로 생겨난 '라이브러리'다. 이런 트렌드 속에서 미국은 19세기 내내 도서관을 만들어낸다. 19세기까지 경제는 물론이고 기술과 문화 대부분이 유럽에서 미국으로 넘어갔는데, 도서관만은 미국에서 유럽으로 넘어갔다고 볼 수 있다. 매우 이례적이다. 도서관과 시민사회의 강화, 이것은 20세기 내내 선진국 사회가 작동하는 방식이었다. 그 원형이 미국에서 나온 것이다.

유럽의 시민은 경제적 풍요가 만들어낸 정치적 각성으로부터 시작되었다. 보편적인 의미에서의 시민은 자본주의와 함께 등장하게 된다. 프랑스 혁명을 만든 주체가 바로 시민이다. 프랑스 국가의 한 구절을 보자.

"Aux armes, citoyens(무기를 들어라, 시민들이여)."

1792년에 만들어진 프랑스 국가 〈라 마르세예즈 La Marseillaise〉의 후렴구는 시민들에게 무기를 들라는 강렬한 선동을 담고 있다. 프랑스 혁명은 1789년 파리 시민들이 바스티유 감옥을 습격하면서 시작되었고, 루이 16세가 처형되는 것은 1793년의 일이다. 15~16세기의 원거리 항해 이후로 발생한 유럽의 경제적 팽창이 이미 자본주의를 만들었고, 그 자본주의가 광범위한 의미의 '시민'이라는 주체를 형성시켰다. 그리고 이 새로운 주체가 지금 우리가 보고 있는 '공화국'이라는 정치 시스템을 만든다. 교과서적인 해석이다.

미국이 영국으로부터 독립을 선언한 것은 1776년이고, 독립전쟁에서 최종 승리한 것은 1783년으로, 이는 프랑스 혁명 이전에 벌어진 사건이다. 벤저민 프랭클린이 회원제 대출 도서관을 공식적으로 설립한 것은 1731년으로 그의 나이 25세 때이며, 미국 독립이 이루어지기 50년 전의 일이다. 미국의 독립 과정에는, 영국 군대보다 사정거리가 길어서 당시 미국에서 주로 사용했던 미국 포수들의 라이플과 프랑스 군대의 참전이 결정적 역할을 한 것은 아니다. 당시 발간된 팸플릿 형태의 책 한 권이 결정적인 작용을 했다.

1776년에 토머스 페인이 쓴 〈상식론〉은 석 달 만에 10만 부가 팔렸다고 한다. 독립전쟁 중에 50만 부가 팔렸을 거라고 추정하기도 한다. 오래된 일이라서 이 책을 읽은 사람들의 숫자를 추정하는 것은 어렵지만, 글자를 읽을 수 있는 사람은 모두 봤다는 말이 있을 정도다. 굳이 영국의 보호를 벗어나 독립할 필요가 있을까 하고 생각하는 독립 거부론자 혹은 유보론자들이 당시 미국에는 많았다. 세계 최강의 국가, 영국과의 전쟁은 매우 피곤한 일이었다. 그걸 뭐하러 해? 네가 싸울 거야? 이런 '갬성'이 가득했다. 그런데 조지 워싱턴도 〈상식론〉을 읽고 나서 미국 독립 쪽으로 생각이 바뀌었다고 한다. 식민지에 대한 의견은 이 한 권의 책으로 급격하게 바뀌었고, 이 변화가 강렬한 독립전쟁의 에너지가 되었다. 벤저민 프랭클린 이후 미국에 급속히 퍼져나간 회원제 도서관은 페인의 책을 대중에게 확산시키는 데 결정적 역할을 했을 것이다.

 만약 18세기 중엽의 미국이 아니었더라도 시민들 사이에서 도서관이 만들어지고 이렇게 빨리 도서관이 확산되었을까? 물질적이고 경제적인 방식으로 그 이유를 설명하기는 어렵다. 도서관은 물론이고 변변한 대학도 없는 데다가 신문을 비롯한 언론도 제대로 만들어지지 않은 상황에서 많은 사람들이 지갑을 과감히 열고 자신들의 읽을 거리를 위해서 회원제 도서관을 만든 것은 우연한 일이라고 할 수 있다. 특별한 공식 교육을 받지 않고 거의 독학으로 책을 읽으면서 언론인이 된 인쇄공이 가장 중요한 미국 건국의 아버지가 되고 독립선언문과 헌법에까지 서명하게 된 것 역시 우연이다. 그렇지만 이런 일은 진짜로 벌어졌고, 미국 전체로 보면 그야말로 한 줌일 뿐인 도서관 시민이 탄생하게 되었다. 미국 자본주의가 갖는 독특한 특징의 하나라고 하지 않을 수 없다. 가볍게 생각하면, 철도가 생기고 산업 자본이 자리를 잡아서 국가가 튼튼해지면 도서관을 만들 것이라고 추측할 수 있다. 미국은 그렇게 하지 않았다. 영국에 공공 도서관이 생겨난 것은 미국이 100년 이상 도서관을 만들어낸 이후의 일이다. 도서관부터 죽어라 만들고, 그런 사회적 기반 위에 농업 국가에서 공업 국가로 탈바꿈한 게 실제 미국 발전의 궤적이다. 영국에 산업 혁명이 있었다면, 미국에는 도서관 혁명이 있었다고 할 수 있다. 산업 혁명이 단기간에 벌어진 일이 아니라 오랜 기간 이루어진 것처럼, 미국의 도서관 혁명도 그렇게 진행되었다.

컴퓨터 운영체계인 윈도우를 출시하면서 사실상 독점적인 PC 운영체계를 만든 빌 게이츠가 자신을 만든 것은 다른 무엇도 아닌 마을 도서관이라고 말했다. 이 말이 사실이든 아니든, 미국의 도서관 시민이 만든 독특한 특징이 바로 미국 자본주의다. 예를 들어보자. 좋은 대학에 가고 싶은 미국 중고등학생과, 동일한 희망을 가지고 있는 한국 중고등학생과의 결정적 차이점이 두 가지 있다. 한 가지는 미국 학생들은 미식 축구를 비롯해서 스포츠와 아웃도어 활동에 진심이라는 점이다. 그런 적극적인 활동을 하면 좋은 대학들이 통합 리더십 등 사회성에 좋은 점수를 주기 때문이다. 다른 한 가지는 숙제하는 방식이 다르다는 점이다. 도서관에서 책을 찾아보면서 숙제하는 학생이 한국에는 얼마나 있을까? 경제도 결국 사람이 하는 일이다. 도서관 혁명 이후 미국은 도서관의 나라가 되었다. 한국과 미국의 그 격차는 21세기에도 계속되고 있다. 우리가 따라가기 아주 어렵다.

어느 퇴역 대령과 도서관 소년

좀 창피한 얘기지만, 나는 록펠러와 카네기를 종종 헷갈려 한다. 내가 이 두 사람만 헷갈리는 건 아니지만, 록펠러와 카네기는 진짜로 혼동하는 경우가 종종 있다. 두 사람은 미국 자본주의, 그중에서도 특히 산업 부문을 대표하는 사람들이고 활동한 시기가 겹친다. 록펠러는 스탠더드 오일 컴퍼니를 설립한, 석유 자본을 대표하는 사람이다. 그리고 카네기는 '강철왕'이라는 별명답게, US 스틸의 전신인 카네기철강회사를 창업한 제철 분야의 대표 스타다. 석유와 철강을 혼동한다는 것이 경제학자로서는 창피한 일이지만, 두 사람이 꽤 비슷하기는 하다. 둘 다 19세기 미국 자본주의를 만든 사람들이고, 독과점 시장으로 가는 과정도 크게 다르지 않다. 그리고 노조와 큰 갈등이 있어서 대형 참사를 경험한 것도 동일하다. 록펠러의 탄광에서 벌어진 '러드로 학살 사건', 카네기의 제철소에서 벌어진 '홈스테드 학살 사건'은 워낙 충격적인 사건들이다. 나는 이 사건들을 다 책으로 접해서 그런지 머릿속에서 종종 혼동된다. 만약에 두 가지 사건의 차이를 묻는 시험 문제가 나온다면, 아마도 열에 두세 번은 오답을 썼을 것 같다. 두 사람이 인생 후반기에 각각 '록펠러재단'과 '카네기홀'로 상징되는 꽤 적극적인 사회 공헌 활동을 한 것도 비슷하다. 출범 이유부터 활동 방향 등 성격은 완전히 다르지만, 록펠러재단과 카네기재단이 뭐가 다르냐고 시험에서 물으면 많은 학생들이 난감해할 것 같다.

어쨌든 지금은 21세기다. 록펠러든 카네기든, 실제로 공장을 만들고 가동했던 산업 자본, 특히 기초 소재 분야의 영웅들이 잊히기에 충분한 시간이 흘렀다. 지금은 금융 자본이 훨씬 대세인 시대를 살고 있고, 증권 시장이 '시장' 그 자체를 대표하는 용어가 되었다. 별 수식어 없이 '시장'이라고만 말하면 요즘은 거의 증권 시장의 반응을 얘기하는 것이다. 어쨌든 산업 혁명을 직접 일으킨 것이 아니고, 후발 주자로 산업 분야에 뛰어든 미국이 이룬 성과는 참으로 눈부시다. 그 놀라운 변화를 이끌어간 슈퍼스타 중의 슈퍼스타가 바로 카네기다. 카네기의 자서전을 읽고 나서 록펠러나 카네기나 다 그렇고 그런 잘난 사장 중의 하나로만 알았던 과거의 내가 못 견디게 부끄러웠다.

> 앤더슨 대령의 집 근처에 살던 내 친구 톰 밀러가 나를 대령에게 소개해주었다. 나의 토굴에 창문이 열리고 지식의 빛이 쏟아져 들어왔다. 매일 일에 지치고 장시간 야근을 해도 책을 읽을 수 있다고 생각하면 마음이 가벼워졌다. 나는 늘 책을 가지고 다니며 일할 때에도 틈나는 대로 독서를 했다. 토요일에 새 책을 빌려 볼 수 있다는 생각에 하루하루가 즐거웠다.
> 〈성공한 CEO에서 위대한 인간으로〉 | 앤드류 카네기 지음 | 박상은 옮김 | 21세기북스 | 2017

카네기의 집안은 프랭클린의 집안보다 훨씬 가난했다. 스코틀랜드에서 미국으로 건너온 카네기는 집안을 먹여 살리기 위해서 학교를 그만두고 열세 살 때부터 일을 하기 시작했다. 지금은 사라진 전보가 당시에는 거의 유일하게 신속한 통신 수단이던 시절이었다. 대표적인 메신저 프로그램으로 사용되는 '텔레그램'이 바로 이 전보에서 이름을 가지고 온 것이다. 지역 전보 사무소에 전보가 오면, 이 종잇조각을 누군가가 직접 배달해야 했다. 막 전송된 전보 통지서를 들고 동네를 뛰어다니던 것이 어린 카네기가 가졌던 첫 번째 직업이었다. 스코틀랜드는 자식에 대한 교육 전통이 아주 강한 곳이었는데, 미국은 그 정도는 아니었다. 미국 최초의 의무교육은 1852년 매사추세츠에서 도입되었고, 1870년대가 되어서야 어느 정도 일반화되었다. 미국의 의무교육은 프랑스 등 유럽의 다른 나라보다 빨랐다.

대략 카네기가 13세가 된 1850년 무렵, 미국에서는 도서관이 퍼져나가고 있었다. 특히 학교를 가지 못하고 일을 해야 하는 소년 노동자들이 도서관을 접할 수 있게 해야 한다는 사회적 분위기가 형성되었다. 하지만 방대한 미국 내에서 모두가 그 혜택을 누릴 수는 없었다. 당시 퇴역한 대령인 제임스 앤더슨이 개인적으로 만든 작은 도서관이 소년 카네기가 살던 동네에 있었다. 많은 노동자들이 평소에는 도서관에 갈 형편이 아니라서 주로 주말에 이용을 많이 했다. 퇴역 군인이 얼마나 넉넉했겠는가? 대령은 책만 이웃에게 개방한 게 아니라 자신이 직접 책을 관리하는 사서 역할까지 했다. 훗날 성공한 뒤 카네기는 피츠버그에 앨러게니도서관과 회관을 만들었다. 앨러게니는 그의 가족들이 미국에 와서 처음 생활한 곳이었다. 이때 앤더슨 대령에게 바치는 기념비를 만들었다.

> 제임스 앤더슨 대령은 서부 펜실베이니아 무료 도서관의 창시자였습니다. 그는 자신의 도서관을 소년 노동자들에게 개방하였고 토요일 오후에는 직접 사서로 활동함으로써 책뿐만 아니라 자기 자신까지도 숭고한 일에 바쳤습니다. 이 기념비는 '소년 노동자'의 하나로서 대령의 도서관을 통해 지식과 상상력의 보고를 접한 앤드루 카네기에 의해 감사하는 마음으로 세워졌습니다.
>
> 〈성공한 CEO에서 위대한 인간으로〉

독서가 카네기의 인생에, 특히 경제적 인생에 얼마만큼의 도움이 되었는지는 알기 어렵다. 다만 그가 그의 인생에서 장서 400권 정도였던 이 도서관에 대해 얼마나 고마워했는지 그가 나중에 했던 일들로 유추는 할 수 있다. 카네기의 성공이 매번 평탄한 것은 아니었지만, 어쨌든 전보 전달부에서 전보 기사를 거쳐 철도회사로 이동해 간 카네기의 인생은 그야말로 대박 인생이다. 장거리 기차 노선에 침대차를 도입해서 성공한 카네기 인생 1부의 절정은 그가 구입한 농장에서 막대한 석유가 나오는 장면이다. 브라보! 기차 사업에서 기차가 지나가기 위한 다리를 만드는 사업으로 자연스럽게 넘어간 카네기는 대형 다리 건설의 핵심 소재인 철강에 대해서 눈뜨게 된다. 그가 넘어간 한 단계 한 단계가 꽤 성공한 경제인이 평생 한 번 이룰까 말까 한 성과다. 많은 것이 새롭게 만들어지는 19세기 후반이라는 시대적 상황을 감안해도 보통 일은 아니다. 그렇게 그는 US 스틸의 전신인 카네기철강회사를 만들게 된다. 그의 사업 여정에서 가장 큰 고난은 1883년에 벌어졌다.

1929년 전 세계를 강타했던 대공황, 2008년도의 글로벌 금융위기, 이런 대표적인 경제 위기는 실물과 금융 사이에 발생한 불균형이 주요 원인인 경우가 많다. 1997년에 한국 경제에 중대한 전환점이 된 IMF 경제 위기도 마찬가지였다. 이와 유사한 금융공황이 1883년 미국에서 발생했다. 자금줄이 막힌 많은 회사가 도산했고, 서로 출자 관계에 있거나 어음 거래 등으로 얽혀 있던 기업들이 연쇄 도산을 피하기 쉽지 않았다. 파산한 회사에서 받아야 할 돈을 못 받게 되면, 사업적으로는 멀쩡하던 회사도 자신이 발행한 어음을 제때 지급하지 못하게 된다. 이를 흑자 도산이라고 부른다. 장부상으로는 돈을 벌었는데, 실제로는 자신의 빚을 갚을 돈이 없어서 벌어지는 일이다. 일단 흑자 도산이 발생하면 줄도산 혹은 연쇄 도산 같은 무시무시한 일이 벌어지게 된다. 그리고 이런 기업들에게는 은행이 대출을 해주지 않는다. 결국 모두가 파산하게 된다. 강철왕 카네기에게도 직원들에게 월급 줄 돈을 구하지 못하는 위기가 닥쳐왔다.

월급날이 다가와서 소액권으로 10만 달러가 꼭 필요했다. 우리는 이 돈을 구하기 위해 뉴욕에서 2,400달러의 프리미엄을 지불하고 10만 달러를 지급으로 피츠버그로 보내달라고 했던 것이다. 일반적으로 돈을 빌리는 것은 불가능했다. 아무리 좋은 담보물을 제공해도 마찬가지였다. 그러나 나는 가지고 있던 증권을 팔아서 돈을 마련할 수 있었다.

〈성공한 CEO에서 위대한 인간으로〉

금융 위기와 노동자 파업 그리고 원강 확보 등 여러 위기를 넘기면서 1899년 카네기는 제철소 몇 군데를 합쳐 카네기철강회사를 만들었다. 그리고 그의 나이 66세가 되던 1901년, 그는 J.P. 모건에게 4억 8천만 달러를 받고 이 회사를 매각했다. 모건이 카네기에게 말했다. "카네기 씨, 세계에서 가장 부유한 사람이 되신 것을 진심으로 축하드립니다."

66세에 세계 최대의 부자가 된 카네기는 그 후 18년을 더 살았다. "부자로 죽는 것보다 창피한 일은 없다"는 말이 카네기의 인생 후반기를 잘 보여준다. 어마무시하게 큰돈을 쥔 그는 정말로 미친 듯이 도서관을 만들었다. 미국 도서관의 절반이 카네기가 만든 것이라고 한다. 미국에서만 도서관을 만든 것도 아니다. 미국과 거의 같은 시기에 공립 도서관의 법률적 틀을 만든 영국도 실제 대규모로 도서관을 만드는 과정에서는 카네기의 도움을 받았다. 19세기 중후반, 많은 공공 도서관이 세워지는 등 세금을 들여서 도서관을 만드는 방향으로 미국이 크게 발전하고 있었다. 서로 영향을 많이 받는 사이라서 영국에서도 제도 정비는 비슷한 시기에 했는데, 문제는 돈이었다. 어려서 도서관의 도움을 받아서인지, 부자가 된 카네기는 정말로 역사상 처음으로 미국 전역에 유명 도서관의 분원을 수십 개씩 만들면서 이전과는 전혀 다른 시대를 만들어나갔다. 유럽의 많은 국가들도 발전된 자본주의를 운용하는 과정에서 도서관이 꼭 필요하다는 것은 어렴풋이 이해했지만, 결국은 돈이 문제였다. 대부분의 나라는 왕립 도서관을 국가 도서관으로 전환하고, 수도 등 주요 도시에 몇 개의 도서관을 만드는 것도 재정적으로 버거워했다. 미국도 도서관 재정에 지역별로 어려움을 겪었지만, 그건 유럽의 많은 국가들도 마찬가지였다. 물론 돈이 충분하면, 한 번에 여러 개의 도서관을 동시에 만드는 것이 가장 효과적일 것이다. 그렇지만 제한된 재정 상황에서는 크고 제대로 된 도서관을 한 개 만들 것인가, 아니면 지역에 소규모 도서관을 여러 개 만들 것인가, 이런 기술적인 논쟁을 하게 된다. 당연한 일이다. 그런데 도서관이 필요하다는 확고한 신념을 가졌던 카네기의 인생 후반부, 그가 자신의 인생에서 '분배의 시대'라고 생각한 이 시기에는 이런 논쟁이 무의미했다. 그냥 다 만들어!

카네기가 도서관만 만든 건 아니다. 그는 과학탐사선을 띄워서 과학적 연구를 지원했고, 영웅 기금으로 상이용사들에 대한 지원도 했다. 카네기홀로 유명해진 심포니 등 문화 부문에 대한 지원 역시 전설적으로 많이 했다. 교회에서 파이프 오르간 구매를 부탁하면 전부 사줬다. 나중에는 도저히 대형 파이프 오르간을 설치할 수 없는 작은 건물에서도 카네기의 지원으로 일단 오르간부터 설치하고 보는 부작용이 생겨나기도 했다. 결국 교회의 크기와 상황을 검토하고 심사하는 별도의 절차를 만들게 되었다. 대학에도 많은 지원을 했는데, 유명한 대학들은 이미 충분히 컸고, 큰 대학이 더 커지는 것은 별로 도움이 되지 않을 것이라는 판단하에 작은 대학에 대한 지원을 더 중요하게 추진했다.

아, 카네기의 인생에 대한 얘기를 마무리하기 전에 또 하나 추가할 것이 있다.

> 나는 나이는 어렸지만 철저한 노예제 반대론자였다. 선거권도 없으면서 1856년 2월 22일에 피츠버그에서 열린 공화당 전국대회를 열렬히 환영했다.
>
> 〈성공한 CEO에서 위대한 인간으로〉

카네기는 도서관에 대해 종교와도 같은 신념을 가졌던 것만큼 강력한 전쟁반대론자였고, 세계평화주의자였다. 그의 가정이 요즘 식으로 말하면 진보적 생각을 가진 스코틀랜드 분위기였던 것은 맞지만, 그는 또한 열렬한 미국 공화당 지지자였다. 미국 정당사도 복잡하기는 복잡하다. 노예제 폐지를 먼저 내건 정당은 링컨 시대의 공화당이었고, 카네기는 그런 공화당을 지지했었다. 정통파 보수 정도로 이해하면 현실과 크게 다르지 않을 것이다.

미국에서 도서관을 만든 사람들과 도서관을 사회적으로 지지한 도서관 시민은 좌파 혹은 우파와 같은 눈으로 분류하기는 어렵다. 그들은 진보도 아니고 보수도 아니다. 노조와 갈등하며 CEO 중의 CEO가 된 카네기가 혁신적이라고 할 수는 있지만, 지금처럼 진보라고 볼 수는 없다. 퇴역 군인 등 개인 도서관을 만들거나 청소년 노동자들을 위해서 도서관을 만든 사람들의 정치적 색채는 복합적이다. 그야말로 생각이 있는 사람들은 온 힘을 다해서 도서관을 만들었다고 할 수 있다.

이런 상황에서 카네기의 등장은 역사의 흐름, 아니 경제의 흐름을 좀 바꾸게 된다. 1883년에 처음 도서관을 기증하기 시작한 카네기는 미국에 대공황이 터지는 1929년까지 2,500개 이상의 도서관을 만들었다. 전체 도서관의 절반가량인 이 규모는, 도서관에 대한 사회적 흐름을 한 번에 뒤엎었다. 그는 도서관을 영국에도 지었고 캐나다에도 지었다. 그가 돈을 충분히 많이 벌기 이전에도 도서관, 특히 누구나 갈 수 있는 공공 도서관을 만들자는 흐름이 없었던 것은 아니다. 그렇지만 때때로 양이 질을 바꾸는 경우가 존재한다.

개인이나 공장 혹은 지역에서 힘들게 도서관을 만드는 것에서, 국가와 지방자치단체가 도서관을 만드는 주체로 등장하는 흐름이 19세기 초중반에 생겨났다. 미국이 약간 빨랐고, 영국도 많이 늦지는 않게 이제는 자본주의로 전환된 국가가 도서관의 주체로 등장하는 흐름이 생겨난 것이다. 그렇지만 카네기의 등장은 마치 거대한 쓰나미가 닥친 것처럼 도서관 발전의 흐름을 일시에 바꾸어 버렸다. 한 번에 도서관 분원 수십 개씩 만드는 카네기의 결정과 활동은 재단을 통해 30년 이상 이어졌다. 수백 개도 아니고, 수천 개의 건물을 가진 도서관이 한꺼번에 미국 전역에 뿌려졌다. 물론 모두가 카네기를 칭송한 것만은 아니다. 자신들에게 환원되어야 하는 돈을 마음대로 쓴다고 불만을 가진 노동자들도 없지 않았다.

도서관을 만들면서 카네기가 책을 사주거나 사서들의 임금을 지불하지는 않았다. 효율중심주의 자본가답게 그는 건물만 지어주었다. 그래서 욕도 많이 먹었다. 생색만 내고 자기 명성만 드높였다는 비난이었다. 그렇지만 그도 나름의 원칙은 있었다. 도서관 시민이라고 표현하지는 않았지만, 책을 사고, 사서의 임금을 마련해서 도서관을 운영할 정도의 지역적 기반과 열의가 없는 곳은 도서관을 가질 자격이 없는 지역이라고 적어 놓았다. 도서관 건물을 지어주되 나머지는 지역에 맡긴 셈이다. 어쨌든 자본가 혹은 사장 같은 접근이기는 하다. 도서관 시민이 이미 형성되어 있거나 형성될 가능성이 높은 지역에서는 카네기의 도서관이 엄청난 효과를 거두었을 것이고, 그렇지 않은 지역에서는 카네기의 도서관 건물이 그냥 폐허로 방치될 가능성이 높았다. 카네기가 이런 걸 몰랐던 건 아니다. 그렇다고 지역의 열의와 재정적 사정까지 미리 계산하고 판단하려고 하면 행정 비용이 너무 높아진다. 몇 개의 지역에서 자신이 건립한 도서관이 방치되는 것 정도는 예상가능한 손실로 비용 처리할 수 있을 정도로 그의 자금은 충분했다.

공공 도서관이란 무엇인가?

'퍼블릭'이라는 단어는 '대중적'이라는 의미를 가지고 있는데, 요즘은 국가 혹은 지자체와 같은 정부의 일을 주로 가리킨다. 역사적으로 봤을 때는 이 표현이 꼭 국가와 관련된 것만은 아니고, 우리가 생각하는 것처럼 대중적이라는 의미를 가지고 있는 것도 아니다. 공적인 것이 반드시 국가일 필요는 없다. 대중목욕탕이 일종의 공공시설이기는 하지만, 정부가 운영하는 것은 아니듯이 말이다.

이 단어의 용례가 일반적 의미와는 많이 다른 대표적인 경우가 영국의 '퍼블릭 스쿨'이다. 가장 많은 오해가 있는 경우가 아닐까 한다. 우리 식으로 해석하면, 이건 공립학교 혹은 대중학교에 해당한다. 하지만 현실은 그렇지 않고, 고가의 등록금을 받는 고급 학교들을 뜻한다. 우리의 관행으로는 비싼 돈을 받는 사립학교가 영국의 현실인데 호칭만 퍼블릭 스쿨인 것이다. 그 기원을 찾아보면 이해하기가 좀 쉽다. 영국의 귀족들은 값비싼 교수를 고용하는 과외 수업이나 귀족들만 들어가는 학교에서 주로 교육을 받았다. 이런 폐쇄적인 신분 학교들 중 일반인에게도 문호를 개방하는 학교들이 생겨났다. '누구라도' 들어갈 수는 있다는 의미에서 '퍼블릭'이라는 이름이 붙었는데, 실상은 비싼 등록금을 내는 귀족들의 사립학교이다. 일반 대중에게도 문호를 개방했다는 의미이지 등록금은 전혀 대중적이지 않다. 퍼블릭이라는 단어가 공적, 대중적이라는 의미를 둘 다 가지고 있어서 이런 특별한 영국식 학교명이 생겨난 것이다. 럭비의 기원이 된 바로 그 럭비 스쿨이 대표적인 퍼블릭 스쿨인데, 연간 등록금만 5천만 원이 넘고 기숙사비와 식비만 해도 3천만 원 정도가 든다. 이 역시 들어가는 건 퍼블릭이지만 등록금은 전혀 퍼블릭하지 않다.

많은 도서관 앞에 붙는 수식어인 퍼블릭 역시 현대식 도서관이 걸어온 특별한 경로와 관계되어 있다. 공공 도서관, 퍼블릭 라이브러리는 무슨 의미일까? 도서관, 특히 도서관 행정에 익숙하지 않은 사람들이 이 표현을 보면 마치 나라에서 만들고 운영하는 국립 도서관이라는 의미로 받아들일 수도 있을 것이다. 도서관의 세계에서는 누구나 들어갈 수 있으면 그게 바로 공공 도서관이다.

강서도서관은 서울시 교육청이 운영하는 도서관으로, 1983년에 문을 열었다. 나름 지역 명물이라서 나는 고등학교 2학년부터 여름방학과 겨울방학 때 이곳에 매일같이 가서 공부를 했었다. 특히 겨울에는 집이 추워서 따뜻한 도서관으로 가는 게 제일 좋았다. 지역 여러 곳의 고등학생들이 전부 이곳으로 왔기 때문에 늘 자리가 부족해서 새벽에 나와 줄을 서야 했다. 입장은 선착순이었는데 6시에 문을 열었지만 늦어도 5시 40분까지는 도착해야 겨우 들어갈 수 있었다. 나는 거의 버스 첫차를 타고, 5시 반 정도에 갔었다. 그보다 늦으면 대기표를 받고 밖에서 30분이 아니라 몇 시간을 서 있어야 했다. 추운 겨울에 30분 정도 밖에서 기다리는 건 쉬운 일이 아니다. 그때 나는 고양이 세수만 하고 겨우 왔는데, 앞에 서 있던 여학생들은 그 와중에 머리도 감고 왔었다. 놀라웠다. 머리를 다

말리지 못하고 와서 영하의 날씨에 머리 위에 하얗게 얼음이 언 걸 보면서 복잡미묘한 감정이 들기도 했다. 도서관 앞 긴 줄 위로 새벽 가로등만 비치고 있었는데, 머리를 다 말리지 못하고 온 학생들 머리 위에 올라탄 살얼음이 늘어선 줄을 따라 군데군데 빛나고 있었다. 그때 제일 좋았던 것은 식당에서 팔았던 우동 국물이었다. 우동 국물에 도시락 밥을 말아먹으면 그게 그렇게 꿀맛이었다. 그때 기억이 오래오래 남아서 지금도 우동을 먹으면 공기밥을 시켜서 말아먹는 경우가 많다. MBC 해직기자로 유명해진 이상호 기자가 그때 강서도서관에서 같이 공부하던 친구 중 한 명이다. 학교는 달랐는데, 도서관에서 워낙 오랜 시간을 함께하다 보니 평생의 친구가 되었다. 물론 그때 공부만 하지는 않았다. 오전에는 문제집을 풀었고, 오후에는 틈틈이 소설을 빌려서 봤다. 워크맨으로 음악 들으면서 소설책을 읽을 때 행복을 느꼈다.

그때에는 도서관 입장료가 있었다. 기억이 가물가물한데 50원이었나, 아무튼 부담될 정도의 돈은 아니었다. 다만 돈을 내고 입장권을 바꿔야 하는 시스템이라 6시에 문을 열고도 줄이 빠르게 줄어들지 않았던 것이 불만이었다. 이 돈을 오랫동안 '입관료'라고 불렀다. 그때는 몰랐는데, 당시 도서관연구회 등의 도서관 관련 단체들이 이 입관료를 폐지하고 책을 도서관 관외로 자유롭게 빌려갈 수 있게 하는 운동이 한창이었다. 결국 1992년이 되어서야 공공 도서관에서 입관료가 사라지게 된다. 50원에서 100원 사이의 입관료를 받던 도서관은 유료 도서관인데, 그럼 이건 공공 도서관이 아닌가? 그렇지 않다. 전술했듯, 특정한 자격이 있는 사람들만 들어갈 수 있는 왕립 도서관이나 종교 도서관과 달리 '누구나 들어갈 수 있는 도서관'이 미국 독립 이후 19세기 중후반에 만들어졌고 이런 도서관들이 퍼블릭 라이브러리, 즉 공공 도서관인 것이다.

미국은 독립전쟁 과정에서 원래도 얼마 없던 도서관들이 많이 파괴되었다. 그때 버티고 있었던 것은 하버드대학도서관을 비롯한 여러 대학 도서관들이었다. 신학, 의학, 법률 도서관 등 분야별 전문 도서관들이 19세기 초중반에 약진을 했다. 뉴욕주립역사학회도서관은 1875년에 6만 권 이상의 장서를 보유한 대표 도서관이 되었다. 지금도 미국에서 가장 중요한 역사 도서관인 위스콘신도서관은 이 시기에 3만3천 권을 보유했었다.

이런 대학 도서관과 전문 도서관들이 19세기 중후반 미국에서 서서히 자리를 잡아가고 있었지만, 이건 대중들이 자유롭게 이용하는 그런 도서관은 아니었다. 대중들에게는 다양한 형태의 회원제 도서관이 더 중요했다. 이용 금액도 그리 크지 않았고, 애초 미국에서 도서관을 만든 취지가 보다 많은 사람들이 책을 접할 수 있게 하자는 것이어서 공공 도서관과 아주 거리가 멀지도 않았다. 돈을 받기는 했지만 관리 비용 때문이었고, 돈을 벌고자 한 것은 아니었다. 어쨌든 도서관에서는 책을 사고 그걸 관리할 돈이 필요한데, 자본주의가 시작되고 몇 세기가 지난 19세기까지도 자본주의는 도서관에 대해서 제대로 인식하지 못하고 있었다. 도서관 시민은 이미 미국에서 형성이 되었지만, 여전히 도서관 재정에 대한 국가의 역할은 이해되지 못하던 시절이었다. 미국만 그랬는가? 산업혁명을 만든 영국도 도서관이 국가의 일이라는 것은 19세기 초중반까지 이해하지 못했다.

　무 자르듯이 딱 잘라서 얘기하기는 어렵지만, 우리가 지금 보고 있는 공공 도서관이 강력한 대학 도서관이나 풍부한 전문 도서관의 전통에서 나온 것은 아니다. 그렇다고 엄청난 역사와 장서를 자랑하는 왕립 도서관에서 나온 것은 더더욱 아니다. 미국의 동부 지역인 뉴잉글랜드 지역에서만 1776년과 1850년 사이에 벤저민 프랭클린 이후로 활성화된 회원제 도서관이 1,000개 이상 만들어졌다고 한다(《문명의 뇌, 서양 도서관의 역사》). 책을 보관하는 것이 아니라 보다 많은 사람들이 읽을 수 있게 하는 것이 중요하다는 생각으로, 19세기 미국에서는 정말로 다양한 형태의 도서관들이 실험적으로 만들어졌다. 기계공 도서관, 도제 도서관, 상인 도서관 그리고 공장노동자 도서관 같은 다양한 분야의 회원제 도서관이 계속해서 등장했다. 각자 필요한 지역에서, 각자 필요한 형태로 자신들의 도서관을 만드는 시기였다. 노동자 도서관은 영국의 공업 지역에도 등장했다. 19세기 중후반, 영국에서 노동자들을 위한 도서관들이 새로운 붐이 되었다. 글을 읽을 수 있는 노동자, 이건 노동자만이 아니라 자본가에게도 역시 중요한 방향이었다. 단순하게 시키는 일을 반복하는 것이 아니라 스스로 매뉴얼을 읽을 수 있고 심지어 보고서도 쓸 수 있는 노동자, 그런 교육받은 숙련공이 필요한 시기로 자본주의가 넘어가고 있었다. 책과 자본주의, 독서와 자본주의, 도서관과 자본주의, 이건 그다지 관심 갖지 않는 분야였지만, 식민지가 아니라 제국의 본토에서 자본주의가 다음 단계로 넘어가기 위해서는 꼭 필요한 요소였다. 마르크스가 〈자본론〉을 쓰면서 이 책이 어렵게 느껴지는 것은 노동자가 아니기 때문이라고 말했다. 그러나 〈자본론〉 1권이 발간된 1867년, 과연 이렇게 두꺼운 책, 아니 책 자체를 읽을 수 있는 영국 노동자가 얼마나 되었겠는가? 미국 노동자와 영국 노동자의 문해력에 대한 질적 차이에 대해서는 자료를 찾기가 어려웠다. 그렇지만 카네기 시절, 이미 미국의 산업은 규모로나 질적으로나 영국을 추월하고 있었다.

공공 도서관의 역사에서 제도적으로 가장 중요한 전환점은 1833년 미국 뉴햄프셔주 피터버러에서 비롯되었다고 볼 수 있다. 이때 지역 의회가 학교 지원금의 일부를 도서 구입에 사용할 수 있도록 하는 역사적인 결정을 내렸다. 즉 공공의 돈을 도서관에 사용할 수 있게 된 것이다. 이 뉴햄프셔의 결정을 위대한 결정이라고 치켜세우고 싶은 마음은 없지만 이게 중요한 사건인 것은 맞다. 피터버러공공도서관은 우체국 건물 한쪽 구석에 자리했고, 따로 직원을 구할 여력이 없어서 우체국장이 사서를 겸했다. 의회가 준 돈으로 산 책과 기증받은 책들을 더해서 이 도서관이 문을 열었을 때, 장서는 분야가 다양하기는 했지만 465종의 책이 전부였다. 애개! 이것도 도서관이야? 70년대 한국에서 아주 중요한 역할을 했던 마을문고도 이것보다는 규모가 컸을 것이다. 그렇지만 정부가 왕이 운용하던 왕립 도서관을 국가 도서관으로 전환하는 것과 같이 크고 전문적인 도서관이 아니라 대중들이 접근할 수 있는 곳에 비로소 돈을 쓰게 된 첫 번째 사건이라서 의미가 크다. 시민들이 자신들의 돈을 모아 운영하던 회원제 도서관에 비로소 공적인 돈이 투입되기 시작한 것이기 때문이다. 공공 도서관을 단어의 의미만으로 강조하는 사람들은 입관료 등 회비와 같은 비용 지출을 공공 도서관의 분류 기준으로 삼는 경우가 종종 있다. 그것보다는 누구에게나 개방되어 있는가 아닌가가 공공성의 기준이 되는 게 타당하다. 비용만 기준으로 삼으면, 한국은 1992년 도서관 입관료가 전면적으로 사라진 이후에야 공공 도서관의 역사가 시작된다는 이상한 얘기를 하게 된다.

1840년대 말경, 메사추세츠주를 시작으로 많은 곳에서 공공 도서관을 지원하기 위해 세금을 투입해도 좋다는 법령들이 연이어 통과된다. 1854년에 메사추세츠주에서는 세금으로 만든 최초의 공공 도서관이라고 할 수 있는 보스턴도서관을 열었다. 학교 교실 두 개를 빌려서 만든 이곳의 보유 장서는 5만 권이었다. 당시 미국에는 700여 개에 달하는 도서관이 있었는데, 보스턴도서관을 비롯해서 장서 수가 5만 권이 넘는 곳은 다섯 곳밖에 되지 않았다. 이들을 5대 도서관으로 칭했다. 나머지 네 곳은 하버드대학도서관, 예일대학도서관, 연방의회도서관 그리고 벤저민 프랭클린이 만든 필라델피아도서관이었다. 어마무시한 일이다. 보스턴 만세! 미국은 물론 인류가 최초로 대중을 대상으로 한 정말 훌륭하고도 대규모의 도서관을 황제가 아니라 공화국의 돈을 들여 만든 것이니, 모든 것이 다 처음이다시피 했다. 아주 흥미롭게도 이때 공공 도서관의 운명을 결정할 세기의 논쟁이 하나 있었다.

하버드대학 총장 출신 에버렛은 정부가 돈을 들여서 큰 도서관을 만드는 것은 훌륭한 일이지만, 그렇게 정부 돈을 들여서 만드는 공공 도서관이 대출 전용 도서관이 되어서는 안 되고 연구를 위한 시설이어야 한다는 생각을 가지고 있었다. 또 다른 한 명은 독일 괴팅겐대학에서 공부한 티크너였다. 그는 에버렛의 생각에 대해서 '무슨 소리야, 이건 시민들을 위한, 대중들을 위한 도서관이란 말이야!'라는 입장이었고, 전혀 다른 방향을 가진 두 개의 생각은 매 결정마다 부딪힐 수밖에 없었다. 에버렛은 좋은 도서관을 위해서는 사서들의 훈련이 제일 중요하다고 생각했고, 티크너는 그것보다는 일반 이용자가 성장하는 것이 더 중요하다고 생각했다. 둘 다 보스턴공공도서관건설기구의 이사라서 합의에 이르기가 쉽지 않았고, 이사회는 자주 표류했다. 우여곡절 끝에 많은 문제들이 조정되면서 어느 정도 합의에 이르렀지만, 어떤 책을 비치할 것인가라는, 합의를 끌어내기 어려운 난제에 부딪히게 되었다. 학술적으로 의미 있고 귀한 자료를 중심으로 비치해야 한다는 에버렛의 견해는 고전적이고 유럽적인 학술적 공공 도서관에 대한 사상이다. 물론 이것도 아주 깊은 역사적 뿌리를 가지고 있는, 존중받아야 할 사상이기는 하다. 티크너는 정반대였다. 대중들을 위한 공공 도서관에는 가벼운 읽을 거리와 통속서가 비치되어야 하고, 그것도 한 권만이 아니라 복본 즉 여러 권이 준비되어 있어야 한다고 주장했다. 그렇게 책에 익숙하지 않은 대중들이 책에 대한 흥미를 가질 수 있도록 도와주는 것이 공공 도서관의 역할이라는 것이 티크너의 주장이었다. 이 두 개의 입장은, 자본주의 사회에서 아직까지도 공공 도서관에 어떤 책을 얼마만큼 비치할 것인가를 결정하는 거의 매 순간마다 충돌한다. 에버렛과 티크너의 이름은 몰라도, 지금도 도서관의 이사들이나 각종 운영위원회에 참가하는 사람들 사이에서 매번 반복

되는 논쟁이다. 이 살벌한 논쟁에서 결국 승리한 것은 공공 도서관은 일반 시민에 대한 봉사가 중요하다는 티크너였다. 티크너 만세! 도서의 분실을 우려해서 도서관 밖으로 책을 가지고 나가는 관외 대출은 절대 안 된다는 반대를 넘어서기 위해서 반납을 보장하는 책의 정가와 같은 공탁금을 예치하는 것으로 합의가 이루어졌다.

나라면 과연 어떤 입장을 취할 것인가, 스스로에게 물어보았다. 30대까지는 나 역시 좋은 도서관은 구하기 어렵고 꼭 필요한 책을 잘 갖추고 있는 도서관이라고 했을 것 같다. 그 시절에는 도서관을 이용하기만 했지, 사실 도서관이 뭔지 잘 몰랐다. 도서관 역사와 책에 대해서 조금 더 공부를 하게 된 지금은 생각이 달라졌다. 중요한 책들을 연구자를 위해서 확보하는 것은 대학 도서관과 전문 도서관 혹은 국가 도서관이 할 일이고, 공공 도서관은 진입 장벽이 낮고, 책과 시민 사이에 중요한 가교 역할을 하는 게 맞다고 생각하게 되었다.

세계에서 가장 유명한 도서관을 대라고 하면 많은 사람들이 영국의 대영박물관도서관을 생각할 것이다. 분명 좋은 도서관이다. 오랜 전통이 있고, 국가가 관리하는 국가 도서관이자 왕실 도서관으로, 대규모의 장서와 필사본을 가지고 있어서 매우 중요한 도서관이기도 하다. 중요한 도서관이기는 한데, 19세기 초반까지 사회적인 의미는 그렇게 크지 않았다. 프랑스의 국립 도서관인 베엔BN이 당시 70만 권의 장서를 가지고 있던 데 비해, 대영도서관은 24만 권 정도를 보유했다고 한다. 중요한 자료는 많은데 전체 자료 자체가 그리 대중적이지는 않았다. 이후 대영도서관도 자료를 많이 확충해서 규모를 늘려나가기는 했다. 1842년, 그러니까 미국이 독립하고도 한참이 지난 이후, 그때까지도 대영도서관에 미국 관련 도서가 천 권이 채 되지 않는다는 사실에 사람들이 꽤 충격을 받았다는 기록이 있다. 인편으로 미국에서 책 좀 사가지고 오라고 했다는 기록도 남아 있다.

영국에서 국가가 공공 도서관에 돈을 댈 수 있다는 입법이 이루어진 것은 미국보다 좀 더 빨랐지만 진행은 훨씬 느렸다. 영국의 첫 번째 시립 공공 도서관인 맨체스터공공도서관이 생겨난 것은 미국의 보스턴공공도서관과 거의 같은 시기다. 도서관협회는 미국이 1876년, 영국은 1년 뒤인 1877년에 생겨났다. 시기는 엇비슷하지만, 미국이 후발 자본주의라는 것을 감안한다면 도서관만큼은 영국에 전혀 뒤처지지 않고 오히려 훨씬 더 빨랐다고 할 수 있다. 19세기 중후반이 되어서야 비로소 영국과 미국 같은 국가에서 대중들이 책을 도서관에서 읽을 수 있게 국가가 지원을 해야 한다는 생각이 어느 정도 자리를 잡게 된다. 사회 전반의 흐름에 비하면 결코 늦은 것은 아니다. 정부가 복지 등 사회 전반에 걸쳐서 좀 더 적극적인 행정을 해야 한다는 정부 개입론이 등장한 것은 1929년 대공황을 겪으면서 케인즈 경제학이 대두된 이후였다.

자본주의가 등장하고도 오랫동안 도서관은 왕의 일이거나 귀족들의 일이었다. 그리스, 로마 시대의 시민은 자유민, 즉 세금을 내는 사람들이다. 여기에 노예는 빠져 있다. 노예제 이후의 경제적 시기는 봉건주의, 농노들이 존재하던 시기다. 대부분의 사람들은 땅의 부속물처럼 여겨졌고, 여전히 주체라는 의식을 가지기가 어려웠다. 자본주의가 발생하면서 이제 사람들은 부자든 아니든, 직업이 있든 없든, 노동자이면서 소비자라는 경제적 주체이며 동시에 사회적 주체가 되었다. 신을 대체해서 모든 것에 대한 권한을 가지고 있는 최고 결정권자가 시민이고, 경제적으로 보자면 만들어 놓은 물건을 사줄 소비자들이 시민인 것이다. 소비자이면서 동시에 생산자라는 개념 자체가 자본주의가 만들어낸 시민이라는 개념 속에 농축되어 있다. 그리고 이 시민들이 책을 읽을 권리를 국가가 충족시켜줘야 한다는 생각을 자본주의 사회에서 본격적으로 고민하게 된 것은 자본주의 발생 이후 몇백 년이 지난 후의 일이다. 영국에서는 재산 요건과 무관하게 남성 노동자에게 보편적 참정권을 부여하라는 차티스트 운동이 1832년부터 벌어진다. 미국에서도 인두세나 재산 요건 등의 제한으로 인해 모두가 선거에 참여할 수 있었던 것은 아니다. 비록 남성으로 제한되었지만, 노동자들의 참정권 확대와 공공 도서관이 상당한 연관성을 가지고 있다고 볼 수 있다.

 미국은 독립 이전이자 벤저민 프랭클린의 등장 이후 대중이 쉽게 접할 수 있는 도서관을 만들어 왔다. 국가가 지원을 하든 말든 "우리는 이게 필요해!" 하면서 시민들이 먼저 움직인 것이다. 수백 개의 회원제 도서관이 미국 전역에 생긴 다음에야 정부가 뒤늦게 따라온 셈이다. 왕립 도서관이 커져서 그 산하로 공공 도서관이 생겨나거나, 대학 도서관이 확고하게 자리 잡은 후 그게 지역 사회에 뿌리를 내리면서 공공 도서관이 생겨난 것이 결코 아니다. 영국도 미국보다 약간 늦긴 했지만, 정부가 돈을 들여서 도서관을 만들어야 한다는 것을 이해하기는 했다. 그래도 대영제국이라고 불리며 한때 세계 최대의 제국을 운영하던 영국 아닌가! 제도도 미국과 비슷하게 만들었고, 최초의 대규모 공공 도서관이 생긴 시점도 미국에 뒤처지지 않았다. 학교를 중심으로 지역 사회에서 소규모 도서관을 만드는 시도는 미국도 했고 비슷한 시기에 영국도 했다. 사서들의 모임인 도서관협회가 만들어진 시기도 미국과 영국이 거의 같다. 여기까지는 자본주의의 원조인 영국과 신생 자본주의로 잘 나가는 미국이 자본주의의 자연스러운 발전 단계에 의해서 차근차근 공립 도서관의 길을 걸어나가는 단계라고 할 수 있다. 뒤늦게 출발한 미국이라는 선수가 선발 주자인 영국에 비해서 상당히 선전하면서 엇비슷하게 나간 것이라고 봐도 무방하다. 후발 주자의 선전, 선발 주자의 각성, 이렇게 공공 도서관을 향한 세계 자본주의의 1번 주자와 2번 주자 사이의 선의의 경쟁 구도로 19세기의 공공 도서관 상황을 요약하면 너무 단순화하는 것일까? 자본주의라는 거대한 시각으로 보면 크게 틀리지 않을 것이다. 신대륙에서 약진한 도서관은 구대륙의 영국을 끌고 나갔고, 이는 결국 20세기 내내 세계적 트렌드가 되었다. 왕이 아닌 시민의 도서관, 필라델피아의 한 작은 독서 모임이 공공 도서관으로 발전하고 카네기를 만나면서 전면화되는 과정, 그게 바로 도서관 혁명이다.

그 시절 우리에게 도서관이라고 부를 만한 것은 정조가 만든 규장각 정도이다. 그렇다고 크게 뒤처졌다고 볼 것은 없다. 그때의 조선은 자본주의와는 상관이 없었고, 나중에 자본주의가 될 '맹아'가 있었느냐 없었느냐 정도가 학계의 논쟁거리다. 대중이 스스로의 필요에 의해서 공공 도서관을 만들고, 정부가 뒤늦게 이 시스템을 정부 재정으로 뒷받침하는 것과 같은 일들이 벌어지고 있다는 걸 알 수도 없던 시절이었다. 박지원이 중국 황제를 만난 게 1780년이고, 이때 보고 들은 얘기를 쓴 〈열하일기〉와 함께 서양 문물에 대한 호기심이 전국적으로 퍼져나갔다지만, 중국도 그때는 서양식 도서관에 대해서는 전혀 몰랐다. 일본은 좀 달랐을까? 일본도 이런 자생적인 도서관 시민의 등장에 의해서 도서관을 만든 것은 아니었다. 우리나라만 그런 게 아니라 미국과 영국을 제외하면 19세기에 도서관에 대해 자본주의적 관점으로 이해하는 나라는 거의 없었다.

영국과 미국이 지역별로 그야말로 없는 돈을 쥐어짜며 도서관을 하나씩 만들어가면서 서로 경쟁하던 19세기 후반, 갑자기 강철왕 카네기가 등장했다. 카네기는 회사를 매각하기 전부터 조금씩 도서관에 기부를 했었다. 그러면서 어떻게 해야 할지, 얼마나 해야 할지, 조금씩 가늠해 나가고 있었다. 그러고는 20년에 걸쳐서 2,500개의 공공 도서관을 만들었다. 이때의 사람들은 몰랐다. 다음 세기에 미국 경제가 비약적으로 발전해서, 미국이 자신들의 모국이었던 영국은 물론이고 그 어떤 나라보다 강한 슈퍼 파워를 가진 나라가 되리라는 것을.

〈문명의 뇌, 서양도서관의 역사〉를 쓴 송승섭은 공공 도서관을 "대중의 이용을 위하여 공공이 소유하고 지원하며 관리하는 장치"라고 정의했다. 지금에 와서는 세계 대부분의 국가가 적극적으로 나서서 도서관을 만들고 지원하고 있으니 아주 틀린 말은 아니다.

그렇지만 역사적으로 보면 이건 국가주의적 관점이 많이 들어간 정의이다. 대중을 위해서 만들어진 도서관, 한마디로 이게 공공 도서관이다. 장기적으로 큰돈을 계속해서 쓸 수 있는 현실적인 주체가 중앙정부와 지방정부이기 때문에 실존하는 많은 도서관이 정부 도서관이 된 것일 뿐이다. 실제로 2,500개의 도서관을 그야말로 공중 살포하듯이 만들었던 카네기가 개인적으로 도서관 소유에 대한 욕심이 없어서 지금과 같은 모습이 되었지, 그가 카네기재단에서 도서관 운영까지 다 하겠다고 했으면 어떻게 되었을까? 정부 도서관은 아니겠지만, 그것 역시 공공 도서관이 아니라고 할 수는 없다. 공공 도서관이 반드시 정부 도서관일 필요는 없다. 도서관의 세계에서 중요한 것은 국가가 관리를 하느냐 아니냐 그런 문제가 아니라, 대중에게 봉사할 목적으로 만들어졌느냐 아니냐 하는 것이다. 실제 만들어진 목적과 운영 방식이 더 중요하다.

미국 경제와 도서관 혁명

　　MS왕국을 만든 빌 게이츠가 카네기를 어떻게 생각했는지는 잘 모르겠지만, 충분히 성공하고 돈도 많이 번 빌 게이츠 역시 본격적으로 사회 환원 활동을 하게 된다. 뉴 이코노미를 대표하는 빌 게이츠의 핵심 활동도 강철왕 카네기가 했던 것과 같은 공공 도서관 지원이었다. 1997년부터 2018년 사이, '빌&멜린다 게이츠 재단'의 하부 프로그램인 게이츠도서관재단은 미국을 포함한 세계 전역에서 10억 달러가 넘는 돈을 지원하였다. 훌륭한 일이기는 한데, 카네기의 도서관 지원에 찬사만 있었던 게 아닌 것처럼 빌 게이츠의 도서관 지원에도 비판이 없지는 않다. 이미 이 시기 미국에서는 거의 포화 상태라고 할 정도로 공공 도서관이 충분히 만들어져 있었기 때문에, 게이츠도서관재단은 컴퓨터 등 전산화와 인터넷 도입 등 IT 분야를 주로 지원하였다. 겉으로는 도서관을 지원하는 것 같지만, 사실은 MS의 영향력을 늘리려는 빅 픽처였다는 비판이 제일 크다. 도서관의 프로그램 관리체계를 지원하면, 결국 운영체계를 파는 MS사의 영향력이 더욱 커지게 된다. 이들은 국가의 역할을 약화시킨다는 비판도 받았다. 공공 도서관의 전산화는 당연히 국가가 해야 할 일인데, 이걸 빌 게이츠가 나서서 하면서 국가가 자신의 역할을 방기하게 된다는 지적이었다. 결국은 도서관의 다른 분야에서도 정부가 자신의 역할을 축소하게 될 것이라는 우려가 있었다.

이러한 비난에도 불구하고, 한 가지 확실한 것은 IT 경제의 초창기 선구자라고 할 수 있는 빌 게이츠가, 도서관이 사라지게 될 기관이라고 생각하지 않고 어떤 의미로든 매우 중요한 미래 요소라고 생각했다는 점이다. 아무리 돈이 많은 사람이라도 진짜로 기부를 하려고 할 때에는 별 의미도 없는 곳에 아무렇게나 돈을 쓰지는 않는다. 특히 개도국의 경우 도서관은 여전히 핵심적인 기능을 한다. 실제로 게이츠도서관재단은 미국 외부에서도 약 1만 개에 이르는 도서관의 전산화 작업을 지원했다. 재단이 주요 지원 국가로 꼽은 곳만 해도 폴란드, 라트비아, 불가리아, 베트남, 몰도바 등 다양하다.

이처럼 성공한 사람들이 도서관에 기부하는 일은 미국 독립전쟁 이후 미국의 전통이 되었다. 물론 건국 시기나 한참 약진하던 시기에는 그럴 수 있다고 해도, 충분히 발전하고 성장한 다음에도 그런 일이 계속될까? 어쨌든 21세기까지 빌 게이츠를 비롯하여 미국에서 성공한 사람들이 공공 도서관이나 대학 도서관 특히 지역 도서관에 기부하는 것은 그들 나름의 전통으로 자리 잡았다.

지식이라는 관점에서 보면, 대학과 도서관이라는 두 축이 한 국가의 지식체계에서 핵심적인 역할을 한다. 보통 자본주의의 출발을 15~16세기 원거리 항해에 의한 부의 축적 이후로 보는데, 대학은 그보다 훨씬 전인 십자군 원정 이후 11세기경에 시작된다. 최초의 대학으로 꼽는 볼로냐 대학이 생겨난 것은 1083년이고, 파리 대학은 1109년, 옥스퍼드 대학은 1167년, 캠브리지 대학은 1209년에 만들어졌다. 즉 대학은 자본주의 이전에 이미 존재했고, 애초에 자본주의와 연관성이 없다는 뜻이다. 그에 반해 도서관, 특히 공공 도서관은 자본주의가 등장하고도 한참 지난 후에야 모습을 드러낸다. 그것도 산업 혁명으로 공업의 기틀을 만들고 자본주의를 앞장서서 이끌던 영국이나 프랑스에서 시작한 것이 아니다. 후발 산업 국가로 분류되는 미국에서 18세기 후반 벤저민 프랭클린 시기에 첫 모습을 드러냈고, 19세기 미국에서 회원제 도서관을 거쳐 보스턴도서관의 등장과 함께 온전한 모습을 갖추었다. 미국에 몇 군데, 영국의 맨체스터에 점이 하나씩 찍히듯이 공공 도서관이 만들어지게 되었다. 하지만 이 시기 정부의 입장에서 도서관은 잉여적 기관이었다. 잉여적 복지는 정부에 돈이 남으면 복지에 돈을 쓰겠다는 입장을 뜻한다. 도서관에 대해서도 비슷한 입장이었다. 19세기 중후반에서 20세기 초반에 이르는 시기, 이때는 경제적으로는 제국주의가 절정에 달한 시기다. 당시 선진국에서는 바다를 장악하기 위해서 전함을 만드는 게 가장 중요한 일이었다. 곧 세계 전쟁을 향해서 군국주의로 향하던 그때, 도서관에 전면적으로 지갑을 열어야 한다는 생각은 선진국에서도 아직 형성되지 않았다. 군대를 군부라고 불렀고, 황제도 군복을 입었던 시대가 바로 이 시기다. 프랑스에서도 국가의 가장 중요한 세력집단인 군부가 강력한 권한을 가지고 힘을 쓰던 시기가 바로 이때다. 군부의 권력을 보여준 대표적인 사례가 1894년의 드레퓌스 사건으로, 일종의 간첩 조작 사건이다. 이때 대문호 에밀 졸라가 군부가 지배하는 정부에 대해 "나는 고발한다"라는 글을 쓰게 된다. 20세기 언론의 원형이 생겨나는 시기였지만, 프랑스에서 공공 도서관에 전면적으로 돈을 써야 한다는 여론이 조성될 상황은 아니었다. 군인들의 목소리가 제일 중요한 제국주의 시대에, 유럽 대륙에서 '경제와 도서관'이라는 주제는 사회적 담론으로 아직 형성되지 않았다. 당연한 일이다. 19세기 후반에서 20세기 초반은 이미 식민지 쟁탈전이 어느 정도 포화상태가 된 시기였고, 이제 새롭게 식민지를 개척하는 단계를 지나 누군가가 가진 식민지를 빼앗아야 하는 시기로 접어들고 있었다.

그렇게 세계적으로 두 차례에 걸친 큰 전쟁이 씨앗을 뿌려가는 시기, 카네기는 〈스코티시 아메리칸〉이라는 주간지에 실린 "신은 거미줄을 만들 실을 주신다"는 구절을 읽게 되었다. 이미 부자가 된 카네기가 은퇴하기 전이었고, 아직 회사를 운영하던 시기였다. 아무리 봐도 특별할 게 없는 이 구절이, 카네기의 일생을 크게 바꾼 결정적 한 방이 되었다.

바로 나에게 하는 말 같았다. 이 구절은 내 마음 깊이 파고들었다. 나는 즉시 첫 번째 거미줄을 치는 일에 착수하기로 마음먹었다. 과연 신은 적당한 형태의 실을 보내주었다. 뉴욕공공도서관의 J. S. 빌링즈 박사가 찾아온 것이었다. 나는 단번에 525만 달러를 내어 뉴욕 시에 68개의 공공 도서관 분관을 짓기로 했다. 그리고 얼마 후에는 브루클린 지역에 20개의 분관을 더 짓기로 했다. (…) 그 후에는 우리 가족이 처음 미국 생활을 시작한 앨러게니 시에 공공 도서관과 회관을 기증하였다. 해리슨 대통령이 워싱턴에서부터 동행하여 개관식에 참석했다. 그리고 오래지 않아 피츠버그 시에서도 도서관 건립을 요청해왔다. 여기에도 도서관을 기증했다.

〈성공한 CEO에서 위대한 인간으로〉

수많은 카네기의 자선 사업 중에서 도서관 기증은 첫 번째 사업이었는데, 그가 가진 경제적 역량의 일부만 들어갔음에도 불구하고 공공 도서관 건립은 이후 자본주의의 양상 자체를 바꾸게 된다. 19세기 내내 죽어라고 도서관만 만든 미국은 이제 공공 도서관 영역에서 다른 어떤 자본주의 국가도 따라올 수 없는 도서관 강국이 된다. 지역마다 한 개 혹은 여러 개의 도서관을 장착하게 된 미국은 혁신의 대명사로 우뚝 섰다. 20세기 내내 그리고 지금도 세계 경제의 혁신을 이끄는 것은 미국 기업들이다. 1970년대에 일본 기업들이 'J-펌'이라는 이름으로 자동차와 전자기기 분야에서 전 세계적으로 약진하기도 했지만 결국은 미국 기업들이 세계 최고의 혁신의 위치에 올랐다.

1913년 포드는 자동차를 생산하면서 기존 방식과는 전혀 다른 컨베이어 벨트를 이용한 조립 방식을 도입했다. 제작 속도가 획기적으로 빨라지면서 제조원가가 낮아졌다. 이렇게 만들어진 모델 T는 자동차를 만든 노동자들이 바로 그 차를 살 수 있게 하고 싶다는 포드의 꿈을 드디어 이루어주게 되었다. 찰리 채플린의 대표작인「모던 타임즈」에 나오는 컨베이어 벨트 사장의 모티브가 바로 포드인데, 영화에서는 노동자들을 극한으로 착취하는 잔혹하고 악랄한 사람으로 그려졌다. 컨베이어 벨트의 도입은 숙련된 노동자를 필요로 했다. 속도를 서로 맞출 수 있을 정도로 노동자들이 충분히 훈련되어 있지 않으면 불량률이 치솟게 된다. 20세기 초, 미국 자본주의는 잘 교육되고 잘 훈련된 노동자들을 대량으로 확보할 수 있는 단계에 이르렀다. 포드가 한 혁신은 그냥 생산단가만 낮춘 것이 아니라, 여기에 협력적으로 참여한 노동자들의 월급을 이전 단계와 비교할 수 없을 정도로 높인 것이다. 생산성을 높이고, 동시에 월급도 높아진 노동자의 등장은 20세기 자본주의의 특징인 '대량 생산 대량 소비'라는 새로운 시대로 이끈다. 미국의 경제학자 존 케네스 갤브레이스는 이 후기 자본주의를 '풍요의 시대'라고 불렀다.

　미국의 공공 도서관이 이런 일련의 흐름에 어떠한 영향을 미쳤을까? 지금 시대에 이런 놀라운 일이 일어났다면, 경영학과 사회학 혹은 인류학의 학제적 대형 연구 프로젝트로 노동자들 개개인에 대한 추적 연구 같은 것을 했을지도 모른다. 1913년 포드 자동차의 컨베이어 벨트에서 일했던 노동자들의 개인사에 대한 연구가 있었다면 그들의 교육 여건 등과 함께 공장 근처의 도서관 등 지역 도서관의 역할에 대해 어느 정도는 이해가 가능했을 것이다. 그렇지만 이 시기에 그런 학제적 연구는 생소한 것이었다. 심지어 경영학은 2차 세계대전 이후에야 학문으로 정비된 것이니 20세기 초반에는 등장하지도 않았었다. 따라서 이때 벌어진 혁신이 20세기 후반을 결정할 엄청난 사건이 벌어진 것이라고 당시에는 미처 인지하지 못했다. 훗날 '대량 생산 대량 소비' 현상의 출발점을 포드 회사의 이름을 따서 '포디즘'이라고 부르게 되었다. 산업 혁명은 영국에서 시작되었지만, 포디즘은 미국에서 일어났다. 도서관과 20세기 경제 사이의 인과 관계를 직접 밝히기는 어렵지만, 어쨌든 세계에서 가장 먼저 그리고 대규모로 도서관 특히 공공 도서관을 만든 미국 자본주의는 한 세기 후에 결국 세계 경제의 중심축으로 올라서게 된다. 한 세기 전에도 그랬지만, 지금도 미국은 도서관이 강한 나라다. 도서관은 공장 등 산업 시설처럼 직접 생산 효과가 발생하는 기관이 아니라 '스필오버 효과spillover effect'라고 부르는 간접 효과가 발생하는 대표적인 기관이다. 공장에서는 제품을 만들지만, 도서관은 그 제품을 만들 사람을 만든다. 이 스필오버 효과를 경제학에서 전면적으로 다루게 된 것은 1980년대 이후의 일이다. 효과를 발생시켰어도 그 경로를 추적하기에는 너무 다각적이고 복합적이라서 계측이 쉽지가 않다. 인적 자본이라는 개념을 비롯해서 인간 그리고 지식과 관련된 여러 요소들을 경제학이 본격적으로 보기 시작한 것이 그렇게 오래된 일이 아니다. 도서관이 바로 그런 대상이다.

후발 산업국가일 뿐이었던 미국이 세계 최고의 경제대국이 되는 과정은 지금도 설명이 어렵다. 왜 하필 미국이? 도대체 어떻게 미국이? 사람들이 궁금해하기는 하지만, 아직도 잘 모른다. 우리도 잘 모르고 미국 사람들도 잘 모르는 것 같다. 왕국이 아니라 공화국부터 만든 민주주의에서 찾거나, 엔지니어 정신 혹은 기업가 정신 같은 경제적으로 성공한 사람들의 특이점으로부터 찾는 경우가 많다.

미국의 특이성에 대한 연구는 1831년, 1년 가까이 미국에 체재한 알렉시 드 토크빌이 1835년에 출간한 〈미국의 민주주의〉가 대표적이다. 정치인이자 사회학자인 토크빌은 나폴레옹 3세의 쿠데타 이후 〈구체제와 프랑스 혁명〉이라는 책을 출간했다. 혁명과 반혁명 개념을 다룬 이 책은 지금도 혁명 연구에서는 필독서이다. 그가 유럽과 가장 다른 요소로 제시한 것 중 하나는 미국 상속법의 특이성이다. 장남이 모든 것을 다 상속받는 유럽과는 달리 미국은 모든 자녀들이 똑같이 상속을 받는 균등상속제도를 가지고 있었다. 이 독특한 상속제가 부의 분배를 원활하게 만들었고, 사회 전반적으로 경제 평등주의가 강했다고 토크빌은 보았다. 사유제와 상속제 등이 미국의 평등주의 스타일의 경제 기반을 만들고, 이렇게 매우 강력한 민주주의의 경제적 기반을 만들었다는 것이 토크빌이 미국에 머물면서 본 특징이다.

미국 경제의 약진 이유에 대한 설명은 여전히 매우 어렵다. 파란만장한 인생을 살았지만, 결국은 미국경제학회 회장이 된 소스타인 베블런은 20세기가 막 시작할 때 '엔지니어 본능'이라는 표현을 써서 미국 경제의 특징을 표현하려고 했다. 제도학파의 창시자답게 별의별 문화 현상들을 다 경제 분석의 영역으로 활용한 베블런도 미국 경제의 특징은 설명하기가 어려웠다. 오죽하면 '본능'이라고 표현을 했겠는가? 뭔가 실용적으로 만들고 그런 경향이 있다는 것은 알겠는데, 왜 유독 그런 현상이 미국에서만 발생하는지를 설명하기가 너무 어렵다. 결국 '그런 본능이 있다'는 식의 별로 과학적이지 않은 방식으로 설명할 수밖에 없었다. 그야말로 '갬성' 같은 얘기다. 경제학자 조지프 슘페터는 자신의 스승인 베블런과 별로 사이가 좋지 않았고, 자신은 베블런의 제자가 아니라고 했다. 슘페터뿐만 아니라 많은 경제학자들, 특히 그의 동료 경제학자들이 베블런을 안 좋아했다. 베블런이 바람을 많이 피웠는데, 그의 동료들의 아내와도 바람을 피운 사건이 종종 벌어졌다고 한다. 동료들이 그를 싫어했던 것이 충분히 이해가 가는 상황이다. 베블런을 좋아하지 않았던 슘페터였지만, 그도 미국 경제의 특이점에 대한 설명을 어려워했고, 결국 '기업가 정신'이라는 개념을 사용해서 설명하려고 했다. 슘페터가 쓴 두 개의 단어, '기업가 정신'과 '창조적 파괴'는 21세기에도 살아남은 개념이 되었다. 중요한 건 엔지니어가 아니라 사장이란 말이야! 뜻은 알겠는데, 갬성적으로 베블런과 같은 논의의 맥락 아래 있는 말이다. 슘페터가 원하는 바는 아니겠지만, 후대 경제학자들은 자꾸 베블런과 슘페터를 같은 장에 넣곤 했다. 엔지니어 본능이나 기업가 정신 같은 얘기들은 현상에 대한 매력적인 설명이지만, 그런 일들이 왜 미국에서만 벌어지는지는 설명하기가 어렵다. 왜 유독 미국에서만 좋은 엔지니어들이 등장하고, 좋은 기업가들이 많은지, 그런 구조적 이유를 설명하기에 충분치 않다. 복잡한 얘기들을 털어내고 나면 "미국은 원래 그래", 그런 최초의 명제로 돌아오게 된다.

책은 읽은 적이 없어도 이름 정도는 많은 사람이 알고 있을 독일의 사회학자 막스 베버는 1904년과 1905년에 발표한 논문을 묶어서 〈프로테스탄티즘의 윤리와 자본주의 정신〉이라는 책을 발간했다. '미국'을 제목에 넣지는 않았지만, 미국의 청교도 전통이 결국 미국 자본주의라는 매우 강력한 경제적 장치를 만들어내게 되었다는 내용이다. 여기에 벤저민 프랭클린이 다시 등장한다. 그는 〈젊은 상인에게 보내는 편지〉라는 책에서 시간, 돈, 근면 그리고 신용 등을 잘 활용하라고 말했다. 중세적 관점에서는 이건 아주 세속적이고 탐욕적인 얘기라서 받아들이기가 어려웠다. 그렇지만 종교개혁 후 등장한 청교도 윤리에서의 이런 금욕주의가 경제적 성공과 연결되었고, 이런 사회적 흐름이 미국에서 자본주의와 잘 접목되었다. 경제적으로 성공도 하고, 근면하고 성실하게 일하는 사람들이 결국 미국의 주류를 형성했고, 이 기반 위에 미국 자본주의가 꽃을 피웠다고 볼 수 있다. 미국 주류를 설명하는 WASP의 W는 백인, AS는 앵글로 색슨이다. 마지막에 붙은 P가 바로 프로테스탄트, 청교도다. 이 설명은 매우 매력적이기는 하지만, 긴 시간을 놓고 보면 "미국은 원래 그래"라는 명제를 종교적으로 전환한 것에 가깝다. 나중에 일본의 경제적 성공을 놓고 유교로 설명하려는 시도가 등장하기도 했다. 종교는 손쉬운 설명이기는 하지만, 경제라는 거대한 흐름을 이해하기에는 너무 부분적이다.

　이 시점에서도 미국 경제가 지금처럼 강해진 과정을 설명하기란 여전히 어렵다. 두 차례의 세계대전을 치르면서 무기 산업과 국가가 결합한 군산복합체 개념을 사용해서 세계 패권을 쥔 국제정치적 관점으로 설명하는 것이 사실상의 대세론이다. 최고의 힘을 가졌으니, 경제도 자기 마음대로 이렇게 저렇게 하면서 경제대국이 되었다는 것이다. 트럼프가 하는 말이나 그의 정책을 보면 딱히 아니라고 하기도 어렵다. WTO고 나발이고 난 그냥 내 맘대로 관세 부과할 거야! 미국 보수의 시각을 대표하는 새뮤얼 헌팅턴의 〈문명의 충돌〉은 세계 패권을 쥔 상태의 미국이 다른 문명권에 도전하는 이야기를 담고 있다. 누가 아직도 이런 책을 보느냐고 하겠지만, 중국과의 건곤일척 같은 경제 전쟁은 트럼프나 바이든이나 크게 다르지 않다. 미국은 힘이 있고, 그 힘을 유지해야 한다는 것인데, 그 힘은 과연 어디에서 왔느냐, 역시 설명이 어렵다. 힘으로 설명이 가능하다면 두 차례에 걸친 세계 전쟁과 일본의 진주만 침공 등 차라리 세계 전쟁사를 살펴보는 게 미국 경제사를 들여다보는 것보다 미국을 이해하기가 더 쉬울 수도 있다. 미국 경제에 대해 보면 볼수록 우리는 동어반복의 함정에 빠져들게 된다. 미국은 왜 세? 세니까. 왜 세냐고? 원래 세니까. 왜 원래부터 세? 영국 식민지였다가 독립한 건데 그때부터 그렇게 셌어? 아, 세니까 당시 최강 군사강국인 영국으로부터 독립했겠지. 힘으로 힘을 설명하는 것은 까도 까도 껍질이 계속 나오는 양파와도 같다.

미국 경제의 또 다른 특징은 미국의 발권력 즉 기축통화인 달러의 발권력에서 찾을 수 있다. 19세기 영국 파운드화의 권세가 두 차례의 세계대전을 거치면서 미국으로 넘어갔다. 1971년 닉슨은 불태환 선언, 즉 달러를 가지고 오더라도 더 이상 금으로 바꾸어주지 않겠다는 선언을 전격적으로 했다. 월남전 이후 워낙 많은 달러를 찍어내서 미국 정부의 재정적인 불균형이 심해졌고, 프랑스 등 불안감을 느낀 많은 국가에서 달러를 미국에 돌려주고 금을 돌려받는 일이 계속되자 결국 닉슨이 "싫어, 안 줘", 그렇게 전면적으로 포기 선언을 한 것이다. 일종의 파산 선언으로 2차 세계대전 이후 만들어졌던 국제통화체계인 '브레튼우즈체제'가 붕괴했다. 그렇지만 미국 경제는 이 충격을 그냥 버텼다. 달러는 이후 금과 같은 유가금속과 아무런 상관이 없는 완전 신용화폐가 된다. 쓰고 싶으면 쓰고, 싫으면 말아라! 그 후부터는 미국 경제가 어려워지는 순간이 오면 달러가 약해질 것이므로 금값이 폭등하게 된다. 아울러 석유를 비롯한 많은 실물자산이 오르게 된다. 달러를 믿지 못하겠다고 사람들이 생각하면, 금과 석유 심지어는 텅스텐이나 쌀과 같은 것도 사놓는다. 나중에 등장한 암호화폐도 부분적으로는 달러 대체의 기능을 갖는다. 그럼에도 불구하고 달러의 위치가 근본적으로 흔들린 적은 없다.

    미국은 어떻게 만들어지고, 미국 경제는 어떻게 세계 최강이 되었는가? 감히 내가 이런 걸 다 알았다고 과장할 생각은 없고, 이걸 평생의 업으로 삼고 지금이라도 정밀한 분석을 해서 내 남은 생애에 그 인과 관계를 명쾌하게 분석해 사람들에게 보여주겠다는 생각도 없다. 우리나라의 문제를 분석하고 푸는 것도 어려운데 그런 일을 하고 싶은 생각은 없다. 다만 도서관의 역사를 이리저리 살펴보다 보니까, 미국의 독립과 약진기에 매우 독특한 공립 도서관의 역사가 존재하게 된다는 것을 알게 되었다는 점을 독자 여러분들에게 환기시켜 드리고 싶다. 지식이라는 관점에서, 가장 오래된 대학과 가장 오래된 도서관을 미국이 가진 것은 아니다. 그렇지만 독립 이전부터 미국은 기존의 유럽식 관점과는 전혀 다른 도서관을 만들어냈고, 그게 공공 도서관이라는 역사적으로는 새로운 존재를 만들어내게 되었다. 미국이 방직기를 발명한 것도 아니고 증기기관을 만든 것도 아니다. 이런 발명들이 자본주의를 만든 것이라고 사람들은 판단했고, 이런 일련의 과정을 산업 혁명이라고 불렀다. 그런 시각으로 본다면 미국은 산업 혁명이 아니라 '도서관 혁명'을 만든 사람들이다. 그리고 어느 동네에서나 쉽게 도서관에 접근할 수 있는 나라가 되었다.

유럽을 폄하할 생각은 전혀 없지만, 근대적 의미에서의 도서관은 미국이 먼저이고, 다른 나라들이 그걸 따라갔다고 보는 게 맞다. 전통적으로 프랑스를 비롯한 유럽 사회는 소수의 엘리트들이 다수의 민중을 이끌고 가는 성격이 강하다. 민주주의가 사회 전체적으로 수립되기 전, 유럽의 많은 국가에서는 엘리트주의가 팽배했었다. 프랑스는 OECD 국가 중에서는 유일하게 '그랑제꼴 Grandes Écoles'로 불리는 특수 대학이 아직도 존재하는 나라다. 대통령이나 대통령 후보들이 '시앙스포 Sciences Po'라고 하는 정치학교를 나온 경우가 많다. 현 프랑스 대통령인 마크롱도 '에나 ENA'라고 불리는 행정 그랑제꼴 출신이다. 그래서 도서관도 엘리트들의 도서관이라는 인식이 강했다. 18~19세기에는 특히 그랬다. 정치만 그런 것이 아니라 경제도 마찬가지였다. '뱅커'라는 영어 표현이 있다. 영국에서 각별한 의미를 가진 단어인데, 단순히 '은행에 근무하는 사람' 정도의 의미보다는 더 심오하다. 산업에 들어갈 돈, 제국주의 등 전쟁을 수행할 돈, 지역의 인프라에 쓸 돈 등 은행에서 움직이는 돈의 향방을 결정하는 경제 권력자라는 의미가 강하다. 경제 엘리트 중 최고 엘리트가 바로 영국의 뱅커다. 영화「메리 포핀스」에서 아이들의 부모가 모두 브리티시 뱅크에 근무하는 것으로 나온다. 부유하고 권위 있는 아버지의 설정으로 뱅커보다 좋은 직업은 없다.

미국은 도서관 혁명과 함께 유럽과는 상당히 다른 경제 모델을 만들게 된다. 일종의 집단 지식의 기반이 생겨나고 '같이 똑똑해지기'라는 다른 사회적 실험이 벌어진다. "혼자 가면 빨리 가고, 같이 가면 멀리 간다"는 속담이 있다. 미국의 대중 도서관이 만든 미국 경제의 신화가 이 말에 딱 들어맞는다.

경제대국 미국의 성공 요인과 도서관 시민

기본 경제 이론에서는 국가는 등장하지 않고 소비자와 생산자만 나온다. 그렇게 기본 이론을 만들어놓고, 나중에 국가라는 매우 특별한 단위를 추가한다. 세금과도 같은 국가의 존재는 '개입'이라는 용어를 통해서 묘사된다. 흔히 미국을 시장경제가 가장 적극적으로 활용되고 있고, 시장의 권력이 극대화된 나라인 것처럼 묘사하는데, 경제에 대한 정부의 적극적 개입을 처음으로 체계화한 나라이기도 하다. 그렇다면 국가의 개입이 미국 경제의 성공 요인인가? 역사적으로 국가가 경제에 더 많이 개입한 나라는 경제 계획을 적극적으로 활용한 프랑스 같은 나라다. 국가의 존재 혹은 국가의 역할만으로 미국 경제를 설명하기는 매우 어렵다. 국가가 경제에 더 직접적으로 개입하는 나라는 불행히도 저개발 국가와 독재 시스템의 국가다. 케인즈 이후의 정부 역할만으로 미국 경제가 왜 강한지를 설명하기는 어렵다.

많은 사람들이 국민 소득 혹은 국내총생산과 같은 연간 기준의 결과물만 가지고 경제를 이해하려고 한다. 그렇지만 자본주의의 미덕을 강조했던 경제학자 프리드리히 하이에크가 지적하는 것처럼, 경제는 과정이다. 노동과 자본이 생산 시스템 내에서 결합하면서 생산이 이루어진다. 물리적 과정으로서 생산이 이루어진 후에도 팔릴지 안 팔릴지, 아직 결정되지 않은 유통 과정이 기다리고 있다. 이 일련의 과정에 도대체 도서관이 무슨 역할을 하는 것일까? 결과물로 본 경제에는 도서관의 존재가 보이지 않지만, 과정으로 보는 경제에는 중요한 순간마다 사람들의 존재가 보인다. 조세와 재정 지출 그리고 경제 정책으로 경제 시스템에 전체적으로 개입하는 정부, 이 모든 것이 결국은 사람이 하는 일이다. 노동자와 소비자, 이들을 형성하는 좀 더 근원적인 곳으로 들어가면 거기에 비로소 도서관이 존재한다. 더 강하고 유능한 노동자, 양식 있는 소비자, 이런 것들을 넓게 보면 경제 시스템의 시민적 요소라고 할 수 있다. 유권자로 등록을 해야 투표권을 행사할 수 있는 독특한 선거 제도를 가지고 있는 미국을 보면 유럽에 비해 미국은 시민사회가 약하다는 생각을 하기 쉽다. 특히 흑인 등 유색 인종과의 갈등 과정을 보면, 미국에 강한 시민사회가 있다는 생각이 들지 않는다. 그러나 도서관을 중심으로 보면 미국은 건국 이전부터, 아니 독립전쟁을 치르기 전부터 매우 강력한 도서관 시민을 형성한 나라다. 그런 도서관을 둘러싼 대중적 기반이 결국 공공 도서관이라는 새로운 시스템을 만들었다. 이런 폭넓은 도서관 시민이 없었다면 과연 카네기가 2,500개가량의 도서관을 만들 수 있었을까? 유럽에는 없거나 매우 미약했지만, 미국에서는 막강한 파워를 가지게 된 것이 바로 도서관 시민이다. 나는 유럽이 익숙한 편인데, 프랑스와 같은 유럽에서 매우 좋고 부러운 도서관들을 많이 보았다. 그러나 파리나 취리히의 많은 도서관들이 19세기 이후 미국 도서관 모델에 의해서 개편되었다는 역사적 맥락은 나도 이번에 알게 되었다.

요즘 많이 쓰는 행정용어로 '상향식 bottom-up'과 '하향식 top-down'

이 있다. 상향식은 밑에서부터 위로 올라가는 방식, 하향식은 위에서 결정해서 아래로 내리는 방식을 뜻한다. 유럽의 많은 국가들과 메이지 유신 이후 일본의 주요 도서관들이, 위에서 필요성을 결정해서 만들게 된 전형적인 하향식 도서관이다. 미국 도서관은 전형적인 상향식 도서관의 역사다. 정치적으로나 종교적으로 많은 권력을 가진 누군가가 "이게 진짜 중요해", 그렇게 만들어진 것이 아니라 시민 한 명 한 명이 "나는 도서관이 필요해", 이런 상향식을 통해서 만들어졌다. 정부의 돈은 그 이후에 들어왔다. 그리고 이런 사회적 분위기가 만들어진 후에야 카네기의 공공 도서관이 대량으로 투입되었다. 1차 세계대전 이전의 일이다. 미국에 도서관이 먼저 번창했고, 그 후 두 차례의 세계대전을 겪으면서 미국은 자본주의의 수호자이자 세계 경제의 원톱이 되었다.

미국 경제를 만든 것은 도서관이 아닐지 몰라도, 미국 경제의 근본을 만든 것은 도서관이라고 생각한다. 왕이 도서관에 돈을 들여서 근사하게 만든 것이 유럽 도서관의 초기 역사다. 시민들이 도서관을 만들고, 기껏해야 통속 소설이나 베스트셀러 같은 보존해야 할 만큼의 역사적 가치가 없어 보이는 책들을 구비하겠다는 공공 도서관에 정부가 마지못해 지갑을 연 것이 미국 공공 도서관의 초기 역사다. 그렇지만 이렇게 시민들이 도서관을 만드는 역사가 미국 경제만이 가진, 다른 나라는 못 가진 새로운 역사였다. 이민자의 나라답게 미국은 다양한 속성을 가지고 있다. 그 모든 미국의 모습을 도서관이 만든 것은 아니지만, 미국 경제의 근본 그 자체를 도서관이 만들었다고 말할 수는 있다. 식민지의 많은 시민들이 당시 유행하기 시작한 도서관의 도움을 받으면서, 매우 빠르게 당시의 글로벌 스탠다드를 익혀나갔다. 평균적 지식 수준을 높였고, 그로 인해 양질의 노동자와 근대적 소비자들이 만들어졌다. 유럽에 비하면 미국 대중들의 수준이 떨어질 것이라는 편견이 있었지만, 유럽이 19세기까지 갖지 못했던 대중 도서관을 미국이 빠르게 확충하면서, 미국 경제는 매우 강력한 대중적 지식 기반을 갖추게 된다. 높은 소양을 갖춘 전문가에서 일반 생활인들 그리고 어린 시절의 카네기처럼 학교를 다닐 수 없는 소년 노동자들이 도서관 시민이 되었다. 19세기 중반에서 20세기 전반에 걸쳐서, 마치 지금 미국이 AI 강국인 것처럼, 당시 미국은 도서관 강국, 그것도 선도적인 강국이었다.

14세기 후반, 작가 제프리 초서가 'library'라는 단어를 사용했는데 그때에는 '책 보관소'의 의미로 쓰였다. 이후 구텐베르크의 인쇄술이 보급되면서 유럽에서 책의 발간이 급증했다. 르네상스 시절에도 라이브러리는 책 보관소 정도의 의미였는데, 이 단어가 언제 현재의 우리가 사용하는 '도서관'의 의미를 갖게 되었는지는 명확하지 않지만 자본주의의 영향이라고 보는 게 맞을 것이다. 라이브러리가 도서관을 의미하게 된 것은 근대의 일이고, 자본주의의 일이고, 영미권의 일이었다. 그래서 미국에서는 크든 작든, 중앙의 커다란 도서관이든 동네의 작은 도서관이든, 사람들은 도서관 즉 라이브러리를 사랑하고 존경한다. 그건 미국이 가진 전통이다. 그래서 돈을 벌고 성공한 미국인들은 그런 전통을 따라 여전히 도서관에 책이나 돈을 기증한다. 기증은 본인의 의지로 하는 듯 보이지만, 성공한 사람들은 매사 계산에 밝고 손익분기점을 잘 따지는 사람들이다. 그들의 마음을 움직이는 것, 그것은 바로 그들을 둘러싼 사회이고 그들의 문화다. 도서관을 시민들이 스스로 만들어낸 역사를 가진 나라에서는 당연히 부자들이 도서관에 많은 기부를 하게 된다. 그렇지만 도서관은 원래 있는 것 혹은 국가가 만들어주는 것이라고 생각하는 나라에서는 부자들이 도서관에 기부를 하지 않는다. 미국을 도서관이 만들었는지는 모르겠지만, 미국 경제는 도서관이 만들었다고 해도 과언이 아니다. 그 역사가 미국 백 달러 지폐에 얼굴로 박혀 있다. 벤저민 프랭클린은 미국 건국의 아버지이기도 하지만, 현대식 도서관의 아버지이기도 하다.

20세기의 전반부는 두 차례에 걸친 세계적인 전쟁이 있었다. 후반부는 핵전쟁 직전까지 갔던 적도 있는 냉전의 시기였다. 그야말로 격동의 시기였다. 이 기간을 거치면서 미국은 세계 최강의 경제대국이 되었다. 좋은 도서관이란 무엇인가? 이 질문을 중세에 했더라면, 그리스의 도서관 혹은 로마의 도서관이라고 대답한 사람이 많았을 것이다. 혹은 희귀한 판본을 많이 보관하고 있는 바티칸 산하의 어떤 도서관이라고 대답하거나. 그러나 이 질문을 하는 시점이 20세기 혹은 21세기라면 대답은 전혀 달라진다. 여기에 대해서는 자신을 키운 것이 마을 도서관이라는 빌 게이츠의 말이 정답에 가까울 것이다. 경제적으로는 IT 혁신을 주도하고 신경제를 만들었다는 측면에서 빌 게이츠는 경제적으로 중요한 사람이다. 과연 빌 게이츠를 키운 마을 도서관의 경제적 가치를 추정할 수 있을까? 현재의 경제학 기법으로는 불가능하다. 도서관에 대해서 뭐라고 표현하든, 경제적으로는 마을 도서관이 좋은 도서관이다. 공간적 의미에서 그렇다. 먼 곳에 있는 크고 좋은 도서관이 아니라 내 생활반경 내에 있는 도서관이 실제로 국민경제의 기반 역할을 한다고 볼 수 있다. 왕의 도서관을 찬양하는 사람들이 들으면 참으로 실망할 대답을 빌 게이츠가 한 것이다. 그러나 이게 미국 경제의 역사다.

제일 맛있는 커피는 어떤 커피일까? 움베르트 에코는 스위스 취리히에서 마시는 커피가 제일 맛있다고 했다. 실제로 맛있기는 하다. 값도 비싸지 않다. 오랫동안 한 동네에서 카페를 운영한 사장이 직접 내려주는 커피가 바리스타 이름은 간판으로만 걸고 실제로는 알바들이 내려주는 커피보다 맛있다는 의미다. 나에게 제일 맛있는 커피는 집에서 먹는 커피다. 제일 싸고 편하고, 맛도 사실 그게 제일 낫다. 그렇다면 제일 좋은 도서관은 어떤 도서관일까? 역시 집에서 제일 가까운 도서관이다. 좀 더 전문적이고 풍족한 자료를 보고 싶은 사람에게는 그렇지 않을 수 있지만, 어린이나 실업자들에게는 동네 도서관이 가장 좋은 도서관이고, 거시적인 시각으로 보면 국민경제에 기반 역할을 한다. 미국의 동네 도서관이 이런 역할을 가장 잘 수행한다. 유색 인종 및 이민자들이 집단적으로 거주하는 할렘에도 제대로 된 도서관이 있느냐고 반문한다면, 그렇지 않다. 그게 미국의 어두운 점이고 약점이다.

미국의 근현대사가 주는 교훈을 한 문장으로 바꾸면 이런 질문이 될 것이다. 도서관이 시민을 만드는 것인가, 아니면 시민이 도서관을 만드는 것인가? 딜레마다. 도서관이 시민을 만든다는 것은 매우 강한 계몽주의적 시각이다. 시민사회 특히 도서관 시민이 형성되지 않은 곳에서는 도서관이라도 만들어야 한다고 대답할 것이다. 미국의 근현대사는 시민이 도서관을 만든 역사다. 시민이 도서관을 만들고, 그 도서관이 튼튼한 국민경제의 기반을 만들었다. 이런 거 저런 거 아무것도 없는 나라에서는? 어쩔 수 없이 도서관이라도 만드는 수밖에 없다. 그게 20세기 세계 도서관의 역사다.

산업 혁명을 주도한 나라는 영국이다. 시민 혁명을 주도한 나라는 프랑스다. 그리고 경제에 관해 논할 때 많은 사람들이 주목하지는 않았지만, 도서관 혁명을 이룬 나라는 미국이다. 산업과 시민 그리고 도서관, 이런 것들이 자본주의를 구성하는 주요 축이다. 20세기에 유럽을 비롯한 전 세계의 많은 국가들이 앞다퉈 공공 도서관을 국가 주도로 구축했다. 선진국의 시선에서 보면 도서관은 마치 '공기'처럼 늘 그곳에 존재했던 것으로 생각하는 경향이 있다. 착각이다. 미국은 독립 후 열성적으로 도서관을 만들었고, 한 세기 가까이 도서관을 만든 미국 경제의 성공이 공공 도서관 모델을 전 세계로 확산시켰다. 교보문고에서 '사람은 책을 만들고, 책은 사람을 만든다'는 일종의 슬로건을 대대적으로 내걸었던 적이 있다. 이 표현을 활용하자면 '미국은 공공 도서관을 만들었고, 공공 도서관은 미국을 만들었다'고 할 수 있다. 그렇게 열심히 도서관을 만든 미국은 결국 영국을 넘어서서 경제 최강국이 되었다. 국민경제의 형성과 도서관의 역할, 나는 이것이 경제사의 새로운 연구 분야라고 생각한다. 특히 미국 경제를 이해할 때, 과연 도서관이 19세기에서 20세기 초반에 어떤 역할을 했는지에 대해서 좀 더 면밀하게 생각할 필요가 있다. 도서관은 공공 기관으로서 그냥 존재했던 것이 아니고, 자본주의의 등장과 함께 전면화된 것도 아니다. 왕의 도서관에서 시민의 도서관으로, 중요한 책들을 보관하는 책장에서, 더 많은 사람이 읽게 하는 대출 중심 도서관으로, 미국은 인류 역사에서 도서관의 기능을 완전히 전환시키는 새로운 모델을 제시하였다. 이제 미국에서 장서 기능은 엄청난 기부를 지속적으로 받는 대학 도서관과 전문 도서관으로 넘어갔다. 미국 자본주의와 도서관의 역사와의 관계는 지금까지 크게 주목받지 못했다. 한 가지 확실한 것은 현대식 도서관이 미국에서 경제 시스템의 일부가 되었다는 점이다. 19세기에 그랬고, 20세기에 다른 나라가 많이 쫓아왔지만 여전히 미국은 도서관 강국이었다. 그렇다면 앞으로는? 여전히 미국 도서관은 강하다. 특히 지역 정책과 교육 정책으로 공공 도서관이 중요한 요소로 간주되면서, AI 시대에도 여전히 중요한 지역 경제 요소로 작동할 가능성이 높다. 앞으로도 상당한 기간, 미국은 세계 최강 도서관 강국의 자리를 지킬 것이다. 그리고 경제는?

수많은 문제가 있긴 하지만, 지금까지 존재했던 여러 제국 가운데 미국처럼 분산형 시스템을 갖추고, 지역에서 인재가 지속적으로 등장할 수 있는 구조를 가진 경우는 거의 없었다. 연방 정부와 주 정부가 늘 긴장과 갈등 속에서 균형을 모색하는 미국의 구조는, 단순한 불안정이 아니라 오히려 끊임없이 새로운 것을 잉태하고 다양성을 증폭시키는 시스템으로 작동해 왔다. 이처럼 구조적으로 분산된 시스템 속에서도 말단까지 자극을 전달하는 대표적인 장치는, 역사적으로 따지면 중국 수나라 시기에 도입된 과거제가 있다. 과거제는 지역에 관계없이 중앙 관료를 선발해 외곽 인재들이 체제 밖으로 이탈하지 않게 붙잡아두는 기능을 했다. 중국이 오랫동안 거대한 왕국의 통합성을 유지할 수 있었던 이유 중 하나이기도 하다. 관료를 충원하는 과거제와는 달리, 미국의 도서관은 많은 어린이와 청소년들이 책으로부터 너무 멀어지지 않게 해주는 기본 교육훈련 장치처럼 기능했다. 만약 19세기부터 형성된 도서관이 없었다면 미국은 몇 개의 주요 도시에서 엘리트들만 맹활약하는, 덩치만 크고 뼈는 약하고 살만 많은 빈약한 경제가 되었을지도 모른다. 누군가 의도하지 않았을지라도 미국의 도서관은 대도시에서 엘리트로 키워지는 학생뿐만 아니라 중앙으로부터 소외된 청소년들에게도 자신들의 꿈을 포기하지 않을 수 있는 기회를 주는 장치로서의 역할을 했다. 그런 미국 시스템의 독특함은 앞으로도 중요한 역할을 할 것으로 보인다.

 AI 시대가 도래하면서 이제 도서관이 무슨 필요가 있겠느냐는 관점이 점점 많아질 것이다. 도서관을 스스로 만들지 않고 외부의 유행에 따라 만든 나라일수록 도서관의 효용을 충분히 이해하거나 해석하기가 쉽지 않기 때문에 더욱 그럴 것이다. 공공 도서관의 예산과 인력이 줄어드는 나라들이 많이 생겨날 테지만, 아마도 미국은 지구상에서 가장 오래까지 도서관 특히 지역의 공공 도서관이 버티면서 자신의 역할을 할 나라로 남을 것이다. 19세기와 20세기에 미국은 먼저 공공 도서관을 만들어서 자신의 경쟁력을 확보했는데, 21세기에는 가장 오랫동안 도서관 시스템이 버티면서 역시 경쟁력을 새롭게 만들어낼 가능성이 높다. 미국 경제의 강점을 주로 막강한 국방력과 군산복합체 혹은 달러의 발권력을 통한 패권의 관점으로만 오랫동안 해석해 왔지만, 겉으로 보이는 화려함을 걷어내고 보면 미국 경제를 지금과 같이 강력한 하나의 시스템으로 만든 주요 요소 중 하나가 바로 도서관 아니겠는가? 우리는 아직도 도서관이 무엇인지 제대로 모른다.

2장

한국은 어떻게 경제강국이 되었는가?

일본 도서관, 짧은 역사 이야기

일본을 구성하는 많은 요소들은 오랜 세월에 걸쳐 중국에서부터 한국을 거쳐 일본으로 건너간 것들이다. 대륙의 시기였다. 15~16세기, 대항해가 시작되면서 문명의 흐름이 대륙에서 태평양으로 바뀌었다. 서양 문명을 먼저 받아들였던 일본에서 한국으로 많은 것들이 들어오기 시작했다. 중남미에서 유래한 고구마와 담배가 그때 들어왔다. 물건만 들어온 것이 아니라 많은 제도들이 일본을 통해서 들어왔고, 수많은 한자 번역어들도 일본에서 쓰던 표현 그대로 들어왔다. '데모크라시'의 한자 번역어인 '민주주의'도 일본에서 만든 말이다. 헌법을 비롯해서 우리가 쓰는 대부분의 법은 일본에서 가져왔거나 일본의 제도를 참고한 것이다. 그렇다면 도서관은? 물론 도서관도 일본을 통해서 들어오기는 했다. 그렇다고 일본이 일제 시대에 한국에 도서관을 적극적으로 만든 것은 아니다. 일본은 한국말을 없애려고 했고 도서관도 만들지 못하게 하려고 했다. 우리 헌법은 대한민국이 생겨난 근거를 3·1 운동에서 찾는데, 한국 도서관의 역사 또한 3·1 운동에서부터 시작된다. 한국의 도서관 역사를 간략하게 살펴보면, 3·1 운동 이후로 어쩔 수 없이 총독부에서 도서관을 만들기 시작했고, 이때 시험을 통해 채용된 한국의 도서관 사서들이 이후에 공공 도서관 붐을 일으켰다고 할 수 있다. 한국의 도서관들은 미국의 도서관 역사와는 좀 다르게, 일부 도서관 선각자들의 주장을 받아들인 대통령의 결단에 의해서 만들어진 것에 가깝다. 그래서 도서관이 있기는 한데, 과연 지금의 한국 도서관들이 충분한 역할을 하고 있느냐고 물으면 긍정적으로 답하기는 어렵다. 사실 일본도 근대화를 겪으면서 도서관이 필요하다는 것은 이해했지만, 정말로 도서관이 뭔지를 제대로 이해하지는 못한 것 같다. 우리에게 도서관을 알려준 일본도 제대로 몰랐는데 우리가 제대로 알았을까?

자본주의가 시작된 이후에 많은 나라들이 스스로 공공 도서관을 만든 것은 아니듯이, 후발 자본주의 국가로서 산업화를 시작한 일본에서도 자생적으로 도서관이 생겨나지는 않았다. 일본에서도 책이 중요하고 자료가 중요하다는 사실은 예전부터 알고 있었지만, 도서관에서의 시민들의 역할과 기능에 대해서는 잘 몰랐다. 이런 생각은 미국에서 먼저, 그리고 점차적으로 유럽의 다른 여러 나라들로 퍼져나갔다. 일본도 제대로 이해를 못했는데, 일본을 통해서 현대식 도서관을 만난 한국이 실제 도서관이 무엇인지 잘 알 수 있었을까?

서양에서 비블리오테카와 라이브러리라는 도서관의 이름을 살펴보는 것이, 책장에서 책 대여 중심으로 도서관의 의미가 바뀌는 것을 이해하는 데 도움을 주었다. 이건 일본 등 동양의 경우도 마찬가지다. 〈조선왕조실록〉을 보관하던 한양의 춘추관 사고를 비롯한 지방의 사고들은 기본적으로 창고의 개념이다. 박물관이나 미술관의 수장고도 원칙적으로는 같은 개념이다. 같은 문화권인 일본도 그다지 다를 게 없었다. 역사적으로 일본에도 도서관을 지칭

하는 다양한 이름들이 있었다. 문고, 서적관, 서적실, 집서원, 종람장, 종람소 같은 용어들이 근대화 즈음에서 사용되었다(2019년 9월 5일자 오마이뉴스 기사, 백창민·이혜숙 글, "'라이브러리'는 왜 '도서관'이 됐을까").

1868년 일본에서 천황이 전격적으로 국가의 중심으로 복귀하는 메이지 유신이 발생한다. 이후 일본은 헤어스타일을 서양식으로 바꾸고 옷도 양복으로 바꾸었다. 국가가 개입한 공공 도서관이 이런 흐름 속에서 생겨났다. 1872년 문부성이 일본 최초의 공공 도서관인 '도쿄부 서적관'을 만들었다. 그러다가 1880년 7월에 갑자기 이 서적관을 '국립도쿄도서관'으로 바꾼다. 이렇게 도서관이라는 생소했던 이름이 행정 용어로서 갑자기 등장한 배경은 우리에게 알려져 있지 않다. 행정기관인 문부성에서 어느 날 갑자기 그렇게 쓰기 시작했다. 그 후 일본에서는 한동안 서적관과 도서관이라는 두 가지 용어가 행정적으로 혼용되었고, 여기에 일반인들이 선호했던 '문고'라는 용어까지 복잡하게 혼재했다. 1882년 일본에서 도서관협회가 발족할 때에는 일본문고협회로 출발했다. 1908년에는 '일본도서관협회'로 이름이 바뀐다. 도서관을 운용하는 사람들은 문고라고 생각했는데, 결국에는 도서관이라는 용어가 행정 용어로서 통일되었다. 그렇지만 명칭을 두고 벌어진 혼돈은 한동안 계속된 것 같다. 1911년 일본인들이 주축이 된 인천기독청년회에서 인천에 도서관을 만드는데, 이때 사용된 이름이 '인천문고'였다. 우리에게는 문고라는 말이 어색하지만, 프랑스와 독일 등 유럽 국가에서 사용했던 비블리오테카를 한자로 직역하면 문고가 된다. 아주 계통 없는 말은 아니다. 정설은 아니지만 억지로 해석해보면 일본에서 도서관과 관련된 사상이나 제도가 들어오는 과정에서 유럽식 문고 개념과 미국식 도서관 개념이 각각 서로 다른 경로로 혼재되어 들어왔을 것이라고 볼 수 있다. 우리도 여러 가지 전통적인 용어를 사용하다가, 일본에서 행정 용어를 도서관으로 통일한 후에는 우리도 도서관이라고 사용하게 되었다. 원래 있던 개념이 아닌 단어를 번역하면서 벌어지는 이런 혼돈과 시행착오는 중국에서도 크게 다르지 않았다.

일본에서 현대식 공공 도서관이 만들어진 것은 메이지 유신 이후 다른 나라와 비슷하게 서양식 제도를 정부가 직접 나서서 이식했기 때문이다. 머리 모양, 옷, 심지어 음식도 서양식으로 바꾸었고, 도서관도 그런 흐름 속에서 '탈아입구', 즉 '아시아를 벗어나 유럽으로 가자'는 흐름 속 한 현상이었다고 볼 수 있다. 그러나 이때 도쿄도서관을 비롯해 여러 개의 공공 도서관을 만들기는 했지만, 궁성서적관을 제외하면 오래 버티지 못하고 결국 다 문을 닫게 된다(윤성우, 〈세계 각국 도서관의 역사〉). 초창기 공공 도서관의 실패에도 불구하고, 일본은 1897년 도쿄에 제국도서관을 만들고 적극적으로 도서관 행정에 나선다. 이후 지방에도 공공 도서관을 만들기 위한 법령들이 연이어 만들어지고 재정적 지원이 뒷받침되면서 전국적으로 공공 도서관을 만들기 시작했다.

일본에서 중앙정부나 지방정부가 직접 만든 공공 도서관만 생긴 것은 아니다. 20세기로 넘어오면서 일본에도 다양한 사회 세력들이 도서관 건립의 주체로 등장하기 시작했다. 먼저, 교사들의 모임인 교사회가 전국적으로 도서관을 만들기 시작했는데 특히 도시 지역이 아닌 농촌 지역에 도서관 건립을 직접 추진하거나 간접적으로 후원했다. 일본 최고의 출판사였던 박문관의 창립자가 만든 대교도서관은 1902년에 만들어졌다. 이런 흐름과 함께 노동운동 계열에서도 도서관 건립운동이 발생했다.

일본의 경우 도서관 시민들의 힘이 모여서 결국 정부가 재정 지원을 하게 된 게 아니라, "이게 필요해", 이런 판단에 의해 만들어진 것이어서 도서관 운영이 다소 권위적이고 엄숙한 면이 있었다. 일반적으로 공공 도서관들이 추구하는 "언제든지, 어디서든지, 누구든지, 무엇이든지", 이런 개방적인 입장과는 정반대의 입장이 당시 일본 제국도서관의 운영 방향이었다. 당시 사회운동을 하던 사람들은 특히 제국도서관이 "정해진 시간, 정해진 장소, 특별한 사람들, 인정된 책", 이런 방침으로 딱딱하게 운영한다고 강하게 비판했다. 이 제국도서관이 일본 공공 도서관의 모델이 되었고, 나중에 만들어진 지방의 도서관들도 마찬가지 방식으로 운영되었다. 책을 도서관 밖으로 빌려 나가는 것은 관리나 교원 혹은 부동산 보유자 같은 특권층에게만 예외적으로 허용되었다. 공공 도서관을 만들기는 했는데, 도서관이 엘리트들의 교육훈련을 위한 장치라는 인식이 강했다. 특히 군국주의가 강화된 30년대 이후로는 일본 사회에 사상 통제가 시작되면서 도서관도 위축되었다. 일본에서는 도서관이 출발부터 대중에게 친근한 장소는 아니었던 것 같다. 근엄하고 진지한 일본 도서관의 분위기, 특정 엘리트들을 중심으로 한 도서관 등 일본 도서관 문화는 그렇게 형성되기 시작했다. "커피 마셔도 괜찮아요", "떠들어도 괜찮아요", 그렇게 개방적인 분위기를 표방하는 요즘의 일본 도서관을 생각하면 상상하기 어려운 초창기 모습이다.

일반적으로 도서관은 책을 보관하거나 읽을 수 있는 공간이 제한적이다. 외부에서 책을 가지고 와서 그냥 독서하거나 공부하는 장소로 사용하는 사람들을 어떻게 할 것인가, 이건 공공 도서관을 비롯한 전 세계 도서관이 필연적으로 가질 수밖에 없는 질문이다. 일산의 어느 도서관에서 어린이 열람실을 늘리기 위해서 성인 열람실을 축소하는 결정을 내렸을 때 한바탕 난리가 났었다. 취업을 준비하거나 고시 공부하던 사람들이 어린이 열람실 신설에 전면적인 반대를 했었다. 도서관이 장소의 역할도 하기 때문에 그곳을 독서실처럼 사용하는 사람들이 당연히 존재하게 된다. 이건 아무리 선진국이라도 사람 사는 사회에서는 생길 수밖에 없는 문제다. 원칙적인 답은 없다. 사회적 상식으로 적당한 선에서 협의하면서 넘어가야지, 이걸 규칙으로 만들기는 쉽지 않다. 식당에서 '외부 음식물' 반입을 금지하는 것처럼 도서관에서 '외부 도서' 반입 금지를 할 수는 없다.

일본의 제국도서관은 칼 같은 원칙을 만들어 놓고 있었다 "외부 도서 반입 금지!" 제국의 재정을 사용해서 귀하게 구한 책들이니까, 혹시라도 분실이나 손상의 위험이 있으니까, 도서관 책은 반드시 도서관 내에서만 볼 것! 그리고 열람실 역시 제국의 재정으로 만든 공간이므로, 개인들이 외부 책을 가져와 읽는 용도로는 사용하지 말 것! 도서관 열람실에서는 도서관의 책만! 외부 책 독서 금지! 진짜로 요런 '갬성'으로 도서관 운영규칙을 만들어 놓았다. 요즘 시민들의 상식으로는 말이 안 되기는 한데, 오랫동안 일본 도서관은 이런 식으로 운용되었다. 그런데 거기도 사람 사는 데라서, 외부에서 책을 가지고 들어가 공부한다고 해도 주의 정도만 주었지 실제로 처벌을 하지는 않았다. 어쨌든 '도서관 근엄주의'는 제국도서관 이후로 일본의 전통이 되었는데, 우리나라도 이런 영향을 많이 받아서 도서관이 좀 근엄하고 엄숙한 편이다. 미국의 동네 도서관들은 이보다는 훨씬 시끌벅적하고 좀 더 자유로운 경우가 많다. 최근에는 일본 도서관들도 이런 엄숙주의를 버리는 추세여서 커피를 마셔도 되고 대화를 해도 된다고 방침을 바꾸는 곳들이 종종 있다. 다른 나라의 도서관들이야 원래도 좀 개방적이고 자유로운 분위기니까 그런가 보다 하지만, 일본의 경우에는 정말로 큰 변화다. 제국도서관 이후의 전통을 바꾸는 것이니 상당히 큰 변화이기는 한데, 모두가 즐거운 마음으로 받아들이는 것은 아니다. "요즘 도서관 이상해졌어", 이렇게 생각하는 사람들도 존재할 것이다.

패전과 함께 일본 공공 도서관의 기본 틀이 크게 한 번 바뀌게 된다. 맥아더를 사령관으로 하는 연합군 최고사령부가 설치되고 나서 6년간 일본을 끌고 나갔다. 도서관에도 큰 변화가 생겼다. 국가 도서관이었던 제국도서관을 1948년 국립국회도서관으로 바꾸었다. 이름은 국회도서관이지만, 납본 의무를 가지고 있는 국가 대표 도서관이다. 공공 도서관에 관한 법은 1950년에 제정된다. 이 법에 의해서 중앙정부뿐만 아니라 지방자치단체가 공공 도서관의 운영에 대한 의무를 가지게 되었고, 대중들이 자유롭게 도서관에 접근할 수 있도록 하는 규정이 생겨났다. 미국식 공공 도서관 제도들이 이런 과정을 통해 일본에 접목되었다. 공식적인 법률 제도만 놓고 볼 때 이제 일본의 도서관도 미국과 크게 다를 바 없는 상태가 되었다.

공공 도서관 같은 공식적인 도서관과는 별개로 일본 정부가 공식적으로는 파악하지 못하는 많은 지역 도서관들도 존재한다. 지방의 풀뿌리 단위에서, 주로 학부모들이 자발적으로 참여하는 자원봉사자들에 의해 운영되는 소규모 지역 도서관들이 존재하는 것이다. 또한 개인 서재가 공공에게 개방되는 경우도 있는데, 행정적으로 이걸 파악하는 것이 불가능하다고 한다. 4천 개가 넘는다는 추정이 있을 뿐 일본인들도 정확하게는 모르는 것 같다. 아무튼 우리보다는 훨씬 더 풀뿌리 주민자치가 발달한 나라라서, 정부가 하는 행정만으로 움직이지 않는 별도의 영역이 존재하고 있다.

일본 도서관의 역사를 크게 보면, 1) 메이지 유신과 함께 현대식 공공 도서관이 형성되는 시기, 2) 패전 이후 연합군 통치 기간에 미국식 도서관 제도가 유입되는 시기, 3) 90년대 버블 공황 이후 위기에 빠진 지역 경제 속에서 지역 도서관들이 어떻게든 살아남기 위해서 각자도생하는 시기로 구분할 수 있다. 문신의 시대가 일본의 근대를 열었고, 이후 다시 군인들에 의한 무신의 시대가 왔다. 그리고 패전 이후 흔히 '뷰로크라시bureaucracy'라고 부르는 관료의 시대가 왔다. 그렇지만 아직 일본에 시민의 시대는 오지 않았다. 물론 우리보다 시민사회 자체는 일본이 훨씬 더 폭넓고 튼튼하지만,

미국처럼 전력을 다해 전면적으로 도서관을 만드는 시대가 일본에 오지는 않은 것 같다. 급속한 고령화와 저출산 등 인구 구조의 변화와 함께 '지역 소멸'이라는 현실적인 위기가 닥치면서 일본 도서관 특유의 엄숙주의도 끝나간다. 엄숙주의든 뭐든 사람들이 찾지 않으면 도서관 자체가 버티기 어렵다. 그렇게 일본 도서관도 시대에 맞춰서 변화해 나가는 중이다. 우리보다는 좀 낫지만 그래도 훨씬 먼저 고령화와 저출산을 비롯한 지역 경제의 위기를 겪은 일본 도서관의 지금 모습은 우리가 곧 겪게 될 지역 도서관들의 모습이기도 하다. 최근 일본에서는 지역의 위기가 커지면서 도서관 개수가 오히려 늘어나는 것이 트렌드이다. 지역 주민이 머물러 지내기 좋은 곳으로 만들기 위해 뭔가 계속 시도하는 게 일본의 최근 추세이고, 도서관이 그중 핵심 기관이다. 도서관을 도입하고 만들게 된 경로는 미국과 다르지만, 지금은 '도서관의 일본'이라는 표현을 써도 과하지 않을 만큼 일본에서 도서관이 중요한 지역 기관이 되었다.

한국 도서관과 일본 도서관은 많은 차이가 있겠지만, 내가 들은 얘기 중에서 가장 기억에 남는 건 일본의 대형 도서관에서 졸면 경비가 와서 주의를 준다는 말이었다. 아마 도서관에 자리가 부족한 시대가 만든 관행이 아닐까 한다. 나는 도서관에서 진짜 많이 잤다. 너무 피곤해서 자세를 제대로 잡고 엎드려서 잔 적도 많지만, 책 읽다가 나도 모르게 쓰러져서 자는 경우도 많았다. 민망한 얘기지만 빌린 책에 자다가 침을 흘려서 창피하고 난감했던 적도 있다. 일본 도서관에서 자면 경비가 와서 깨우고 간다는 말을 듣고는 도서관이 그 사회의 모습을 많이 반영한다는 생각이 들었다. 자주 봤던 건 아니지만, 파리의 대학 도서관에서 키스하는 연인들을 본 적이 있다. 어디 도서관에서만 그러겠는가? 이라크에서 장기간 억류되었다가 풀려난 사건으로 유명해진 프랑스 여기자 플로랑스 오브나가 쓴 〈위스트르앙 부두〉는 비정규직으로 일하면서 소외된 노동자들에 대해 쓴 르포 책이다. 비정규직 청소부 일을 했던 그녀가 힘들었다고 밝힌 것 중 하나는 새벽에 사무실 청소를 하러 갔을 때 격렬하게 애정행위를 하는 사람들 옆에서 어쨌든 시간 내에 청소를 끝내야 할 때의 당혹감이었다고 한다. 프랑스 도서관에서는 그 정도는 아니었지만, 그래도 가벼운 키스보다는 더 '딥'한 연인들의 모습을 가끔 봤었다. 그냥 그런가 보다 했다. 아마 이런 모습을 한국이나 일본 도서관에서 보기는 어려울 것이다. 한국이나 일본이나, 도서관에서 자주 만나 사랑에 빠지게 되는 '도서관 로맨스'와는 좀 거리가 먼 도서관을 가지고 있다.

식민지 인도와 도서관학 5법칙

도서관에 대한 공부를 처음 시작하면서 가장 인상 깊었던 구절은 '도서관학 5법칙'이었다. 도서관이란 무엇인가 혹은 도서관은 어때야 하는가를 규정한 다섯 개의 문장이다. 나는 이걸 보면서 아이작 아시모프의 '로봇 3원칙'을 떠올렸다. 물론 로봇 3원칙은 소설에만 있고 현실에서는 존재하지 않지만, 도서관학 5법칙은 현실에 엄연히 존재한다. '로봇은 인간에게 해를 끼쳐서는 안 된다'고 시작하는 로봇 3원칙과 형식은 매우 유사하다.

1. 책은 이용하기 위한 것이다.
2. 도서는 모든 이용자를 위하여 존재하는 것이다.
3. 모든 도서는 이용자에게.
4. 이용자의 시간을 절약해야 한다.
5. 도서관은 성장하는 유기체이다.

도서관학 5법칙은 수많은 도서관 책에 나온다. 얼핏 보면 무슨 국제도서관협회나 UN 기구에서 만든 권고안 같지만, 다섯 번째 문장을 보고 이건 국제기구는 물론 정부 기관에서 만든 건 아니라는 생각이 들었다. '성장하는 유기체'는 공무원들이나 행정기관에서는 잘 사용하지 않는 표현이다. 경제학을 생물학의 시각에서 보자는 견해가 경제학에서 공개적으로 진행된 것은 20세기 초의 일이지만, 실제로 그런 접근방식으로 연구가 시작된 것은 1970년대 이후다. 그리고 그런 시도들이 결국 진화경제학이라는 한 분야가 되는데, 아주 나중의 일이다. 그냥 당연한 공자님 말씀 모아놓은 것 같지만, 마지막 문장을 보면 생물학의 영향이 아주 강하게 느껴진다. 그래서 이 너무 뻔하고 당연한 문장들이 대체 어디서 어떻게 나왔는지 살펴보기 시작했다. 나는 생물학 계열의 영향이 강할 것이라고 추측했었는데, 반만 맞췄다. 이 문장들을 만든 랑가나단은 수학자 출신이었다. 그리고 식민지 시절의 인도 사람이었다. 수학과 생물학, 관계가 있다면 있고, 없다면 없다. 랑가나단의 도서관학 5법칙이 제시된 것은 1931년, 인도가 한창 영국의 식민지였던 시절이다. 간디 주도하에 영국에 대한 비협력운동이 퍼져나간 것은 1919년이었고, 1930년에는 간디의 소금세 반대 운동이 있었다. 인도인들에게는 금지된 소금 제조를 하기 위해 염전까지 24일간 약 400킬로미터를 폭염 속에서 걸어간 간디를 따라 어마어마한 행렬이 만들어졌다. 이때 6만 명 가까이 구속되었다고 한다.

랑가나단이 만든 문장들은 아주 짧지만, 하나하나가 법칙이라고 불릴 정도로 시대적 의미와 미래적 방향을 담고 있다. 책은 이용하기 위한 것이라는 법칙 1은, 일종의 도서관 근본주의라고 할 수 있는 자료 우선주의에 대한 공공 도서관의 입장이다. 지금은 상상하기 어려운 얘기지만, 당시에는 도서 분실을 막기 위해 책을 쇠사슬로 묶어놓고, 책장 인근에서만 보게 하는 경우가 종종 있었다고 한다. 물론 오래되고 판본이 별로 없는 책을 잘 보관하는 것도 중요한 일이기는 하지만, 도서관에 온 사람들에게 책을 쉽게 이용하게 하는 것 역시 중요한 일이다. 도서관은 책 보관소인가, 아니면 시민들에게 책을 쉽게 접할 수 있게 해주는 곳인가, 이건 도서관과 관련해서 발생하는 가장 빈번한 논쟁이다. 도서관학 법칙 1은 보관이 아니라 '이용'이 도서관의 목적이라고 말한다. 영국의 식민지 시절, 인도의 도서관들에서는 왕조 시대의 자료와 영국과 관련된 귀한 자료들을 많이 보관하고 있었다. 도서관 자체가 아직은 고압적이던 시절이고, 특히 식민지 민중들에게는 더 그랬을 것이다. 책은 이용하기 위한 것이다, 이 문장은 현대식 도서관의 출범 초기부터 있었던 논쟁에 대한 최종적인 결론과 같은 것이다. 요즘은 귀중본이라는 이름으로 자료 성격이 강한 고문서들을 일반 도서와 분리하여 별도로 관리한다.

두 번째도 매우 상징적이다. 도서관은 모든 이용자를 위하여 존재한다는 문장은 차별에 관한 이야기이고, 식민지 출신들에게는 더더욱 의미가 있을 수밖에 없다. 1955년 버스에서 벌어진 '로자 파크스' 사건 이후 1960년 마틴 루터 킹 목사가 공공장소에서의 인종 차별적인 좌석 배정에 도전하는 '앉기 운동'이라는 평화 운동을 벌였다. 흑백이 공간적으로 분리된 미국 사회에서 도서관도 예외가 아니었고, 흑인들은 도서관에서도 앉기 운동을 벌였다. 결국 도서관에서의 차별적인 공간 분리는 사라지게 되었다. 이로 인해 랑가나단의 도서관학 법칙이 더욱더 의미를 가지게 되었다. 최근에는 장애인과 아동의 도서관 이용이 이런 맥락에서 중요한 주제로 다루어지고 있다.

랑가나단의 법칙들은 모두 큰 의미가 있지만, 디지털 시대에 더욱 크게 다가오는 것은 다섯 번째 문장이다. 도서관은 정형화된 특별한 형식을 갖는 게 아니라 시대의 변화 혹은 문화적 변화와 함께 성장하는 유기체라는 표현은 21세기에 더 의미 있는 문장이 되었다. 그야말로 프로그레시브, 진보적인 생각이다. 지역 인프라가 충분하지 않은 곳에는 트럭 도서관과 같은 이동식 도서관이 만들어졌다. 익숙하지 않은 형식이지만, 그렇다고 이게 도서관이 아닌 것은 아니다. 도서관과 디지털, 과연 미래 도서관의 모습은 어떤 것일까, 새로운 논의들이 진행되는 중이다. 훗날 랑가나단은 도서관의 전산화에도 깊은 관심을 가졌다. 무엇보다도 이런 논의들이 식민지 인도에서 발생했다는 사실이 놀라웠다. 그래서 자연스럽게 우리나라의 역사에 대해서도 생각해보게 되었다.

도서관학의 대가인 랑가나단이 처음부터 도서관에 대해 관심을 가지고 있었던 것은 아니다. 그는 수학과 대학원을 졸업한 뒤 교사가 되기 위해 사범대학에 들어갔고 수학과 물리학 강사를 거쳐 나중에는 수학과 교수가 되었다. 그러다가 정말 우연한 기회에 마침 공석이던 마드라스도서관 관장으로 채용되었다. 이 때문에 도서관에 전혀 관심이 없던 이 수학자는 영국으로 도서관을 공부하러 갔고 도서관의 역할을 실제로 보게 되었다. 그리고 영국과 같은 공공 도서관을 인도에도 만들기 위해 도서관 운동을 대대적으로 전개하게 된다. 남인도의 2/3 정도가 이런 도서관 운동이 펼쳐진 지역이었다고 한다.

> 지금 일상적인 방식으로 인도의 도서관 봉사를 발전시키기에는 너무 늦었다. 우리는 몇 단계를 뛰어넘어야 한다. 그렇게 해야만 도서관을 점진적으로 발전시켜 온 나라들을 능가할 수 있다.
>
> 〈도서관인물 평전〉 | 이용재 지음 | 산지니 | 2013

 1929년 도서관학교를 설립한 랑가나단은 이후 15년간 이 학교의 교장을 맡는다. 나중에 이 학교는 마드라스대학교에 편입된다. 이런 기적 같은 일이 벌어지면서 인도에 도서관 역사가 자리를 잡게 되었다. 도서관학 5법칙은 이런 과정을 통해서 만들어진 것이다.

 도서관에 익숙한 사람이나 도서관학을 전공한 사람이 좀 깊게 생각하면, 도서관이 어떠해야 하는지에 대해 마음에 와닿을 만한 몇 개의 압축적인 문장을 만드는 것이 대단히 어렵지는 않을 것이다. 그러나 그런 경구성 문장들의 논리적 완결성이나 섬세함만으로 사람들의 마음에 울림을 주기는 어렵다. 사서이자 도서관 관리자 그리고 도서관학 이론가로서 식민지 인도에서 도서관을 실제로 만들고 방향을 잡기 위해 노력했던 랑가나단의 인생과 결합되면서 이 문장들이 현실적인 의미와 힘을 가진 법칙이 된 게 아니겠는가?

 사실 우리는 인도에 대해서 아는 게 별로 없다. 잠시 생각해봐도 간디, 타고르 같은 유명한 사람들의 이름 외에는 바로 떠오르는 게 없다. 빈부 격차가 심하고 정치적으로 혼란스러운 나라이지만 정신적으로는 중요한 역할을 했다는 정도가 부끄럽게도 내가 아는 거의 전부다. 발전경제학을 공부하면서 인도 경제를 잠시 공부했지만 그렇게 기억에 많이 남지는 않는다. 지금은 인도가 중국 다음으로 경제 잠재력이 높은 나라다.

도서관에 대해 공부하면서 알게 된 여러 사실들이 대개 어느 정도는 상상할 수 있는 범위 안에 있었는데, 랑가나단과 함께 인도 도서관 역사를 살펴보면서 정말 깜짝 놀랐다. 발간되는 책들을 납본받는 인도의 국립 도서관인 캘커타도서관이 만들어진 것이 1836년이었다. 물론 그때는 왕족의 돈으로 운영되는 사립 도서관이었다. 그 시절에도 가난한 학생과 시민들이 도서관을 무료로 이용할 수 있었다고 한다. 시기로만 보면 미국이나 영국의 공공 도서관보다도 더 빠르다. 1858년 영국이 인도를 공식적으로 통치하기 시작하면서 캘커타도서관은 제국도서관으로 명칭이 바뀌었고, 독립 이후에야 비로소 국립 도서관이 되었다.

이미 도서관이 어느 정도 안정적으로 형성되었던 인도에 랑가나단이라는 도서관 거물이 등장하면서 대중을 위한 도서관, 시민을 위한 도서관, 이런 현대식 방향이 비교적 일찍 자리 잡게 되었다. 1990년대가 되어서야 한국의 공공 도서관에서 입관료 즉 이용료가 사라진 것을 생각하면, 19세기에 이미 무료 도서관을 만든 인도의 도서관에 대한 현대적 이해가 우리와는 비교가 안 될 정도라고 할 수 있다.

일본과 인도의 도서관 역사를 잠시 비교해보자. 일본은 제국이었고 인도는 식민지였는데, 도서관 문화에 영향을 준 나라가 조금 다르다. 인도는 왕족이 돈을 내면서 비교적 일찍부터 도서관이라는 제도를 어느 정도는 이해하고 있었던 차에, 세계적인 도서관

연구자이며 도서관 행정가이기도 했던 랑가나단이 등장하면서 영국의 공공 도서관 시스템을 많이 참고하여 발전하게 되었다. 인도가 참고한 영국은 광범위한 도서관 형성에서 미국보다 늦기는 했지만, 19세기 후반 이후로 열심히 도서관을 만들었던 나라다. 일본의 경우는 도서관을 원하는 시민들이 광범위하게 형성되면서 만들어진 것이 아니라, 메이지 유신 즈음 유럽을 견학한 많은 사람들이 "이건 일본에 꼭 있어야겠다"고 생각하면서 만들어지기 시작했다. 일본은 자기 방식대로 도서관을 만들어갔고, 패전 이후 맥아더가 통치하던 시기에 지자체의 도서관에 대한 책무 등 미국의 도서관 시스템이 일본에 접목되었다. 어쨌든 두 나라 모두 나름대로의 도서관 역사를 가지고 있다. 경제 면에서 장기적 성과를 올린 나라들 중에서 나름대로의 도서관 전통을 가지고 있지 않은 나라는 없다.

우리나라에 도서관 원형이 생겨난 것은 일제강점기였다. 대개 도서관은 뻔한 것이라고 생각하기 쉽지만 도서관은 생각보다 어려운 개념이다. 일제강점기, 특히 초기에는 일본도 도서관 체계가 아직 정비되지 않은 시기여서 현대적 의미의 도서관이 무엇인지 잘 모르고 있었다. 당연히 우리도 공공 도서관과 시민의 관계 같은, 진짜 현대 도서관의 핵심적인 요소들은 잘 몰랐다. 도서관의 중요성에 주목한 일부 사람들이 사회운동으로서 도서관을 만들었지만, 도서관을 원하는 시민들이 폭넓게 형성된 것은 아니다. 대중적인 관점에서 도서관은 부차적인 문제였고, 주변부적인 존재였다. 원래 개도국에서는 다 그런 거 아냐? 물론 그렇게 생각할 수도 있지만, 대표적인 식민지였던 인도의 도서관 역사와 비교하면 한국의 도서관은 결이 좀 다르다. 인도의 도서관 역사를 살펴보면서, 과연 한국은 도서관이 무엇인지 지금은 이해를 하고 있을까, 그런 질문이 들기 시작했다. 도서관을 없애거나 약화시키는 게 지역 발전 대책으로 추진되는 지금, 도서관이란 과연 무엇인가, 그런 생각을 다시 해보게 되었다.

초대 총독의 무도서관 정책

어디서든 책을 불태우는 자들은 결국 인간도 불태울 것이다.
하인리히 하이네, 시인

한때 경제사상사 전공자로 살았던 적이 있다. 한국 자료는 아니지만 프랑스나 영국의 옛날 자료들을 지겹도록 찾아보던 시절이 나에게도 있었다. 자료를 찾고 재해석하는 일이 따분해 보일 수도 있겠지만 생각보다는 흥미진진하고 박진감 넘치는 일이다. 그러나 한국 도서관의 역사를 살펴보는 것은 그다지 즐겁지 않았다. 미국 도서관을 만든 영웅들인 벤저민 프랭클린이나 강철왕 카네기처럼 도서관을 중요하게 생각한 사람들이 아예 없진 않았지만, 너무 주변부적 인물이거나 했던 일이 결국 좋은 결과로 이루어지지 않은 경우가 많았다. 특히 일제강점기 전반기의 도서관에 대한 자료를 찾는 일이 너무 힘들었다. 나중에 알게 된 사실인데, 한국의 초기 도서관에 대한 자료를 찾기가 어려웠던 이유가 현대식 도서관 그 비슷한 것도 아예 없었기 때문이었다. 영국이 지배하던 시기의 인도에서도 나름 중요한 도서관들이 있었던 것과 유사하게 우리나라 도서관들을 찾아보려고 했었는데, 처음부터 잘못된 생각이었던 것이다.

그래도 그 과정에서 알게 된 재미있는 사실들이 있다. 그중 하나가 서재필이 사서 출신이라는 것. 과거 급제 이후 임시 보직에 있던 그가 처음으로 제대로 받은 보직이 경서 인쇄 및 자료를 관리하는 '교서관'이라는 조직이었다. 요즘 식의 도서관은 아니고, 조선조의 도서관 비슷한 곳에서 서류 관리하던 일을 맡았던 것이다. 근대기에 가장 문제적 인물이라고 할 수 있는 이완용도 당시의 국립 도서관이라고 할 수 있는 규장각 출신이다. 급제한 이완용의 첫 보직이 규장각 대교였다. 이것도 인연이라면 인연일까? 한국 도서관의 역사를 보면 최초의 도서관이 될지도 몰랐던 대한도서관 건립 시도 얘기가 빠지지 않고 나온다. 이때 어떤 책을 도서관에 넣을지 고르는 서적위원장을 맡은 사람이 당시 학부대신이었던 이완용이었다. 1906년의 일이다. 그렇게 추진된 도서관은 1911년에 개관될 예정이었지만, 이미 나라가 넘어간 뒤였다. 당시 확보하고 있던 10만여 권의 도서는 조선총독부에 몰수되었다. 대한도서관을 만들기 위한 짧은 역사는 이렇게 끝난다. 아마 정상적으로 진행되었다면 한국 국립 도서관의 출발점이 되었을 것이다. 이렇게 대한도서관의 책을 모두 가져간 조선총독부도서관은 그 뒤에 어떻게 되었을까?

여기에서 이완용만큼 문제적 인간인 데라우치 마사타케가 등장한다. 초대 조선총독을 거쳐 그 뒤로도 한참 승승장구해서, 그 뒤로도 만주 침략 등 군인으로서 공을 많이 세웠다. 결국 일본의 총리까지 되는데, 조선총독 출신으로 일본의 총리까지 된 유일한 인물이다. 1918년, 시베리아 출병 등 과다지출을 하게 된 일본에 극심한 인플레이션이 발생하고, 쌀을 사는 게 어려워져서 결국 '쌀 소동'이 일어난다. 총리 데라우치는 계엄령을 내렸고 병력 10만 명을 동원해서 사태를 수습하려고 했다. 그렇지만 사태가 잘 수습되지 않았고 결국 그는 총리에서 물러나게 된다. 공적인 인간으로서의 데라우치의 삶은 여기까지다. 지병이 깊어져 그 뒤로 오래 살지는 못했다.

우리가 데라우치라는 이름을 다시 듣게 되는 것은 1996년의 일이다. 데라우치가 한국을 비롯한 여러 나라에서 모았던 책과 유물들이 '데라우치문고'라는 이름으로 창고에 보관되어 있었다. 전체적으로는 1만 8천여 점이라고 한다. 어마어마하다. 1957년에 야마구치여자대학(현 야마구치현립대학)에서 데라우치문고를 관리하게 되었다. 이 중 일부가 1996년에 우리나라로 반환되는데, 이것이 일본으로부터 공식적으로 유물을 반환받은 첫 사례였다. 이때 돌아온 유물 전체가 유형문화유산이고, 이 중에는 보물도 있다.

톰 크루즈가 나왔던 영화 「라스트 사무라이」는 가고시마로 물러난 사이고 다카모리가 일으킨 세이난 전쟁을 모티브로 하고 있다. 세이난은 일본어로 '서남'을 의미한다. 도쿄의 서남쪽, 즉 가고시마 일대를 말하는 것이다. 데라우치의 독특한 인생을 이해하는 데에는 세이난 전쟁이 결정적이다. 메이지 정부의 군인으로 이 전쟁에 참여한 그는 톰 크루즈가 싸웠던 근대식 왕의 군대, 그 어딘가에 있었을 것이다. 아마 할리우드에서 일본 역사에 대해 좀 더 세심하게 관심을 기울였다면, 훗날 일본의 총리가 되는 데라우치를 잠시 등장시켰을지도 모른다. 이 전투에서 데라우치는 오른손에 총탄이 박히는 부상을 당했다. 그래서 큰 공을 연거푸 세우기는 했지만 실제 총을 들고 전투에 나갈 수는 없게 되었다. 그 후로는 병참이나 군 교육 같은 내근직에 머문다. 합병 즈음에 조선에 와서 초대 총독에 오르게 된 이유이기도 하다. 군인이기는 하지만, 실제 전투는 젊었을 때 잠깐 하고 대부분 행정직으로 승진한 사람이었다. 군인이면 군인답게 용맹하게 전투에 대해서 생각하면 될 법한데, 데라우치는 그런 군인은 아니었다. 그리고 그는 책을 이해한 사람이었다. 오죽하면 그가 모아두었던 책이 데라우치문고가 되었겠는가? 그는 책을 이해한 것은 물론이고, 우리 입장에서 보자면 책의 힘을 너무 잘 알고 있었던 사람이다.

데라우치가 조선총독이 되고 나서 참 많은 짓을 했는데, 그중 제일 과격했던 건 책을 없애는 일이었다. 경찰력을 동원해 1년 넘게 책을 뒤져서 역사 관련 서적 20여만 권을 수거해 불태웠다고 한다. 오래전 기록이라서 수거하고 단순히 폐기한 건지, 아니면 정말로 불태운 건지는 명확하지 않다. 당시 판매가 금지되고 수거된 책이 총 50종 20여만 권이라는 기록은 맞는 것 같다. 장지연과 신채호 같은 사람들의 역사책이 불온문서였고, '미국독립사'도 포함되었다고 한다. 남아 있는 기록은 이 정도이고, 얼마나 많은 책이 어떤 식으로 수거되었는지는 알 수 없다. 어쨌든 이 시기에는 조선어로 된 단행본을 발간하는 것 자체가 철저히 막혀 있었다.

책을 발간하지도 못하게 한 총독부에서 도서관을 만들었겠나? 데라우치 총독은 도서관을 짓지 않는 무도서관 정책을 폈다. 그 시절의 도서관 관련 자료를 찾기가 너무 어려운 것은 자료가 오래되었거나 연구가 덜 된 게 아니라, 공개적이고 공식적으로 도서관을 없애는 데라우치 총독의 정책이 있었기 때문이다. 자본주의가 자리를 잡으면서 자연스럽게 지역에 도서관이 만들어지고, 그런 도서관들이 공공 도서관으로 발전하는 그런 과정 자체가 한국에는 존재할 수가 없었다. 일제강점기에 문맹률이 대략 80% 정도였다고 한다. 도서관을 이용할 수 있는 사람 자체가 별로 존재하지 않았으니 도서관을 필요로 하는 사람들도 별로 없었을 것이다. 이런 악순환이 총독부 시절 우리나라 도서관의 역사라고 할 수 있다. 15년간 이런 상태가 지속되었다. 그리고 1919년 3·1 운동이 펼쳐졌다.

이후 조선총독부도서관이 1925년에 정식 개관했다. 3·1 운동에 의한 총독부 기조의 변화로 해석된다. 3대 총독인 해군 대장 사이토 마코토 시절의 일이다. 무단 통치에서 문화 통치로 지배 방식을 좀 더 고도화시킨 것인데, 이 시기에 민간 신문과 잡지의 발행 또한 허용된다. 어쨌든 이렇게 양상이 바뀌면서 한국에도 다양한 경로로 도서관이 만들어지는데, 그때 한국에 48개의 도서관이 있었다고 한다(도서관여행자, 〈도서관 그 사소한 역사〉).

아주 오래전, 조선총독부의 경제 정책을 연구해보는 것을 일생의 과제로 삼을까 하는 생각을 한 적이 있었다. 우리 역사에 대해서, 특히 일제강점기에 벌어진 일들에 대해서 우리가 너무 모른다는 생각을 했었다. 처음 먹은 마음은 창대했지만 그 끝은 졸렬했다. 진짜로 그런 연구를 할 거면 일본으로 유학을 가야 한다고 사람들이 말해주었다. 한국에는 자료가 너무 없을 거라고 했다. 이런 이런! 나는 포기가 빠른 스타일이라서 바로 포기했다. 도서관사를 전체적으로 살펴보면서 어려운 시기가 있었을 거라는 생각은 했지만, 이렇게 노골적으로 무도서관 정책을 초대 총독이 적극적으로 실시했을지는 몰랐다. 나도 놀랐다. 지금도 한국의 많은 정치인들이 도서관에는 별로 관심이 없다. 그래서 도서관에 예산을 덜 배정하거나 사서 숫자를 줄이는 사람들이 종종 있었다. 심지어 적극적으로 지역 도서관 문을 닫는 데 열심인 정치인도 있었다. 지역적으로 도서관 한두 개가 문을 닫기도 하고 국가 도서관 정책이 후퇴하기도 했지만, 아예 도서관 자체를 만들지 않기로 한 정책이 10년 넘게 있었다는 사실을 알게 되면서 경악스러웠다. 이승만은 도서관에 무엇을 했을까? 박정희는 어땠을까? 전두환은 도서관을 어떻게 생각했을까? 풀기 어려운 질문들이 계속 생겨났다. 이명박이 도서관을 별로 좋아하지 않았던 것은 잘 알려져 있다. 그래 봐야 그가 했던 것은 사서교사에 대한 예산을 넉넉하게 확보하지 않아서 학교에 사서들이 배치되는 것을 적극적으로 하지 않은 소극적 행정 정도다.

그런 시기를 지나, 틈만 나면 도서관 예산을 줄이고 도서관이 문 닫기를 기다리는 윤석열 시대를 살아 보니 3대 조선총독이었던 사이토 마코토 생각이 났다. 비교적 온건파였던 그는 조선에서 신문과 도서관을 허용하고, 조선인 공무원을 부분적으로 채용하는 소위 문화 정책을 펼쳤다. 물론 학식 있고 능력 있는 조선인을 친일파로 적극 육성하려고 그랬다는 해석도 있다. 나중에 그는 일본으로 돌아가 총리가 되었지만 온건파로 몰려 젊은 우익 장교들에게 암살되었다. 그가 만든 조선총독부도서관에 대해서 좋은 평가만 있는 것은 아니지만 현대식 한국 도서관의 역사가 사이토 마코토로부터 시작된 것은 사실이다. 1대 총독과 2대 총독은 모두 무도서관 정책을 폈다. 당시 총독부도서관 관장이었던 오기야마 히데오가 도서관을 두고 책이 없는 '도서무관'이었다고 회고한 바 있다. 중요한 자료들을 많이 보관한 걸로 유명해진 인도의 캘커타도서관과 비교하면 총독부도서관은 장서 보유량에서 차이가 너무 많이 난다.

  이제 사이토 마코토가 조선총독부도서관을 만든 지 100년이 된다. 그 기간 동안 빠르면 빠른 대로 느리면 느린 대로 한국 도서관은 계속해서 발전해 왔다. 뭐가 발전인지에 대해서는 논란의 여지가 있지만, 지역의 작은 도서관들이 만들어지고 또 만들어지는 게 우리의 도서관 역사였다. 윤석열 정부 들어서 지난 100년 이래 처음으로 한국의 도서관이 문을 닫고 박해받는 시절을 겪었다. 적극적으로 무도서관 정책을 폈던 초대 총독 데라우치와 비교하면, 데라우치는 책을 너무 잘 알았고, 윤석열은 책을 너무 몰랐다. 데라우치는 책의 힘을 잘 알았고, 윤석열은 책이 뭔지, 도서관이 뭔지를 잘 몰랐던 것 같다. 어쨌든 100년 만에 도래한 한국 도서관의 위기를 목격하면서, 조선총독부의 역사에 대해 좀 더 살펴보지 못한 내 삶이 후회가 되었다.

인정도서관, 최초의 본격 사립 공공 도서관

카네기가 한꺼번에 2천 개가 넘는 도서관을 만들었던 애기를 들으면, 그 규모 면에서 입이 떡 벌어지고 할 말을 잃게 된다. 미국이 아닌 다른 어떤 나라에도 그런 대규모의 도서관 증설 역사는 존재하지 않는다. 한국처럼 식민지 시대와 세계 최빈국 시대를 겪은 나라에서 도서관을 만드는 것은 너무 어려운 일이었다. 그래서 한국의 도서관 하나하나가 사연이 깊다. 대부분은 가슴 아픈 사연들로 가득하다.

보성전문학교 교장이었던 윤익선은 3·1 운동 때 독립선언문을 인쇄한 사람이다. 그 일로 감옥에도 갔었다. 이후 만주로 망명을 가서 간도교육협회장을 맡아 교육 활동도 했다. 그랬다가 일제강점기 후반에 창씨 개명을 했고 적극적으로 친일 활동을 했다. 1962년에 건국훈장 국민장을 받았는데, 친일 행적으로 결국 서훈이 취소되었다.

이런 윤익선이 감옥에서 나와서 국내에서 잠시 활동하던 시기에 서울 최초의 현대식 도서관인 경성도서관을 만들었다. 도서관 건립에 도움을 준 후원자들이 많았는데, 전 재산을 기부한 사람들도 있었다. 1920년에 문을 연 경성도서관은 1년도 채 되지 않아 운영난을 겪게 되었고, 윤익선이 만주로 떠나면서 결국 폐관되었다. 여러 가지 최초의 타이틀을 가질 수도 있었던 도서관은 이렇게 짧은 기간 문을 열었다가 닫게 된다.

1년 뒤인 1921년, 교토제국대학 출신인 이범승이 또 다른 경성도서관을 만들게 된다. 그는 탑골공원 근처에 있는 한옥 건물을 조선총독부로부터 무상으로 대여받았다. 이 경성도서관은 대한제국 황태자인 영친왕 이은과 일본 천황가의 마사코(이방자 여사)의 결혼을 기념하여 만들어졌다. 어떻게든 도서관을 만들고 싶었던 이범승과 양국 왕족 간의 결혼을 정치적으로 활용하려는 총독부의 이해가 맞아떨어진 것이라고 할 수 있다.

> 이왕세자 전하의 어 경사를 기념하기 위해 도서관을 설립하면 이 성전은 도서관에 의하여 더욱 빛날 것입니다. 그러므로 지금은 우선 황실의 하사와 총독부에서 보조를 받고 경성 시민의 기부에 의하여 이 어 성전을 영구히 기념하며 또 도서관의 효용을 양면으로 발휘하여 일선융합을 생각지 않으면 안 될 것입니다.
>
> 오마이뉴스 연재 '도서관 그 사소한 역사'에 인용된 1919년 4월 29일자 매일신보 기사

초등학교 교육 프로그램 등 당시로서는 첨단 프로그램을 시도한 경성도서관은 국내는 물론 해외의 교포들에게도 뜨거운 관심을 받았다. 독일 유학생들이 돈을 모아 책을 기증하였고, 미국 한인교회도 도서를 기증하였다. 이러한 관심에도 불구하고 도서관을 장기적으로 운영하는 것은 버거운 일이었고, 결국 5년 후인 1926년에 도서관 경영권이 경성부로 넘어가게 된다. 당시 동아일보에서 '조

선인을 떠나는 경성도서관'이라는 제목으로 이 내용을 다루었다.

> 조선 유일의 지식고知識庫 5년 적공積功이 이제 수포로 돌아갔다. 조선은 이것 하나 가질 팔자가 못 되는가. 조선인 중에 경영자가 나서야 한다. 경성도서관이 그동안 천신만고를 거듭하여 오다가 일본인들의 북진정책이 점점 조선인들의 덜미를 잡는 오늘날 돌연히 그 도서관의 경영이 경성부로 아니 넘어갈 수 없게 된 바, 그 사정과 경위를 조사하여야 한다.
> 〈도서관인물 평전〉에 인용된 1926년 3월 6일자 동아일보 기사

많은 사람들의 아쉬움 속에 경성도서관은 경성부로 경영이 넘어갔다. 이 얘기에는 후반부에 반전이 있는데, 해방 이후 경성도서관을 만들었던 그 이범승이 초대 서울시장이 되었다. 시장이 된 그는 조례를 만들어 이 도서관을 서울시립종로도서관으로 전환시켰다. 우리가 알고 있는 바로 그 종로도서관이다. 이범승은 일제강점기 때 고위 공무원이었고, 나중에 친일파로 분류된다. 도서관 역사에는 친일파들이 종종 주요 인사로 등장한다.

해방 이후 정권은 이승만을 거쳐 박정희로 넘어갔고, 5·16 쿠데타에 참여했던 김현옥이라는 박정희 수하의 인물이 등장한다. 문제적 인물이다. 부산시를 직할시로 승격시키고, 스스로 초대 부산시장을 하다가 나중에 서울시장이 되었다. 서울의 판잣집을 철거하고 전차도 없애는 등 대대적인 정비를 해서 '불도저 시장'의 원조가 되었다. 1967년에는 도시계획사업을 추진하면서 파고다공원

에서 종로도서관을 철거한다. 이전이 아니라 그냥 철거하기로 결정이 났다. 도서관을 이용하던 학생 300여 명이 철거 반대 결의를 하였고, 점심값을 아껴서라도 새로운 도서관 건립기금을 모으기로 하였다. 언론을 비롯해서 뜨거운 도서관 수호운동이 벌어졌고, 결국 새로운 도서관을 만들기로 결정이 되었다. 이렇게 만들어진 도서관이 지금 사직공원 위에 있는 종로도서관이다. 사연이 참 많다.

1920년대에 총독부에서 다시 도서관을 만들기로 결정하면서 주요 공공 도서관들이 이때 만들어졌다. 조선총독부 통계연감에 의하면 1932년 당시 사립 도서관을 합하여 총 52개의 도서관이 존재했다. 그중 조선총독부도서관, 철도도서관, 경성부립도서관, 부산부립도서관, 평양부립도서관이 전체 장서의 80%에 달하는 책을 보유하고 있었다(2020년도 한국도서관정보학회지에 실린 송승섭의 논문 '일제강점기 경성도서관의 변천 과정에 관한 고찰'). 소위 '빅 파이브' 시절이었다. 현재의 서울시청 격인 경성부청 근처에 조선총독부도서관과 경성부립도서관이 있었고, 종로에는 경성부립도서관 종로분관이, 용산에는 경성만철도서관이 있었다. 종로에서 시청을 걸쳐 용산까지가 도서관 지역이었던 셈이다.

이 시절에 만들어진 도서관 중에서 가장 눈에 띄는 것은 1930년 평양에 세워진 인정도서관이다. 당시 60세였던 김인정이 서울에 집을 100채 정도 살 수 있는 돈 8만 원을 들여서 2층짜리 도서관을 만들었다. 당시 신문들에서 이 사건이 크게 다루어졌다.

도서관 설립은 나의 사회사업의 첫걸음이라고 해도 과언이 아니올시다. 나에게는 아직 남은 사업이 많습니다. 우선 평양에 조선 사람을 본위로 한 신문기관도 하나 설립하고 싶고 무료 치료병원과 실업학교 하나도 설립하고 싶습니다. 그러나 나에게 그만한 물질의 실력이 없으니 오직 가슴만 답답할 뿐입니다. 하나 사회에서 이러한 사업에 착안하실 분이 나올 것이라고 믿습니다.

2022년 12월 18일 여성신문 기사에 인용된 1930년 7월 24일자 조선일보 기사

이 시기의 기록들을 전부 검토하기는 어렵지만, 바로 이 인정도서관이 본격적인 사립 공공 도서관으로서는 거의 최초인 것 같다. 개인이 만들었지만, 대중들에게 개방되었기 때문에 공공 도서관이다. 김인정이 어떻게 이 큰돈을 벌었는지는 확인하기가 어렵다. 그녀는 도서관을 만들기 이전에도 평양의 학교들에 재정적 도움을 주었었다. 평양 학교들에 재정적 후원을 하다가, 노년에 크게 결심을 하고 도서관을 건립한 것이다.

인정도서관 초대 도서관장 정두현에 관한 기록이 아직 남아 있어서 당시 어떻게 도서관이 운영되었는지 그 일면을 볼 수 있다. 그는 도쿄제국대학에서 농학을, 도호쿠제국대학에서는 이학을, 그리고 다이호쿠제국대학에서는 다시 의학을 전공한 경력을 가지고 있다. 1916년 귀국해서 숭덕학교 교감으로 일하다가 3·1 운동에 참가했고 이때 체포되어 투옥 생활을 했으며 이후 다시 도호쿠제국대학으로 진학한다. 이런 경력을 가진 정두현이 인정도서관의 초대 관장이다. 도서관을 만든 사람이 얼마나 고심해서 도서관장

조선총독부도서관 기관지 〈문헌보국〉 제1권 2호, 조선총독부도서관 방문 시 찍은 사진 오른쪽에서 두 번째가 김인정, 맨 왼쪽이 초대 인정도서관장 정두현

을 찾았는지 살짝 엿볼 수 있는 대목이다.

　김인정이 소유한 논 10만 평, 밭 4만 평 그리고 임대가옥 20채가 당시 재단법인 인정도서관의 재산이었다. 여기에서 나오는 추수와 집세가 도서관 운영 경비로 사용되었다. 당시 평양시 조례로는 도서관 같은 공공 기관은 총독부의 보조금을 받을 수 있었다. 김인정은 여러 차례 평양시와 교섭했지만, 조선인에게 보조금을 지급하지 않는 것이 당시 상황이었던 것 같다. 결국 운영비를 혼자서 감당할 수밖에 없었다. 인정도서관을 만든 지 7년이 지난 1937년, 김인정은 대대적인 도서관 확장 작업을 단행한다. 도서관 본관 옆에 3층짜리 별관을 새로 지어 강당을 만들었고 일반인을 위한 오락실도 1층에 만들었다. 그렇게 인정도서관은 평양의 명소가 되었다.

 1940년대가 되어 전쟁 한가운데로 들어서면서 인정도서관은 총독부로부터 사상적 탄압을 받았다. 당시 인정도서관의 소장 도서가 4만 권까지 늘었는데, 총독부에서 불온서적이라는 이유로 일부 도서를 빼앗아갔다. 해방이 될 때까지 인정도서관이 어떻게든 계속 버티면서 운영이 되었는지 아니면 총독부가 강제로 사들였는지는 기록마다 조금씩 다르다. 해방 후 북한 지역에는 소련이 진주하였고, 이때 인정도서관 건물이 소련군의 문화사령부로 사용되었다고 한다.

 여러 신화를 남긴 김인정은 재산을 자식에게 물려주지 않고 사회사업에 아낌 없이 썼고, 해방 이후 평양에 계속 살다가 1·4 후퇴 때 월남 중 사망했다. 인정도서관에 대한 신화 같은 얘기들이 아직도 많이 남아 있기는 하다. 우리가 남북으로 갈리고, 북한 지역에서 있었던 일에 대해서는 제대로 된 기록이 없어서 평가를 하기가 어려운 시절을 지나는 동안 이 도서관은 서서히 잊혀졌다. 초기에 조선총독부가 조선에 도서관을 만들지 않겠다는 무도서관 정책을 펼치면서 우리 민족은 말과 글을 잃은 처지가 되었다. 그렇지만 3·1 운동 이후 도서관을 가질 수 있는 상황이 되었고 그 흐름 속에서 평양의 부자 김인정이 재산을 털어 지역의 명소로서 도서관을 만든 것은 기념할 만한 사건이다. 공공 도서관에 관한 그의 공로를 높이 사, 건국훈장과 같은 서훈을 지금이라도 줄 수 있으면 좋겠다는 작은 소망이 생겼다.

대통령과 도서관

'한국의 대통령과 도서관'이라는 주제로 잠시 생각을 해보았다. 군사정권 시절 고생했던 때를 보내서인지 민주당 계열의 대통령들은 이래저래 책은 물론 도서관과도 인연이 좀 있다. 전혀 이미지는 그렇지 않지만, 나름대로 독서를 했던 보수 쪽 대통령은 박근혜였다. 대통령이 되기 전에 박근혜가 책을 생각보다 많이 읽는다는 말을 기자들한테 들은 적이 있었다. 설마? 하고 생각했었다. 대통령이 된 후에 박근혜는 본인에 대한 글도 찾아서 읽고 책도 읽기 때문에, 대통령한테 전하고 싶은 말이 있으면 아는 사람을 찾아서 줄을 대는 것보다 공개적으로 글을 쓰는 게 더 빠른 방법일 것이라는 조언도 들었다. 믿거나 말거나, 박근혜는 정상적으로 글을 쓸 수 있는 사람이고, 스스로 책도 쓸 수 있는 사람이기는 하다. 믿거나 말거나, 그녀는 진짜로 독서를 했고 가끔은 책에 나온 얘기를 실천에 옮기기도 했다.

한국의 대통령 중 책과 가장 먼 대통령은 느낌상으로는 전두환과 윤석열이 아닐까 한다. 두 사람 다 야사 수준의 에피소드가 많은데, 술 얘기만 나오고 책 얘기는 거의 안 나온다. 전두환이 책을 가까이할 것 같지는 않다. 그렇지만 도서관 얘기로 넘어가면 좀 다르다. 전두환 시기였던 1980년대를 거치면서 101개였던 공공 도서관이 232개로 두 배 이상 늘어난다. 한창 전두환이 대통령으로 힘

쓰던 시절인 1986년에는 공공 도서관을 대대적으로 확충하기로 결정되었다. 전두환이 책을 좋아하는지는 모르겠지만, 한국의 도서관 역사에서 박정희에 이어 도서관 숫자가 대대적으로 증가한 결정적인 시기가 바로 전두환 때다.

전두환은 책에는 별 관심이 없었을지 몰라도 도서관이 필요하다는 사실은 이해했던 것 같다. 전두환은 책에 별 관심이 없었고 윤석열은 책을 싫어한다는 가설을 설정하면, 많은 것들의 설명이 쉬워진다. 관심이 없는 것과 싫어하는 것은 전혀 다르다. 윤석열은 책도 싫어하고, 도서관도 싫어하고, 책 쓰는 사람도 싫어하고, 심지어는 책 읽는 사람도 싫어하는 것 같다. 우리나라의 대통령 관련 최고 의사결정을 하는 국가도서관위원회가 현재는 대통령 소속이다. 형식적으로는 대통령이 우리나라 도서관을 끌고 나가게 되어 있다. 윤석열은 이게 싫었던 것 같다. 예전처럼 대통령이 아니라 그냥 문화부장관이 국가도서관위원회를 책임지도록 제도를 바꾸던 중에 대통령직에서 파면되었다. 도서관법 개정안이 입법 예고까지는 된 상태다.

한국 대통령 중에서 도서관을 제일 적극적으로 싫어했던 사람은, 내가 본 자료만으로는 김영삼이라고 할 수 있다. 김영삼 시절을 기억하는 사람들에게 물어봤더니 도서관이나 책으로 따질 수준이 아니라 보고서 읽는 것도 싫어했다는 말을 듣게 되었다. 장덕균이 쓴 〈YS는 못말려〉라는 이 엄청난 유머 책을 본 이후 나는 김영삼을 좋아하게 되었다. 아주 개인적인 선호다. 어이 없는 대통령은 많았지만, 김영삼처럼 배꼽이 빠지도록 웃을 수 있게 해준 대통령은 그때까지 없었다. '문민정부'라는 당시 정부의 명칭은 군인들의 시대가 끝났다는 의미를 가지고 있다. 문민정부라는 이름이 가진 이미지로만 보면 군인들의 시대가 끝나고 김영삼 때 비로소 제대로 된 도서관 정책이 펼쳐졌을 것 같지만, 현실은 그렇지 않았다. 그는 과연 도서관에 대해서 어떤 생각을 했을까? 노무현 시대에 한국의 도서관은 대통령이 직접 관리하는 존재가 되었다. 김영삼 이전까지 도서관은 그래도 정부의 한 과가 정책을 끌고 갔었다. 행정 부처의 작은 단위인 과, 과장 한 명과 서기관 한두 명에 대여섯 명의 사무관 등 한국 중앙행정의 최저 단위지만 그래도 한 과가 도서관 정책을 총괄했다. 김영삼은 생각보다 꼼꼼했던 것인지도 모른다. 도서관을 박물관에 통합시켜서 '도서관박물관과'를 신설했다. 현대적 의미의 도서관은 책을 빌려주는 게 핵심인데, 박물관은 관객들이 와서 보는 곳이다. 한때 영국의 대영도서관은 대영박물관에 통합되어 있었지만, 1973년에 별도로 독립하면서 국가 도서관 기능을 강화하게 되었다. 할 수만 있었다면 김영삼은 도서관과를 없애고 싶었을 것 같지만, 그렇게는 못하고 1973년 이전의 대영도서관 체계로 한국의 도서관 행정을 되돌렸다. "안 된다, 민주주의 해야 한다", 입버릇처럼 민주주의를 말했던 김영삼에게 도서관은 민주주의의 한 요소로 보이지는 않았던 것 같다. 한국의 보수 정당은 박정희 등 군사정권 내내 어쨌든 외형상으로는 도서관 건립 붐을 이끌었다. '개발 독재'라는 표현이 사용될 정도로, 군인 출신 대통령들에게는 경제 성장이 목숨처럼 중요했다. 그리고 '부수적(!)'으로 경제 발전에 사활을 걸었던 것만큼 도서관도 열심히 만들었다.

이 보수 정당의 흐름은 김영삼과 함께 정지되었고, 그 후의 대통령은 군사정권 시절의 보수 정치인들만큼 도서관에 대해서 우호적이지는 않았다. 학교에 사서교사를 배치하는 제도는 노무현 때 만들어졌는데, 이명박 정권 이후 거의 뽑지 않았다. 박근혜 때에도 매년 20명 남짓 뽑았는데, 전혀 안 뽑는 해도 있었을 정도로 최근의 보수 정권에서 아주 싫어하는 정책이 되었다. 그래도 남들 눈이 무서워서 대통령이 도서관에 관심 없다는 사실을 들키고 싶지는 않았던 것 같다. 여러 번 이름을 바꾸면서도 대통령 직속인 도서관위원회를 계속 대통령 직속으로 유지하기는 했다. 어쨌든 형식적으로는 대통령이 도서관을 만들고 관리하는 책무를 지는 것이 현대 한국의 전통 비슷하게 되었다. 물론 이게 헌법에 명시된 것은 아니라서 언제든 대통령이 법을 바꾸면 그만이기는 하다. 실제 윤석열은 법을 바꾸려고 했다.

2000년대 초중반, 서울대 총장급 인사들에게 "도서관에 좌우 없다"는 말을 들었다. 아주 인상적인 말이었다. 실제로 한국의 도서관에 대해 사회적으로는 진보와 보수의 차이가 그리 크지 않았다. 대통령 차원에서 보면 김영삼 이전까지는 그랬던 게 맞다. 경제를 중시 여기는 것만큼 도서관도 중요하게 여기는 대통령들의 시대가 있었다. 김영삼의 시대는 IMF 경제 위기와 함께 끝이 났다. 그가 도서관처럼 경제도 별로 중요하게 생각하지 않은 건 아닐까. 어쨌든 도서관을 가장 싫어했던 대통령은 김영삼이 아닐까 했는데 윤석열이 그 기록을 깨게 되었다. 하긴, 윤석열이 도서관만 싫어했을까.

대통령과 도서관, 좀 더 정확히는 국가 정책과 도서관이라는 눈으로 역사를 본다면, 대한민국의 도서관 역사는 박정희와 함께 시작되었다고 볼 수 있다. 그 전에는 도서관법에 대한 논의가 조금 있었을 뿐 정부 차원이라고 할 정도의 공식적인 도서관 건립은 없었다. 지금 우리가 이용하는 도서관의 모습을 전제로 한다면, 박정희 이전은 한국 도서관의 '선사 시대'라고 볼 수도 있다. 초대 대통령인 이승만 시대가 그랬다. 그렇다면 이승만과 도서관의 관계는? 여기에도 약간의 반전이 있다.

2022년 독립기념관 산하 한국독립운동사연구소가 독립운동가 이상재의 후손이 기증한 한성감옥 시절의 도서대출 장부를 공개했다. 한성감옥은 지금은 박물관이 된 서대문형무소다. 서울의 주요 감옥이라서, 많은 민족 지도자들이 이 감옥에 투옥되었다. 이곳에는 옥중 도서관이 있었다. 김구, 고종의 헤이그 밀사로 파견되었던 이준 등은 한성감옥 시절 이 도서관을 열심히 이용한 사람들이다. 이 옥중 도서관을 만든 사람이 바로 이승만이다. 1899년 고종 폐위 음모에 연루된 이승만이 이곳에 투옥되었다. 선교사들의 도움을 받아 이승만이 옥중 도서관을 만든 것은 1902년의 일이다.

이승만과 강력한 정치 라이벌이었던 김구는 1911년 데라우치 총독 암살 시도 사건에 휘말려 한성감옥에 갇혔다. 두 사람이 동시에 한성감옥에 있었던 적은 없었는데 이 옥중 도서관이 두 사람을 연결해주었던 셈이다. 〈백범일지〉에 이 내용이 나온다.

서대문감옥에는 진귀한 보물이 있다. 지난날 이승만 박사가 동지들과 같이 투옥됐을 때 옥중 도서관을 만들어 죄수들에게 나라 구하는 길을 가르쳤다. 나는 이곳에서 그의 손때와 눈물자국이 얼룩진 책을 보았다.

감옥 안에 비치된 책들은 '옥중 문고'라는 이름으로, 세계 도서관 역사에서 중요한 한 축을 차지한다. 지금도 공공 도서관 분류 체계에서 중요하게 분류된다. 한국 최초로 옥중 도서관과 옥중 문고를 만들고, 스스로 사서 등 관리자 역할도 했던 사람이 이승만이다. 그가 나중에 대통령이 되어서도 그렇게 했을까? 못한 건지 안 한 건지 두 가지 해석 중에서, 나는 못한 쪽에 가깝다고 생각한다. 감옥에서 스스로 도서관을 만들었던 걸 생각하면 도서관의 중요성과 의미를 이승만이 몰랐을 것 같지는 않다. 그렇지만 건국과 함께 도서관의 새로운 역사가 시작되었고, 별로 그렇게 감격스러운 일은 벌어지지 않았다.

위대한 도서관 서사의 시작, 박정희 시대

길고 긴 암흑 시대가 끝나고 마침내 해방이 되었다. 민족의 지도자라고 불리던 김구도, 이승만도, 해방과 함께 바로 돌아올 수는 없었다. 이승만은 10월, 김구는 11월, 겨우겨우 개인 자격으로 귀국하게 된다. 그 빈 공간에 미군정이 들어온다. 그럼 도서관은? 여기에는 아무도 관심이 없었다.

모든 것이 어수선했던 해방 직후 국립 도서관을 비롯하여 부산, 대구, 광주 등 14개의 공립 공공 도서관이 있었다. 2023년 기준, 한국의 공공 도서관은 1,271개다. 여기에 국립중앙도서관, 국회도서관, 법원도서관, 국립장애인도서관, 이 4개의 국립 도서관이 공공 도서관과는 별도로 관리된다. 이런 국가 도서관의 부설로, 도서관 숫자에는 합산하지 않지만 그래도 어엿한 도서관 역할을 하는 국립어린이청소년도서관, 국립세종도서관, 국립중앙도서관의 분원 두 곳과 국회도서관의 분원인 국회부산도서관까지 3개의 분원이 있다. 그렇게 계산하면 공공이 이용할 수 있는 도서관이 1,280개다. 해방 직후를 기준으로 보면 그새 한국의 도서관은 78년에 걸쳐 100배 남짓 늘었다. 정말로 '위대한 도서관 서사'라고 부르지 않을 수 없는 엄청난 일이다. 2차 세계대전 이후 대략 50여 개의 국가가 독립을 하게 되었는데, 그중 이런 규모의 도서관 서사를 가지고 있는 나라는 한국밖에 없다. 한국이 걸어가게 된 이 위대한 도서관 서사는 1945년 8월 15일 직후부터 시작된다. 일본에 의해서 고용된 한국인 사서들이 그 첫걸음을 떼게 되었다.

해방 다음 날 총독부의 도서관에 근무하던 한국인 직원들이 도서관을 지키고 접수하는 영웅적인 맹활약이 있었다. '도서관수호문헌수집위원회'가 결성되었고, 서울을 비롯해 일본이 두고 간 각지의 도서관들을 접수하기 시작했다. 이 흐름을 타고, 드디어 우리에게도 도서관협회가 준비되기 시작한다. 1945년 8월 30일, 도서관협회결성준비위원회가 만들어진 것이다.

미군정기에는 미군정청 학무국에서 도서관 업무를 담당했다. 이때 미국 도서관 전문가들이 미국의 도서관 제도에 대해 본격적으로 소개하였다. 행정적으로는 미군정청에서 조선총독부도서관을 인수해 국립 도서관으로 바꾸었는데, 이때 도서관장 역시 미군정청에서 임명했다. 정부가 수립되기 이전, 미군정청과 한국인 사서들 사이에 상당히 긴밀한 협력관계가 형성된 것으로 보인다. 미군정청 시절인 1946년, 국립 도서관 관할로 최초의 사서를 양성하는 전문직 교육기관인 국립조선도서관학교가 생겨났다. 일본의 미군정청은 기존에 있던 도서관 체계를 바꾸고, 특히 지자체의 도서관 관련 법률을 제정하는 것과 같은 공공 도서관의 제도적 기반을 만들었다. 당시 한국에서는 미군정청이 그렇게까지 전체적인 제도 정비를 하지는 않았는데, 사서들을 육성하는 일에는 행정적 지원을 하였다.

여기서 영웅이 한 명 나타난다. 총독부도서관을 접수하는 일련의 일에 '한국 도서관의 아버지'라고 불리는 박봉석이 등장한 것이다. 그는 일본 문부성이 공식적으로 발급한 '사서 자격증'을 보유한 두 명 중 한 사람으로, 조선총독부도서관을 지켜내고 국립 도서관으로 재탄생하게 만드는 데 결정적 기여를 했다. 뿐만 아니라 초등학교 교과서에 도서관 항목을 넣었고 도서관협회도 만들었다. 도서관용 십진분류체계를 처음 만든 것도 박봉석이었다. 그렇다고 그가 미군정과 늘 좋은 관계였던 것만은 아니다. 미군정청이 국회도서관을 새로 만들면서 국립 도서관의 법률 자료를 이관하려 할 때 반대운동을 하기도 했다. 2003년에는 한국의 도서관인으로서는 최초로 은관문화훈장을 받기도 했다.

　6·25 이전에 한국에는 19개의 공립 공공 도서관과 15개의 사립 공공 도서관이 있었다. 국가가 설립한 도서관으로만 보자면 해방 이후 6·25까지 5개의 공공 도서관이 늘어난 것이다. 새로 나라가 만들어졌지만 건국과 동시에 도서관 건립 붐이 일어나지는 않았다. 지금 와서 돌아보면, 한국에서 도서관에 대한 새로운 이해가 생겨난 것은 역설적으로 건국이 아니라 6·25 전쟁 때이다. 전쟁 중에는 모든 것이 부족했다. 그 결핍 속에서 향후 한국을 이끌어갈 도서관 문화가 생겨난 것이다. 경희대의 중앙도서관이 이때 생겨났고, 대학과 많은 학교에서 어떻게든 피난 중에 도서관을 챙기려는 흐름이 생겼다. 한국 도서관의 역사 중에서 가장 중요한 계기를 딱 하나만 고르라면, 1·4 후퇴 이후에 피난 중인 경남 지역에서 생겨난 도서관 붐이라고 할 수 있다.

　대통령이 된 이후 이승만이 도서관 정책에 대해서 적극적으로 무엇을 했는지는 잘 파악하기 어렵다. 건국이 있었고 곧이어 6·25

가 터졌다. 전쟁으로 인하여 많은 것이 파괴되었고, 도서관은 물론 도서관 사서들도 전쟁을 피할 수 없었다. 도서관협회 자체가 총회를 열 수 없을 정도로 붕괴되었다. 이때 또 한 명의 영웅인 경주의 엄대섭이 등장하게 된다. 한국도서관협회는 1955년에 재창립된다.

엄대섭은 기회가 닿으면 별도로 위인전을 쓰고 싶은 마음이 들 정도로 스토리가 풍부한 사람이다. 그는 전쟁 중인 1951년, 당시에는 흔했던 탄창 상자에 책을 10권 정도 넣어서 동네에 책을 보내는 순회문고를 만들었다. 영웅적인 시도였지만, 그걸 잘 이해하지 못했던 경찰의 감시와 탄압 그리고 책 부족 등으로 실패하게 된다. 그 후에도 농촌 지역에 책 보내기 운동을 계속하던 그가 결정적으로 맹활약하는 것은 1960년 12월 마을문고를 제시한 이후에 벌어지는 일이다(《도서관인물 평전》). 이승만이 4·19로 하야한 이후의 일이다. 그다음 해 2월에 엄대섭은 '농어촌마을보급연구회'를 만든다. 장면 내각 때의 일이다. 이 모임은 1962년 '마을문고진흥회'라는 이름으로 변한다. 이때는 5·16 쿠데타로 이미 박정희의 시대가 된 다음이다. 기업인과 판사 등이 호응을 해서 초기에 26개의 마을문고가 생겨났지만 자금이 금방 바닥나서 벽에 부딪히게 된다. 이때 엄대섭이 정부의 지원을 받기 위해 문교부에 거의 출근하듯이 찾아가는데, 실제로 정책적 지원을 얻어내지는 못했다. 그래도 기자들의 눈에 띄면서 결국에는 방송과 신문의 집중 조명을 받게 된다. 이 장면이 한국의 '위대한 도서관 서사'에서 가장 결정적 장면이라고 할 수 있다. 한국의 공공 도서관은 정부 내에서 먼저 시작된 것이 아니라, 엄대섭이 주도한 도서관 사서들의 마을문고 운동이 대중의 관심을 받으면서 비로소 제대로 싹트게 된 것이라고 할 수 있다.

> 농어촌에 책 300권들이 도서관을 설치해 주자는 운동이 활발해지고 있습니다. 농어촌 주민에게 마을문고를 세워주자는 이 운동은 문교부와 마을문고진흥회가 중심이 되고 있는데, 본사에서도 이를 후원, 뜻 있는 분들의 문고 설립 신청을 기다리고 있습니다.
>
> 1963년 4월 2일자 동아일보 기사

결국 1963년부터 문교부에서 해마다 40만 원의 보조금을 지원하기로 하는 결정이 내려진다. 이 해 10월에 박정희는 5대 대통령에 당선된다. 1965년에는 내무부가 마을문고를 지방행정 기반사업으로 인정하여 정부 보조금을 지급하기 시작한다. 이렇게 해도 마을문고의 재정적인 어려움이 끝나지는 않았다. 당시 대통령 비서실장인 이후락이 여기에 결정적 인물로 등장한다. 1967년 이후락과 엄대섭이 만났고, 이후락은 마을문고진흥회장을 맡게 된다. 새마을운동과 마을문고가 공식적인 관계를 갖게 된 것은 박정희 때가 아니라 전두환 시절인 1981년의 일이다. 그 전에는 일부 마을문고가 새마을운동의 지역사업으로 인정받는 정도였다. 1980년에 엄대섭이 필리핀에서 막사이사이상을 받은 것은 큰 전환점이 되었다. 마을문고에서 새마을문고로 명칭이 바뀐 이후, 독서 운동으로서의 순수성이 사라지고 관 주도로 지역 유지들의 체면을 유지해주는 사업으로 변질되었다는 지적들이 나오게 되었다. 마을문고의 씨앗은 한국전쟁 때인 제1공화국에서 시작되어서, 제5공화국 초기가 되어서야 제도적으로 안정화된다.

마을문고의 사례에서 보여지듯이, 한국의 도서관들이 만들어지고 발전하는 과정에서는 흔히 도서관인이라고 부르는 사서들의 역할이 결정적이다. 먼저 사서들을 비롯한 시민사회에서 다양한 형태의 제안이 나오고 그에 대한 실험을 마치면, 나중에 정부 예산이 뒷받침하게 되는 것이 대체적인 흐름이다. 전쟁과 복구와 같은 저개발의 상황에서 모든 것을 새로 만들어야 하는 상황이었다. 그 시절에 도서관이 정책적 우선 순위에 있지는 않았다.

6·25 전쟁과 피난에 대한 연구를 하려고 마음을 먹고 꽤 준비했는데, 아직은 본격적으로 연구가 진행되지는 않아서 그 시기의 도서관 얘기를 좀 더 풍부하게 독자들에게 할 수 없는 것이 안타깝고 송구스러울 뿐이다. 전쟁 중의 도서관 얘기로 가장 인상적인 것은 경희대중앙도서관 스토리다. 피난 중이었던 1951년, 경희대는 부산에서 임시 건물로 처음 도서관을 만든다. 대학 설립자가 직접 준비한 700여 권의 도서로 개관한 게 지금의 경희대도서관의 시작이 되었다. 규모는 작아도, 전쟁 중에 책을 마련하고 도서관을 만들기 시작한 중요한 전환점이다. 연세대학교는 전쟁 직후 휴교 상태였지만, 1·4 후퇴 때에는 부산으로 옮겨서 학교를 열었다. 처음에는 천막에 있다가 영도에 목조교사를 만들어서 그곳으로 옮겨갔다. 이 목조교사를 만들기 위하여 학교 소유의 포드 자동차를 판매한 대금 등 학교기금이 사용되었다. 그렇게 마련한 임시 교사는 3개 동 9개

교실과 본부건물 1개 동이었다. 초기에 있던 9개의 강의실 중 한 개는 실험실이었고, 또 다른 한 개가 도서관이었다는 기록이 남아 있다(《연세대학교사: 1965》). 목조교사 준공 기념으로 국어국문학 관계자료 등 특별전시회도 열렸다. 서울대학교 도서관과 규장각은 1950년 12월에 《승정원 일기》 등 일부 자료들을 부산으로 이송했다. 임시 도서관이 부산시 동대신동 문리대학교 옆에 목조 가건물로 신축되었다. 고려대학교는 부산으로 간 다른 대학들과는 달리 대구로 갔다. 대구 원대동의 판잣집 가교사에서 대학 운영을 하였다. 역사학자 강만길의 자서전 《역사가의 시간》을 보면, 가교사의 한쪽에 도서관이 있었고 문일평의 《한미오십년사》를 읽었다는 기록이 나온다. 고려대학교의 공식적인 학교 기록에서 피난 중의 도서관 기록을 찾지는 못했지만, 어쨌든 도서관은 있었다. 비록 소규모지만 전쟁 중에도 1·4 후퇴 이후에는 일부 대학들이 도서관을 운영했다는 사실이 눈물나는 일이기는 하다. 나중에 여유가 되면, 개인적인 차원에서라도 특히 새롭게 도서관을 만들었던 경희대 도서관 등 6·25 전쟁 시기의 도서관 얘기를 정리해보면 의미가 있을 것 같다고 생각한다.

　이승만 집권기 때 정부가 도서관 제도에 대해 정비한 기록은 찾기가 매우 어렵다. 도서관법을 제정하려는 시도가 기록에 남아 있을 뿐이다. 일본의 경우 연합사령부에서 도서관에 관한 지방자치단체의 책무 등 기본적인 법령을 정비했는데, 우리는 그렇게 진행되지 않았다. 공공 도서관에 관한 기본적인 제도적 정비는 전쟁 이후인 1955년경부터 한국도서관협회 차원에서 추진되기 시작한다. 그렇지만 전쟁 이후의 이승만 정부에서는 행정적 결론이 나지 않았고 장면 내각에서도 그냥 넘어갔다. 결국 도서관법은 박정희 군사정권으로 넘어가 1963년에 공포되었다. 아쉬움도 많았다. 원안에는 시와 군 단위에도 공공 도서관을 의무적으로 설립하고 도서관 운영 직원의 전문화 조항 등이 있었으나, 재정적인 이유로 많은 조항들이 의무 조항에서 권고 조항으로 바뀌었다. 그래도 그 후에 아무 일도 안 벌어진 것은 아니다.

1966년 전국공공도서관회의가 열려서 '공공 도서관 설치 3개년 계획'이 채택되었다. 장면 정권에서 만들었던 경제개발계획은 쿠데타로 인해 군사정권으로 넘어와 경제개발5개년계획으로 추진되었다. 사서들이 제안한 3개년계획은 문교부가 받아서 '공공도서관설치5개년계획'으로 바꾸었다. 시군구에 한 개 이상의 공공 도서관을 만들고, 이미 존재하는 공공 도서관도 기준 미달인 곳은 기준에

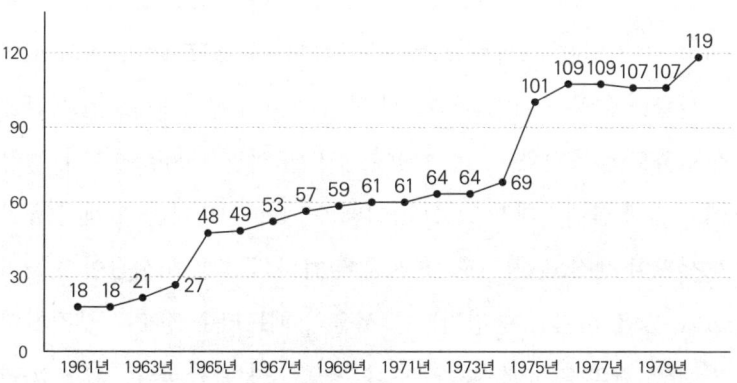

한국도서관협회가 발간한 〈한국도서관통계〉에서 밝힌 공공 도서관 현황(1960~1979)

맞게 개선하는 것이 주내용이다. 1962년부터 시행된 1차 경제개발계획에는 도서관이 포함되지 않았지만, 2차 계획(1967~1971)이 추진될 때 도서관5개년계획도 병행적으로 추진되었다.

1960년에 18개였던 공공 도서관이 1979년에는 119개로 늘어났다. 숫자로만 따질 건 아니지만, 박정희 시절에 공공 도서관이 절대적으로 많이 늘어난 것은 사실이다. 그리고 민간 차원에서 시작되었던 농어촌 지역의 마을문고가 1974년에는 35,011개로 엄청나게 늘어난다. 한국의 도서관이 여전히 질적인 측면에서는 많은 지적을 받는 것이 사실이다. 그렇지만 1960년에 18개였던 도서관이 박정희 시대를 거치면서 119개로 늘어난 것을 별거 아니라고 하기는 어렵다. '한강의 기적'만큼이나 한국의 위대한 도서관 서사가 본격적으로 움직이기 시작한 것이기 때문이다.

이런 공공 도서관의 역사에서 특별히 살펴볼 것은 경기도의 사례다. 1963년에 도서관법이 만들어졌지만, 의무 조항이 아니라서 시군에 꼭 하나씩 도서관을 만들 필요는 없었다. 그런데 경기도청에서 각 지역에 도서관 조례를 제정하도록 했고, 이미 조례 없이 도서관을 운영 중이었던 수원시 외에 나머지 지역에서도 도서관을 설립하도록 독려했다. 1971년에 공공 도서관은 서울에 7개, 경북에 8개, 경남에 7개가 있었다. 이때 이미 경기도에는 20개의 공공 도서관이 생겼고, 경기도 내 시군에 하나씩 공공 도서관이 만들어졌다. 많은 사람들이 경기도를 서울의 베드타운 정도로 생각하지만, 도서관의 역사에서는 다르다. 공공 도서관만 놓고 보면, 70년대 초반 경기도는 서울보다 3배 가까운 개수의 도서관이 있었다.

도서관법은 임의 조항으로 권고만 하고 있었지만, 경기도는 도의 결정으로 이걸 의무 조항으로 운영했다. 당시 도지사였던 박창원은 육사 5기로 쿠데타 군인 중 한 명이었고, 쿠데타 직후부터 경기도지사 업무를 수행하고 있었다. 월남해서 서북청년단에서 활동한 열혈 반공 인사였다. 나중에 유신고속관광주식회사를 만들었고 그 수익으로 유신학원을 만들었다. 김우중이 인수하면서 지금의 아주대학교가 된 아주공업초급대학도 그렇게 만들어진 학교다. 전형적인 박정희 군단의 한 명인데, 그런 사람이 경기도지사이던 시절, 경기도가 시군에 도서관을 의무적으로 하나씩 만들게 한 것은 어쨌든 중요한 사건이기는 하다. 가난하고 힘들던 시절, 군인들이 최고의 엘리트 집단이라는 말을 들을 때, 수긍보다는 반발이 더 컸었다. 그러나 도서관 역사를 보다 보면 놀라운 일들이 가끔 보인다. 도서관에는 좌우가 없다는 말이, 60년대 경기도에서는 맞는 말이었다.

박정희 시대에 사람들은 경제개발계획과 고도 성장을 얘기했지만, 약간의 시차를 두고 공공도서관설치5개년계획이 같이 진행되고 있었던 것에 대해서는 주목하지 않는 경우가 많다. 비행기가 이륙하는 순간과 같다고 해서 '테이크 오프'라고 부르는 이 경제 도약기에 한국의 도서관도 마찬가지로 양적 도약기를 거쳤다. 당시 이후락을 비롯한 군인들이 민주주의나 인권에 대해 잘 몰랐을 수도 있다. 그리고 도서관의 진정한 의미에 대해서도 잘 몰랐을 수 있다. 경제와 도서관의 관계에 대해서도 전혀 몰랐을지 모른다. 수도 없이 금서와 금지곡을 지정했던 박정희 정권이었지만, 도서관만큼은 많이 만들었다. 중남미를 비롯해서 많은 군사정권이 있었지만, 한국의 군사정권만큼 적극적으로 도서관을 대량으로 만든 사례는 찾아보기가 어렵다. 특히 당시의 경기도처럼 사회 일반의 흐름보다 더 앞서가는 경우는 쉽게 볼 수 없다. 군사정권과 도서관, 한 번쯤은 추적해볼 만한 연구 주제다. 군인들이 만든 공공 도서관이 결국 새로운 시민사회를 만들어낸 독특한 사례를 지금 우리는 보고 있다.

전두환 시대에서 김대중 시대까지

한국의 대통령 중에서 도서관과 이미지가 어울리지 않는 사람을 꼽아보면 여러 명이 있겠지만, 제일 안 어울리는 사람은 전두환일 것이다. 전두환이 도서관에 갔을까? 그랬을 것 같지는 않다. 아르헨티나의 소설가 보르헤스는 한 강연에서 "천국이란 단어를 들으면 사람들은 정원을 생각하거나 궁전을 생각하겠지만, 나는 항상 천국을 도서관과 같은 곳이라고 상상했다"고 말했다. 실제로 그는 시립 도서관 직원이었고, 50대에는 아르헨티나국립도서관의 관장이었다. 원래 약시였던 그가 도서관장을 맡았을 때에는 실명 상태였다. 전두환 등 군사정권 시절의 보스들은 이런 보르헤스의 이미지와는 정반대에 있는 사람들이다. 그렇지만 도서관 정책에서는 반전이 있다.

박정희 초반인 1963년에 만들어진 도서관법은 워낙 기본만 규정한 법이라서, 지속적으로 더 강화시켜야 한다는 의견이 많았다. 그러다 80년대 들어서 재개정에 대한 요구가 좀 더 강해졌는데, 이 법안이 실제로 국회를 통과하는 것은 1987년 10월이다. 이에 앞서 1986년에 정부는 이전보다 더 공격적인 공공 도서관 확충을 위한 계획들을 만든다. 그런 분위기 속에서 국공립 도서관의 확충 의무를 명시화하고 공립 도서관 운영 비용을 지자체의 일반회계로 명시한 개정안이 통과되었다. 별 성과 없이 물러난 이승만과 장면 정부와는 달리, 전두환 시대가 끝나기 전에 재정적으로 강화된 개정 도서관법이 만들어지게 된 것이다.

박정희에 이어 전두환 시절에도 공공 도서관이 지속적으로 증가하는 흐름이 계속 이어져, 1981년에는 121개, 전두환이 임기를 마친 1988년에는 176개가 된다. 그 뒤를 이은 노태우 때에도 개정 도서관법에 의해 확충이 계속되어 1993년에는 278개가 된다. 1960년에 18개였던 공공 도서관이 군사정권을 거치면서 10배 이상으로 늘어났다. 그사이 세계 최빈국 중 하나였던 한국은 개발도상국 단계로 접어들었다. 한국은 '아시아의 용'이라고 불리기 시작했고, '한강의 기적'이라는 표현이 사용되었다. 세계은행은 전례가 없던 이런 경제적 성장을 '압축 성장'이라고 칭하기도 했다. 한국 경제에 대한 대부분의 묘사는 도서관에 똑같이 적용해도 이상하지 않다. 한강의 기적을 '도서관의 기적'이라고 부르면, 우리가 지나온 현대 경제의 변화에 대해서 조금은 결이 다른 해석을 할 수도 있을 것이다. 한국 도서관의 규모는 경제의 규모가 압축 성장을 하듯이 그렇게 압축 성장을 해 왔다. 그리고 한국 경제가 수출 주도형 압축 성장 과정에서 기인한 왜곡된 구조를 가지고 있듯이, 한국의 도서관에도 그런 관치 행정의 아픔들이 남아 있다. 경제는 원래 내부 자본과 기술적 축적이 이루어지면서 자본주의 시스템을 갖춰나가게 된다. 이 과정을 '본원적 축적'이라고 부른다. 우리는 그걸 건너뛰면서 경제 발전을 이루어왔기 때문에 후유증이 남을 수밖에 없다. 현대식 도서관도 마찬가지다. 도서관 시민이 형성되어가는 과정을 통해서 도서관에 대한 입법 등 제도적 정비가 이루어지고, 그

후에 정부가 참여하게 되는 게 현대식 공공 도서관의 역사다. 우리는 그런 시민의 적극적 참여 없이 경제 도약과 함께 도서관도 일단 짓고 본, 진짜로 매우 압축적인 과정을 거치게 되었다. 전형적인 하향식이다. 부작용이 없을 리 없었다.

박정희와 전두환의 군사정권 시기를 거치면서 한국의 도서관은 수치와 규모 면에서 중진국 수준이 된 것 같지만, 실제 운영 면에서도 그런 것은 아니었다. 인도의 도서관들은 영국 식민지 시절에도 무료 도서관이었다. 그렇지만 우리는 총독부 시절부터 입관료를 받았다. 경성부립도서관 사용조례에 열람료 2전에 대한 규정이 남아 있다. 이런 규정은 도서관법에도 그대로 포함되어서, 도서관에 들어갈 때면 당연히 돈을 내야 한다는 인식이 생겼다.

그렇게 걷은 도서관 입관료가 도서관 운영에 큰 도움이 되었을까? 나도 고등학교 때 50원인가를 내고 도서관에 들어갔다. 별로 부담되는 돈은 아니었다. 1984년, 버스 토큰이 120원일 때였다. 그 시절에 도서관 행정을 맡았던 사서에게 나중에 들은 얘기인데, 매일 동전으로 받은 돈을 계산하고 보고하는 게 더 큰 일이었다고. 그렇게 걷은 돈으로는 주로 도서관 휴지 등 간단한 비품을 사는 데 썼다고 한다. 물론 보통의 학생들에게는 부담되는 액수가 아니었겠지만, 정말로 돈이 없고 가난한 사람에게는 그 비용도 진입장벽이었을 것이다.

도서관 역사에서 유료 도서관이 없었던 것은 아니다. 19세기 중후반 미국에 돈을 내고 들어가는 유료 도서관이 있었다. 공공 도서관보다 더욱 전문적이고 기민하게 다양한 책들을 구비해서 인기를 끌던 도서관이 존재하기는 했었다. 그렇지만 공공 도서관이 확충되고 질이 높아지면서 20세기까지 유료제가 남아 있지는 못했다. 당시에 유료 도서관만 있었던 것은 아니다. 유럽 등지에는 책 대본소가 존재했다. 권당 또는 기간제로 돈을 받았던 대본소는 책의 역사에서 결정적인 역할을 하게 된다. 특히 여성 등 경제적 약자의 독서에 결정적 기여를 했다는 평가를 받는다. 사회활동이 제약된 여성들에게 책 대본소는 외부로 열린 창문 같은 것이었다.

한국 도서관에서 돈을 받은 것은 유료 도서관이나 책 대본소와는 전혀 개념이 다르다. 받을 필요가 없는 돈인데, 일제강점기 이래로 늘 하던 거라 그냥 습관적으로 받았다고 보는 것이 맞을 것이다.

이 시점에서 마을문고에서 한 번 등장했던 엄대섭이 다시 한 번 등장한다. 1984년경 일본에서는 농촌문고 활동이 그다지 좋은 성과를 내지 못하고 있었는데, 한국 마을문고의 성공을 지켜본 일본도서관협회가 이를 주목하기 시작했고, 1987년에 '촌락문고 조사연구보고서'를 출간한다. 이렇게 나름 명성을 얻기 시작하던 1983년에 엄대섭은 '대한도서관연구회'를 만든다(이연옥, 〈한국 공공도서관 운동사〉). 전두환 시기에 만들어진 이 작은 연구회가 한국 도서관 서사에서는 결정적 역할을 하게 된다. 한국 도서관사에서 결정적 시기를 두 개 꼽는다면, 도서관법이 만들어진 1963년 그리고 대한도서관연구회가 만들어진 1983년을 얘기할 수 있을 것이다. 그 이전에는 한국의 공공 도서관이 그저 거대한 책장, 한마디로 책만 있는 건물이었다. 책은 창고 속에 감추어져 있었다. 원하면 보여주기는 하지만, 건물 밖으로 가지고 나갈 수는 없었다. 물론 요구하는 사람도 많지는 않았다. 이 시절의 많은 사람들이 책을 보기 위해 도서관에 오는 게 아니라, 책상을 빌려 쓰기 위해서 오는 것에 가까웠다. 70년대와 80년대, 여전히 한국의 집들은 좁았고, 여름에는 덥고 겨울에는 추웠다. 당시 합계출산율은 4명이 넘었고, 좁은 집에 형제자매들이 방마다 가득했다. 지금과 기온을 비교하자면 여름에는 덜 더웠고 겨울에는 더 추웠다. 약간의 돈을 내고라도 책상을 빌리고 싶었던 학생들이 드물게 존재하던 공공 도서관에 들어가기 위해서 새벽부터 줄을 섰다. 나도 그런 학생들 중 한 명이었다.

대한도서관연구회는 1) 입관료 폐지, 2) 개가식 도입, 3) 관외대출 허용, 이 세 가지를 목표로 하였다. 원래 벤저민 프랭클린이 최초의 현대식 도서관을 만들 때부터 책은 도서관 밖으로 빌려갈 수 있는 것이었다. 초기에 만들어진 미국의 도서관들은 건물이 작아서 책을 빌려가는 게 기본이었다. 한국에서는 뒤늦게 이러한 논의가 시작되었다. 도서관이 귀한 책을 영원히 보관해서 다음 세대에게 물려주는 곳이냐, 아니면 사람들이 책을 보게 하는 곳이냐. 도서관 초창기에 있었던 이 논쟁이 한국에서는 전두환 때 시작되었는데, 노태우 정권 때인 90년대에 비로소 입관료가 폐지되었다.

전국의 공공 도서관 현장을 남김없이 순방하면서 필자가 본 바로는 우리나라 공공 도서관들은 적지 않은 불편을 이용자들에게 주고 있었다. 그중에서도 가장 심각한 일은, 얼마간의 도서나마 그것을 서고 속에 '가두어' 두기를 예사로 하고 있다는 사실과 또 그러한 책들을 납세자인 주민들에게 대출해주지 않는 다는 사실이다… 우리는 다시 한번 공공 도서관 정상화의 기본 요소인 '개가'와 '대출'을 간곡히 추구한다.

엄대섭, 〈오늘의 도서관〉 8호 중 '다시 한번 개가·대출을'

1983년 국립중앙도서관에서 입관료를 폐지했다. 그후 1991년에 제정된 도서관진흥법에서 입관료가 법적으로 폐지되면서 1992년부터는 전국적으로 무료 이용이 시작되었다. 정부에서 직접 주도한 것은 아니지만 이제 한국의 도서관에도 현대식 도서관 개념들이 전면화되었다.

1974년 서강대학교에서 로욜라도서관을 만들었다. 대학에 도입된 최초의 개가식 도서관이다. 나중에 초대 서울도서관 관장을 한 사서 출신 행정가이자 지금은 셀럽이 된 이용훈이 바로 이곳에서 사서로 첫 훈련을 받기 시작한다. 이 도서관은 사서의 역할을 선진국 시스템으로 바꾼 것으로도 유명하다.

다른 도서관에 비해 서강대는 해외 선진 도서관 시스템이 잘 갖추어져 있었어요. 도서관이 단순히 도서 대여나 열람실을 운영하는 곳이 아니며, 사서에게도 전문성이 필요하다는 사실을 그곳에서 깨달았습니다.

꿈꾸는도서관, '이용훈 전 서울도서관 관장 특별 인터뷰'

이후 80년대 중후반, 서서히 공공 도서관과 대학 도서관들이 개가식으로 바뀌기 시작했다. 2000년대 초반 한국의 도서관들은 대부분 개가식으로 바뀌었다.

한국의 도서관들이 입관료를 없애고, 개가식으로 바꾸고, 사서의 중요성을 이해하는 것과 같은 현대식 도서관으로 바뀌는 시점에서 군사정권이 마무리되었다. 일제강점기 총독부의 무도서관 정책의 암흑 시기에서 3·1 운동 이후의 문화 정책까지, 이때는 아직 제대로 출발도 못한 한국 도서관의 완전한 암흑기였다. 이후 독립과 이승만 독재를 거쳐 군사정권이 시작되었고, 박정희 때 양적인 축적을 시작한 도서관이 전두환과 노태우 시기를 거치면서 현대식 전환을 이루게 되었다. 그리고 드디어 독재 시대가 끝나고, 김영삼의 '문민정부'가 들어오게 되었다. 이제 한국의 도서관은 바야흐로 전성기를 맞이하게 되는 것인가?

역사는 그렇게 간단하게 흐르지 않았다. 나는 개인적으로 김영삼이 아주 매력적인 사람이라고 생각하고, 한국사 특히 한국 경제에 중요한 기여를 했다고 생각한다. 일본이 아직도 못하고 있는 금융실명제를 김영삼이 전격적으로 시행하면서 경제의 가장 중요한 제도적 기반을 만든 것은 지금도 높게 평가한다. 그렇지만 도서관에 대해서는 높게 평가하기가 어렵다.

외주 문제나 위탁 경영 등 지금 한국의 공공 도서관들이 겪고 있는 많은 어려움들이 제도적으로는 김영삼 시대에 뿌리를 두고 있다. 군인들이 만들어놓은 도서관들을 그 후에 민간인들이 잘 물려받아서 결국 발전적으로 이끌었을까? 개인 김영삼은 몰라도, 지도자로서의 김영삼은 도서관을 귀찮아 했다고 보는 게 그의 시대에 발생한 정책들과 좀 더 일관성이 있게 연결된다.

아이러니하게도 1990년대, 정부를 비롯한 한국 사회에는 도서관이 필요 없다는 생각이 강하게 퍼져 있었다. 세계화 국면에 무슨 도서관? 도서관 자체를 굉장히 촌스러운 옛날 시설이라고 생각하는 사람들이 김영삼 시절의 주요 의사 결정자들이었다. 일단 이름부터 도서관이 아니라 평생교육관, 평생교육문화회관, 평생학습관, 교육정보관, 문화시설사업소, 문예회관 등으로 바꾸어 나갔다. 이름만 바꾼 게 아니라 용도도 바꾸고 싶어 했다. 특히 지자체 단체장들에게는 이런 유혹이 더 현실적인 게, 도서관을 없애는 정부 방침을 따라야 예산 확보 등 행정적으로 유리했다. 게다가 도서관을 이런 요상한 이름으로 바꾸면 도서관장으로 자기 측근을 낙하산으로 내려보낼 수 있게 된다. 시설과 역할은 그대로지만 도서관이라는 이름만 다른 걸로 바꾸면 사서가 아닌 일반인을 관장으로 임명하기가 용이하기 때문이었다. 서울에도 몇 개의 도서관이 평생학습관으로 이름을 바꾸게 되었다. 도서관 이름을 바꾸지 않는 것, 그래서 도서관을 도서관이라고 부르는 것이 김영삼 시대의 아주 큰 도서관운동이었다.

김영삼 시대, 도서관 이름만 바꾸고 끝난 것은 아니다. 당시 김영삼에게 세계화를 외치게 한 전 세계적인 신자유주의 열풍이 불었고, 도서관 세계에서도 마찬가지 흐름이 생겨났다. 아직 한국은 지역 도서관도 다 만들지 않은 상태라서 미국 등 선진국과 비교할 상황이 아니었는데, 도서관에도 때 아닌 경쟁력 담론이 전면으로 들어왔다. 과연 한국의 도서관은 다른 나라 도서관과 비교하여 경쟁력이 있는가? 그야말로 군인들이 겨우겨우 만들었고, 이제 겨우 입관료를 폐지했고, 개가식 도서관으로 바꿔가는 중인데, "한국 도서관은 낙후해서 경쟁력이 없다"고 말하는 상황이 되었다. 경쟁력 담론의 대표적 폐해는 현실적으로 역사적 단계가 다른 것을 무시하고 같은 잣대를 갖다 대는 것이다. 김영삼 시대가 그랬다. 경쟁력이 떨어진다고 판단되면, 더 많은 투자를 해서 경쟁력을 갖추게 하는 게 맞을 것 같은데, 김영삼 시대는 그렇게 움직이지 않았다. 경쟁력이 떨어지는 건 없애는 게 최선!

김영삼 때 도서관 정책은 정부 체계 면에서도 납득하기 어려운 후퇴가 있었다. 문화부가 체육청소년부와 통합되는 정부 개편이 있었는데 그 과정에서 도서관정책과가 축소되면서 박물관과와 통합되어 도서관박물관과로 축소되었다. 법률 면에서도 어렵게 만든 도서관법이 나중에 생긴 독서진흥법에 통합되어 축소된다. 1994년에 '도서관 및 독서진흥법'이 생겨나면서 별도의 도서관법이 사라지고, 도서관은 독서진흥의 한 수단으로 간주되었다. 이 기형적인 체계는 나중에 참여정부 시절인 2006년에야 다시 별도의 도서관법이 만들어지면서 해소된다. 김영삼 시절, 도서관들의 이름을 바꾸거나 구조조정하는 도서관들의 적으로 악명이 높아진 문화부의 도서관박물관과는 2004년에 없어졌다. 그 전까지, 도서관박물관과는 도서관을 없애고 축소시키는 일들을 아주 열심히 했다.

군부 독재 시대에 막 만들어졌고, 아직 체계를 제대로 정비하기도 전에 김영삼 정부 주도로 '도서관 조직의 통폐합'이 시행되었고 인력 감축이 진행되었다. 그냥 위에서 결정된 것이라서 도서관 경영 진단 등 제대로 된 절차 없이 사서들을 줄여나가게 되었다. 이런 어처구니 없는 일들은 IMF 경제 위기 이전, 김영삼 시기에 진행된 것이다. 사실 한국은 도서관 시민의 형성과 발전에 의하여 자생적으로 도서관들이 생겨난 것이 아니라서 정치적 결정 등 외부 요인에 매우 취약한 것이 사실이다. 도서관의 세계화가 결과적으로는 인력 감축이라는 기형적인 논리가 되어버렸다.

인력만 감축한 게 아니라 도서관 민간 위탁이라는 일종의 민영화도 이 시절에 진행되었다. 첫 번째 민간 위탁은 1995년 의정부시립도서관이 시설관리공단에 위탁된 사건이다. 그때부터 시작된 공공 도서관의 민간 위탁은 이후 서울시 광진정보도서관과 성남 중권도서관 등으로 계속 진행되었다. 매번 격렬한 반대에 부딪혀서 시민들이 막아내기도 하고, 실패하기도 했다. 공공 도서관을 정부가 운영할 것인가, 민간이 운영할 것인가, 이런 오래된 논쟁이 한국에서는 인건비와 공무원 정원 논쟁 등으로 커져갔다. 김영삼 때 본격화되기 시작한 이 도서관 구조조정과 민간 위탁은 이후 30년 동안 한국 도서관의 영원한 현안이 되었다. 최근 판교에 짓고 있는 경기도서관은 도 대표 도서관이 될 예정이다. 이 도서관을 경기도가 직영으로 할 것인가, 아니면 민간 위탁을 할 것인가, 이걸 가지고 시민들의 서명 운동이 한바탕 벌어지기도 하였다.

위대한 도서관 서사의 시대

지금 와서 돌아보면, 박정희나 전두환, 이런 군인들은 도서관이 뭔지는 잘 몰랐을 것 같은데, 어쨌든 그 시기가 한국 도서관 특히 국공립 도서관이 획기적인 성장을 하게 되었던 시기다. 그리고 전두환과 노태우 시기를 거쳐 개가식 도서관과 관외 대출이 자리를 잡는다. 이 시기가 전체적으로 한국 경제의 도약과 고도 성장의 시기다. 한국 경제가 도서관 없이 개도국 시기를 그냥 달려온 것은 아니고, 도서관을 확충하는 기초 투자도 하면서 왔다고 할 수 있다. 일제강점 후반기와 이승만 시기, 비록 제대로 된 도서관은 없었지만, 도서관을 운영할 사서들에 대한 교육훈련을 안 한 건 아니다. 도서관을 운영할 사서들은 이미 존재했고, 이후에 도서관이 대대적으로 만들어지면서 매우 빠르게 한국 사회에 도서관이 자리를 잡게 된다. 지금까지 한국 경제의 성공 요소 중 하나로 낮은 문맹률과 높은 교육률이 지식경제 차원에서 자주 거론되었다. 그렇지만 60년대 경제적 도약과 함께 폭발적으로 증가한 공공 도서관 등의 역할에 대해서는 별로 눈을 돌리지 않았다. 주목을 안 했거나 분석을 안 했다고 해서 그 효과가 없다고 할 수는 없다. '위대한 도서관 서사'라고 말해도 좋을 정도로, 한국 경제의 기적만큼이나 도서관에서도 우리는 엄청난 서사를 가지고 있다. 유럽의 도서관 역사, 미국의 자본주의 스타일의 실용적 도서관에 대해서는 많이 얘기하지만, 후진국의 경제적 도약과 도서관의 역사에 대해서 주목하는 경우는 거의 없다. 그래도 우리의 도서관 서사는 그 규모 자체가 거대하다. 해방과 6·25 전쟁 그리고 이승만 독재 때 거의 늘지 않았던 도서관 수가 박정희와 전두환 군사 독재를 거치면서 급작스럽게 늘어난다. 위대하고도 거대한 역사다.

미국에서 현대식 도서관이 만들어지면서 영국으로부터 독립할 시민적 힘이 만들어졌다. 그렇게 한 세기 동안 다양한 방식으로 도서관을 만들고 난 뒤, 실제로 미국 경제는 모국이었던 영국을 뛰어넘어 세계 자본주의를 이끌어가는 위치에 놓이게 되었다. 도서관이 풍부한 사회는 고유한 힘을 만들어낸다. 그것을 요즘은 '혁신 능력'이라고 부른다. 100년 전 베블런 같은 경제학자는 엔지니어 본능이라고 표현하기도 했다. 20세기 후반에는 '인적 자본'이라는 개념이 등장하면서 이러한 능력이 본격적으로 주목받기 시작했다. 그리고 21세기에도 미국은 여전히 가장 적극적으로 도서관을 만들고 운영하는 나라다.

유사한 과정이 한국 경제에서도 생겨났다. 그 시기에 지도자들이 도서관이란 게 자본주의에서 어떤 의미를 가지고 있는지, 궁극적으로 도서관이 사회적으로 혹은 지역적으로 어떤 역할을 하는지 잘 몰랐을지도 모른다. 뭔지는 모르지만 하여간 있어야겠다는 생각을 당시의 군인들이 했던 것 같다. 어쨌든 도서관과 관련된 협회 등 각종 단체의 많은 사서들이 젊은 군인들에게 설명을 했고, 그들을 설득해냈다. 발전을 위한 자금을 마련하기 위해서 외국에서 차관을 받으려고 몸부림을 치던 와중에도 공공 도서관을 100개 이상 만들었다. 한국 경제사에서 이 시기를 '차관경제'라는 개념으로 설명하기도 한다. 그렇지만 경제사를 비롯해 이 시기의 역사에서 경제개발5개년계획과 공공도서관설치5개년계획이 거의 동시에 진행되었다는 사실은 잘 알려져 있지 않다. 한국식 계획경제의 한가운데에 도서관이라는 요소가 역시 계획경제 내에 포함되어 있었던 것은 엄연한 사실이다.

이 모든 것을 군사정권이 이루어냈다고 말하고 싶지는 않다. 한국 사회에 문화적 저력이 존재한다고 말해도 좋고, 도서관에 대한 사회적 잠재력이 이미 오래전부터 존재했다고 말할 수도 있다. 2차 세계대전의 종전과 함께 해방이 되었을 때 한국의 공공 도서관은 14개였다. 이승만 말기인 1960년에는 18개가 되었다. 새로 나라를 만들었는데, 공공 도서관은 4개밖에 늘어나지 않은 것이다. 김영삼 중반기인 1995년에 공공 도서관은 305개가 있었고, 도서관의 직원 수는 4,685명이었다. 이승만 시절 한국에는 이미 문학이 있었고, 아동문학도 있었다. 사회과학도 있었고, 실용서도 있었다. 도서관은 이제 막 도약기였지만, 한국의 출판 시장은 이미 형성되어 있었다. 도서관을 만드는 데에 돈이 안 드는 것은 아니지만, 건설업도 이미 기반이 조성되어 있었고, 책도 국내에서 제작하고 있었다. 외국 책을 엄청나게 구비해야 한다는 조건이 붙은 게 아니라면, 국내 지역 경제에서 외국 자본의 도움 없이도 도서관을 만들 수 있는 물질적 조건을 우리는 건국 시기에 갖추고 있었다. 이승만 때 경제적 여력이나 기술적 여력이 없었다기보다는 정책적 우선 순위가 다른 것에 밀렸다고 보는 게 맞을 것이다. 감옥에서도 도서관을 만들었던 이승만이 도서관에 대해서 전혀 몰랐다고 보기는 어렵다. 어쨌든 박정희 시대에 와서 경제 발전이 진행되었고, 뒤늦게 도서관을 대대적으로 만들기 시작했다. 이런 과정을 통해서 도서관 빈국에서 1990년대에 도서관 선진국이 될 수 있는 기틀이 생겨났다. 그사이 경제적으로 한국은 적당히 잘사는 나라, 중진국이 되었다. 만약 한국에서 경제만 발전시키려고 하고 도서관은 만들지 않았다면 우리의 현대 경제사는 어떻게 되었을까? 우리는 반공과 독재, 그리고 민주주의의 역사를 위주로 이 시기를 해석하려고 하지만, 그 옆에 '공공도서관설치5개년계획'이 있었다는 사실은 잊고 있다. 이런 위대한 도서관의 서사가 우리에게도 분명히 존재한다.

김영삼 시절은 우리가 가진 도서관 서사가 결정적으로 위기에 처한 시기다. 아직 도서관이 무엇인지 이해하지 못했던 정치인들은 이미 충분히 도서관을 만들었다는 생각을 하게 된 것 같다. 그렇게 해서 나온 결과가 평생교육관과 같은 도서관 이름 변경과 사서 감축을 위한 내부 통폐합 그리고 위탁 경영 같은 김영삼 시대의 도서관 정책이었다. 처음 도서관을 만드는 양적 팽창을 넘어서서 이제 도서관을 정상화시키고 질적 발전을 추구해야 하는 단계가 되자마자 김영삼 정부는 도서관 구조조정을 꺼내들었다. 정책의 순서대로 하면 IMF 경제 위기 이후 한국 경제에 위기가 닥쳐서 도서관의 비용을 줄이기 시작한 게 아니라, 그 전에 별 경제적 위기가 없는데도 도서관 구조조정을 진행한 것이다. 그냥 김영삼이 도서관을 '겁나게' 싫어했다고 하는 게 더 설명이 쉽다. 김영삼 시절,

내부적으로는 경제적 위기가 심화되고 있었다고 할지 몰라도, 외형적으로는 호황이었다. 그 시절 경제의 핵심 지역인 울산에서는 "개도 만 원짜리 지폐를 물고 다닌다"는 우스갯소리가 시중에 떠돌 정도였다. 그러다가 나중에는 우리에게 익숙해지는 구조조정과 정리해고의 시발점이 된 IMF 경제 위기가 1997년 11월에 발생한다. 시기적으로 그리고 정치적으로 김영삼 정권은 종지부를 찍었다. 참 공교롭게도 도서관에 위기가 오고, 국민경제에 대한 전면적 위기가 왔다. 인과 관계는? 물론 우연하게 그렇게 된 일이라고 볼 수도 있다.

만약 김영삼이 도서관에 대해서 "필요는 하지만, 너무 많아", 이런 생각과 좀 다른 이해를 가지고 있었다면 한국 경제는 어떻게 되었을까? 조금 축소해서 한국 도서관의 역사는 어떻게 되었을까? 아마 지금쯤 한국 도서관은 규모만이 아니라 깊이 그리고 다양성 측면에서 세계 최고의 도서관 반열에 오르고, 지금쯤은 한국 도서관의 역사와 운영을 배우기 위해서 찾아오는 나라가 되었을 가능성이 아주 높다. 그렇다면 이게 다 김영삼 때문일까? 하여간 역사는 그렇게 전개되지 않았고, 한국 도서관은 양적 팽창에서 질적 발전이라는 다음 단계로 제대로 넘어가지 못했다. 여전히 "한국 도서관이 그렇지, 뭐", 이런 말을 해야 책 좀 읽은 사람처럼 유식해 보이는 시대다. 그래도 이 도서관 서사의 대박 반전은 역시 군사정권에 대한 얘기다. "박정희와 전두환이 설마?" 하고 생각할지는 몰라도 실제로 그들이 열심히 도서관을 만든 건 사실이다. 사상적 탄압도 하고, 금서와 금지곡을 지정하면서 검열을 일상적으로 했던 군인들도 도서관을 만들었다. 그리고 김영삼이 역사적으로 도서관의 발전 과정을 가장 크게 비틀고 왜곡시킨 지도자로 남게 되었다. 나는 아직도 개인적으로는 김영삼을 좋아한다. 그만큼 나를 크게 웃게 해준 대통령은 아직까지 없다. 군대에서 하나회를 없애고, 금융실명제를 도입한 그의 공로는 영원히 남을 것이다. 그래도 한국의 도서관 역사에서 김영삼의 시대는 조선총독부 이후 처음으로 만난 악몽이었다.

군사정권 시절, 한국 경제는 규모 자체가 커지는 '외연적 발전'의 시기였다. 보통은 외연적 발전의 단계가 성공적으로 성장이 되고 나면 내부적으로 균형을 찾고 단단해지는 '내포적 발전'의 단계로 넘어간다고 한다. 군부 독재가 끝난 김영삼 시대가 그런 전환의 시대였는데, 한국의 도서관은 내부적 균형을 찾아가는 내포적 성장 단계로 넘어가지 못했다. 도서관이 입장료를 받지 않기로 한 것은 김영삼 이전 노태우 시절이었다. 그다음 단계는? 속마음은 모르겠고 정책만 놓고 보면, 민주화 이후의 첫 대통령이었던 김영삼은 도서관을 매우 귀찮고 돈만 잡아먹는 존재로 생각했던 것 같다. 재벌과 중소기업 그리고 여러 공공 부문에서 했어야 할 개혁을 도서관에서만 했다. 고도 성장 과정에서 누적된 구조적 문제들에 대한 개혁을 무서워서 회피했던 한국 경제는 결국 외환보유액 부족으로 외환 위기를 맞게 되었다. 그때 한국이 IMF에서 빌린 돈이 195억 달러였다.

만약 김영삼이 조금만 더 경제에 대한 이해가 있었더라면 한국 경제의 역사는 지금과는 많이 달라졌을 것이다. 그리고 그가 조금만 덜 도서관을 귀찮게 생각했더라면, 21세기 한국 도서관의 역사도 지금과는 많이 달랐을 것이다. 그 시기를 되돌아보면 아쉬움이 많아진다. 한국 경제는 성공을 하기는 했는데, 왜 성공했는지는 몰랐던 것 같다.

좋든 싫든 군사정권을 거치면서 한국 경제는 도약 단계까지 도달하게 되었다. 1960년 18개에 불과했던 공공 도서관이 IMF 경제 위기가 발생한 1997년에 319개로 증가했다. 이 일련의 과정은 김영삼의 대통령 임기 종료와 함께 발생한 외환 위기로 일단 한 단계가 마무리된다. 다른 나라의 군사정권들도 초기에는 경제 투자를 시도했지만, 동시에 도서관을 대대적으로 확충하면서 경제 도약을 이룬 사례는 거의 없다. 정부만 이렇게 한 것도 아니다. 80년대 초반까지 농어촌 지역의 마을문고 그리고 도시 지역을 포함한 새마을문고 역시 소규모 지역 도서관의 역할을 했다. 우리는 별거 아니라고 생각할지 모르지만 마을문고는 일본도 제대로 못했던 일이다. 나중에는 일본이 한국의 성공 사례를 참고할 정도가 되었다. 이런 과정을 통해서 한국 경제의 도약이 이루어지고 한국은 경제 강국이 되었다. 도서관 없는 장기적 경제 발전, 이런 사례는 찾아보기 어렵다. 나중에 '세계의 공장'으로 등장하는 중국도 사회주의 체계에서 나름대로 열심히 도서관을 만들었던 나라다. 그리고 중국의 대안으로 부상하고 있는 인도 역시 영국 식민지 시대부터 탄탄한 도서관 역사와 전통을 가지고 있다. 경제학 교과서에서 다루지는 않지만 실제로 경제 발전과 공공 도서관 시스템은 아주 밀접한 관계를 가지고 있어서, 한국 경제 발전사는 도서관 발전사와 대체적으로 일치한다. 한국 경제에서 우리가 도서관의 역할을 잘 살펴보지 않아서 그렇지, 수치만 보면 60~70년대 한국은 죽어라고 도서관을 만들던 역사를 분명히 가지고 있다.

IMF 경제 위기 이후에는 어땠을까? 1997년 319개였던 공공도서관이 1998년에 330개, 1999년 370개, 2000년 400개, 2001년 420개로 계속해서 증가한다. 외형적으로는 IMF 경제 위기 중에도 한국 정부는 열심히 도서관을 지었다고 할 수 있다. 김대중 집권기에도 도서관 개수는 계속해서 늘어났다. 이 시기에도 어두운 그림자가 드리워져 있기는 하다. 도서관 수는 늘었지만, 도서관 직원 수는 2008년 5,112명에서 계속 감소해 2001년 4,768명까지 줄어들게 된다. 이 현상이 IMF 때 김대중 정권에서 한국 도서관이 걸어간 길이다. 도서관은 좋지만 사서는 싫어하는 이 묘한 불균형, 그 기원은 김영삼 때 생겨났고, 김대중 시절에도 계속되었다. 이 기묘한 상황과 함께 우리는 21세기로 넘어왔다. 도서관은 알겠는데, 사서는 뭐하는 사람인지 모르겠다는 의견이 지금도 계속되고 있다. 특히 학교 내에 설치되는 학교 도서관의 경우, 지금도 이 문제를 못 풀고 있다. 그 후 이명박, 박근혜 시기 역시 크게 다르지 않았다. 이걸 한 문장으로 바꾸어보면 "한국은 도서관이 뭔지는 그럭저럭 알게 되었지만, 아직 사서가 무엇인지는 모른다." 이게 김영삼 이후로 정착된 상황이다.

그렇게 버티다가 윤석열 시기를 만나게 되었다. 대통령이 형식적이나마 우리나라 도서관을 총괄하는 위치라서 도서관을 규정하는 도서관법의 시행령은 세부 규정을 대통령이 정할 수 있다. 원래는 대통령이 맡은 이 자리도 대통령 대신 장관이 맡는 걸로 격하하려고 했는데, 이건 국회를 통과할 수 없어서 하지 못했다. 그 대신 대통령령을 바꾸어서 도서관의 잡지 의무 구매를 폐지하고, 장서 기준도 대폭 낮추었다. 또, 도서관 규모를 줄이고 그 시설을 다른 용도로 사용할 수 있게 많은 기준이 축소되었다. 도서관을 없애는 것은 쉽지 않으니까 규모와 책을 줄이는 방식의 행정을 윤석열이 해놓았다. 박정희 때부터 시작된 보수의 도서관 사랑이 윤석열 때 완전히 끝이 났다. 김영삼도 이 정도는 아니었다. 쿠데타와 탄핵으로 윤석열의 시대는 짧았지만, 한국의 도서관에는 치명적이었다. 잡지와 책을 사지 않는 도서관, 그리고 시민들이 도서관에 오지 않는 한국. 윤석열이 만들어놓은 한국의 미래 모습이다. 한국의 위대한 도서관 서사가 이대로 끝나버리지 않으려면, 어떤 대통령이라도 대통령령인 도서관 시행령을 원래대로 되돌리는 일을 해야 할 것이다.

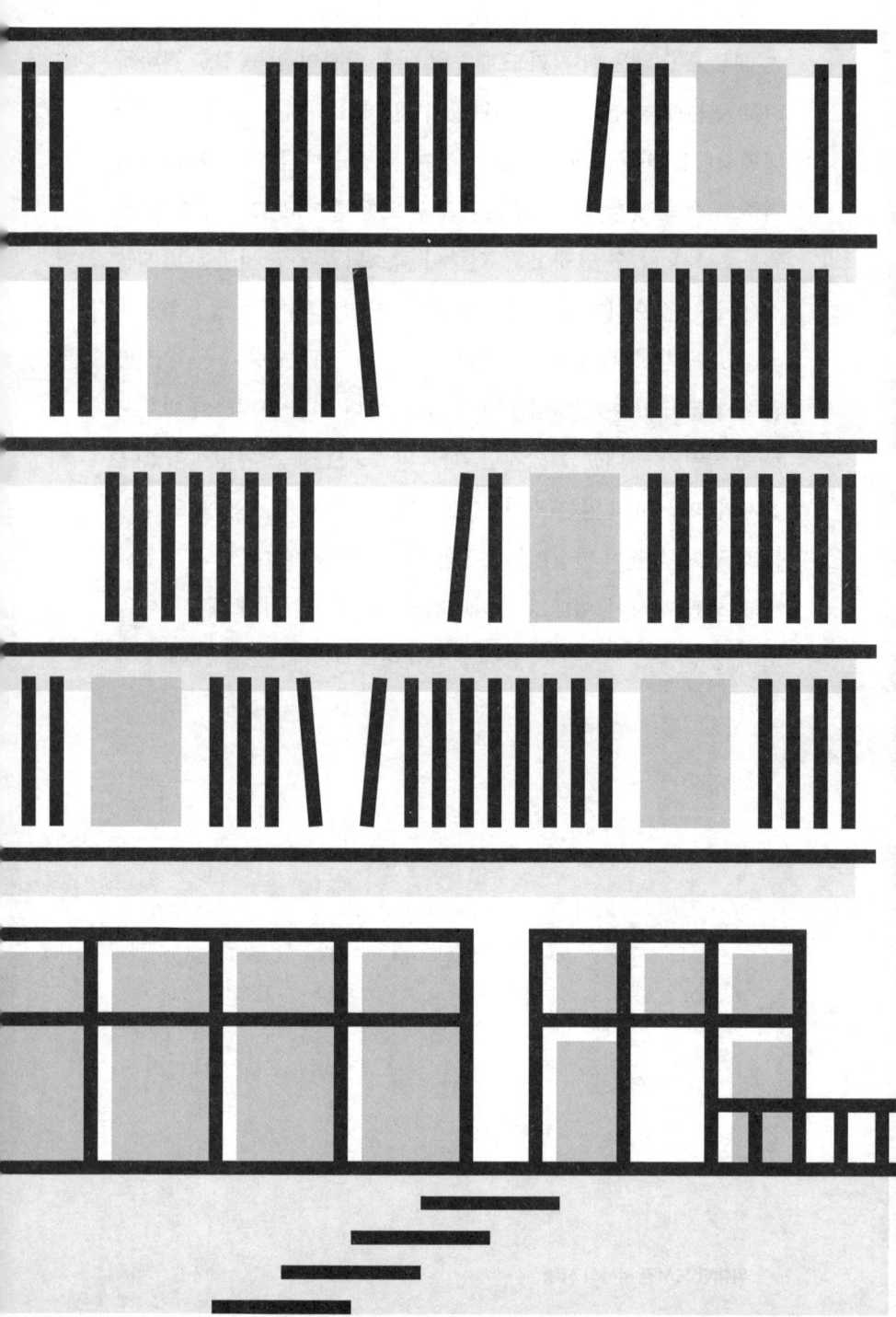

3장

차고,
넘치고,
또 넘치게

수학의 인문학

내가 결혼할 무렵에는 신혼 여행을 외국으로 가는 게 유행이었지만 나는 강릉으로 갔었다. 흔히 '허난설헌'으로 부르는 그 이름을 정확히는 '난설헌 허초희'라고 불러야 한다는 걸 그때 알았다. 난설헌은 호인데, 호를 이름 대신 성에 붙여서 부르지는 않는다. 허초희를 싫어하던 조선조 사람들이 일부러 낮춰부르려고 그렇게 했다고 한다. 그녀는 중국에서 시집을 냈다. 조선시대에 여성이 시를 쓰는 것은 매우 드문 일이었다. 난설헌의 재능을 아깝게 생각한 오빠들이 한문을 가르쳐서 글을 알게 되었지만, 당시로서는 아주 이례적인 일이었다. 조선시대에 한문으로 시를 쓰는 것은 과거를 보는 사람들이 필수적으로 익혀야 하는 능력이었다. 사대부들은 시를 이해하고 쓰는 능력으로 서로를 평가하고 지위를 부여했다. 그런 한시로부터 멀어진 여성들은 처음부터 권력의 세계에 접근할 수 있는 방법이 없었다. 여성만 그런 것이 아니다. 한시에 익숙해지려면 오랜 교육이 필요한데, 중인들도 그런 능력을 갖추기가 어려웠다. 한국에서는 오랫동안 여성들이 수학에 약하다는 말이 전해져 왔다. 여성이 특별히 남성보다 수학에 약할 생물학적 이유가 있을까? 나는 그런 건 편견이라고 생각했고, 생물학적 속성보다는 사회 권력적 속성이 더 많을 것이라는 생각을 했다.

영화 「히든 피겨스」는 미 우주항공국 NASA에서 아직 컴퓨터가 도입되기 이전, 위성이 지구에서 나가거나 진입하는 정확한 궤적을 계산하는 일을 전문으로 했던 흑인 여성들에 대한 얘기를 담고 있다. 인공위성 역사만 그런 것은 아니다. 그 시절, 망원경으로 밤새 별들을 관측하고 기록하는 일은 주로 여성들이 했다. 20세기 초중반, 천문학의 급격한 발전에는 여성 천문학자들의 기여가 중요했다. 이건 수학에 대한 남녀의 능력 차이가 아니라 임금 차이로 충분히 설명할 수 있다. 수학을 잘해도 여성의 임금이 낮으니까, 과학의 전문직에 여성들을 많이 기용했다. 나사도 그랬다. 나사에 처음 IBM이 도입될 때 코딩을 하는 여성들의 얘기가 영화에 나온다.

지금은 문과와 이과의 위상이 역전되었다. 특히 의대 열풍이 불면서, 초등학교 6학년 때 학원에서 미적분을 가르치는 기네스북 스타일의 기이한 일이 벌어지게 되었다. "문과라서 죄송합니다"라는 말이 생겨났고, 수학은 이제 이과로 진학해서 '디센트 잡'을 얻기 위한 필수 요소가 되었다. 선행학습이 사교육을 공고히 했고 사교육은 다시 선행학습을 강화시켰다. 매우 공고한 대학 서열과 안정적 직업에 대한 불안감이 문사철 등 기초 학문에 대한 기피 현상을 만들었고, 과열된 대학 입시와 사교육은 저출생 문제와도 맞물려 있다. 이런 일들이 촘촘하게 연결되면서 한국을 계급 사회처럼 만들었다. 해결은 쉽지 않다. 고심 끝에 공공 부문의 기업부터 채용 시 출신 학교를 보지 않는 블라인드 테스트를 도입하기도 했다. 약간 변화가 생기긴 했지만, 중고등학교 단계에서 결정적인 변화가 생겼다고 보기는 어렵다.

사교육에도 나름의 트렌드가 있다. 2000년대 초반에는 논술시험과 관련된 독서와 글쓰기가 사교육 열풍을 주도했다. 한동안 영어가 인기를 끌다가 지금은 수학이 그 흐름을 주도한다. 문과와 이과의 서열 관계가 역전되고 의대 열풍이 불면서 지금의 모습이 생겨났다. 논술은 워낙 벅차도록 많이 읽어야 해서 학원의 도움을 받게 된 것이고, 영어는 듣기 시험과 함께 원어민 교육이 필요해서 사교육이 필요해진 것이라고 이해할 수 있다. 그렇다면 수학은? 이렇게 말하면 재수 없게 들리겠지만, 수학이야말로 저비용으로 혼자 공부할 수 있는 대표적인 과목이다. 그리고 여러 과목 중에서 가장 부패하지 않고 정직한 학문이다. 대부분 답이 정확하게 나오기 때문에 채점 과정에서 발생할 수 있는 주관적 요소가 적다. 그렇지만 지금 한국 10대들에게 수학은 고비용 학습법이 유일한 길인 것처럼 여겨지고 있다. 충분한 비용을 지불하기 어려운 학생들은 수학을 포기한 자, '수포자'라고 스스로를 여기게 되었다. 수학도 일종의 언어라서, 수학 없이는 이공계 대부분이 전공으로는 접근 불가능하다.

'가난한 10대를 위한 수학 도서관'은 이런 생각들을 거쳐서 생겨나게 된 나의 작은 꿈이었다. 수학과 관련된 다양하고 재미있는 책들을 모아놓고, 진짜로 수학을 공부하고 싶어하는 가난한 학생들이 만나게 되는 수학의 첫 번째 허들을 넘을 수 있게 해주면 좋겠다는 생각을 했다. 과학 교육은 책만으로 되지 않고 실험 장비 등 적지 않은 자본이 필요하다. 그렇지만 수학은 좀 다르다. 그렇게까지 자본집약형의 시설이 없어도 가난한 10대들에게 충분한 도움을 줄 수 있다. 많은 수포자들이 초등학교 5~6학년 과정에서 발생한다. 이 학생들은 분수의 나눗셈이 나오기 시작하면 난이도가 확 높아졌다고 느낀다. 정삼각형 등 도형은 어찌어찌해서 따라온 학생들이 여기서 좌절하는 걸 많이 봤다. 그 후 중학교 2학년에 연립방정식과 1차 함수가 등장하면 본격적으로 수포자들이 다량 배출된다. 이후 로그와 미적분 등 멀쩡하게 학교를 다니는 학생들이 수학을 포기하게 되는 계기가 몇 번 더 존재한다.

고등학교 단계에서의 수학도 막상 문제를 풀려고 하면 만만치 않지만, 전체 수학의 과정으로 보면 아직 기초 단계에 불과하다. 집합론이나 토폴로지 같은 것은 제대로 나오지 않고, 전체적으로 3차원에 머무는 정도이지 n차 기하학까지는 가지 않는다. 선형대수를 배우면 중고등학교 수학은 훨씬 쉽게 이해된다. 아직 이 단계에서는 잘 정의된 유클리드 평면 내에 있기 때문에 리만 기하학과 같이 평면이 구부러져 있거나 심지어 구멍이 나 있는 경우는 나오지 않는다. 아마 대부분의 사람들이 영화 「뷰티풀 마인드」에서 리만 기하학을 처음 보고, 영화 「인터스텔라」에서 공간에 구멍이 뚫려 뒷면과 연결되는 비유클리드 세상을 처음 보았을 것이다. 물론 그런 거 잘 몰라도 「스타트렉」을 비롯한 수많은 SF 작품에서 웜홀이나 차원 워프를 이해하는 데에는 별 문제가 없다. 다들 그런가 보다 하면서들 본다.

유학 시절, 대학원에서 로그함수 문제를 프랑스 친구랑 같이 풀다가 크게 놀란 적이 있다. "너는 로그를 왜 쓰는지 알아?" 그렇게 말하면서 친구가 로그가 도입된 사연과 로그의 정의에 대한 얘기를 했다. 그때 나는 로그 문제를 풀기만 했지, 정작 로그의 정의와 기원에 대해서 제대로 배운 적이 없다는 생각이 갑자기 들었다. 로그를 로그자를 통해서 읽는 법만 배웠지, 로그가 사용되는 기원 같은 것에 대해서 배운 기억은 없었다. 그래서 로그에 대한 책을 몇 권 읽었는데, 그 후에도 로그 방정식은 여전히 어렵지만 공포스럽지는 않게 되었다. 사실 로그는 일상생활에서도 많이 쓴다. 85데시벨, 87데시벨, 90데시벨, 이 수치들은 스피커의 음압에서 상업적으로 많이 사용되는 수치들이다. 수치는 조금 올라가지만, 실제 소리는 몇 배로 올라간다. 로그 평면이라서 그렇다. 지진의 크기인 진도를 나타내는 리히터 수치도 마찬가지다. 수치는 조금 올라가도 에너지는 그보다 훨씬 크게 올라간다. 역시 로그 평면에 있기 때문이다. 지구로부터 출발한 우주선이 달을 지나가고, 화성을 지나가고, 결국은 태양계를 나가고, 다른 은하계를 나간다고 할 때, 이 단계를 숫자로 표현하려면 거리 뒤에 붙는 동그라미가 단계마다 너무 많아져서 숫자로 표현하기가 쉽지 않다. 그래서 로그를 쓰게 된다. 그냥 문제만 풀라고 했지, 이런 얘기를 해주는 사람은 없었다. 프랑스에서 로그를 이렇게 배운다는 친구의 얘기를 들었을 때, 많이 놀랐다.

학생들을 수포자로 만드는 주요 단계에서의 난제들은, 그 역사와 의미에 대한 책을 몇 권 읽으면 그렇게까지 절대적으로 어려운 문제들은 아니다. 하나하나 의미를 알면 포기까지는 안 할 것이다. 그러나 여러 명을 한꺼번에 가르쳐야 하는 학교에서 그렇게 해주기는 어렵다. 많은 학생들을 절망에 빠뜨리는 미적분도 고등학교 단계에서는 그렇게 포기할 정도는 아니다. 단순 미분뿐만 아니라

편미분이 있고 전미분이 있다는 걸 알면 오히려 단순 미분이 상대적으로 쉽다는 생각이 들기도 한다. 미분 방정식은 나도 울면서 풀었다. 미분방정식의 원리를 어느 정도 이해하면, 미적분은 상대적으로 쉽게 느껴질 수 있다. 이보다 더 어려운 양자 물리학도 책으로 이해하는 학생들이 많은데, 왜 수학은 안 될까?

가난하거나 수학을 재미있게 접해본 적이 없는 학생들이 학원을 다니기는 어렵다. 하지만 비록 혼자서라도 책의 도움을 받아 공부해보겠다는 결심을 하는 학생이 있다면, 그들을 위한 수학 도서관이 도움을 줄 수 있겠다는 생각을 했다. 혼자서 책만으로 첫 단계를 넘어서기 어렵다면, 단계별로 맥락과 흐름을 재미있게 알려줄 도서관 강연 프로그램을 만들 수도 있다. 이런 프로그램에 굳이 이름을 붙이자면 '수학의 인문학' 정도가 될 것이다. 여기에서 역사와 기원 그리고 실생활에서 사용되거나 응용되는 인문학스러운 수학 얘기들을 듣다 보면, 어느 순간 수학을 포기한 학생들이 다시 실용 수학의 세계로 돌아오게 될 수도 있다. 돈을 받고 기능적으로 반복 훈련을 시키는 학원에서는 이런 걸 할 수 없겠지만, 도서관은 할 수 있다.

'가난한 10대를 위한 수학 도서관'에서 시작된 생각은 우리 사회의 수포자 현상을 접하면서 점점 더 발전했다. '10대 수포자들을 위한 수학 도서관', 이게 최종적으로 내가 도달한 생각이다. 처음 이 책을 쓰기 시작하면서 이런 야무진 꿈을 꾸었다. 그러나 내가 꿈꾼 많은 일들이 그랬듯이, 작더라도 야무진 수학 도서관을 만들 수 있을 정도로 탄탄하고 윤택한 삶을 살고 있진 않아서 결실을 맺지는 못했다. 책을 어느 정도 쓰고 나면 농촌으로 귀농을 하고, 지역에서 어떻게든 자리를 잡고, 그리고 다시 지역에서 할 수 있는 일을 하자, 그렇게 생각이 진행된 것이었는데, 첫 단계에서부터 실패했다.

아마도 이번 생에 수학 도서관을 만들지는 못할 것 같다. 그래도 이 아이디어로 인해 도서관에 관해서 다른 경제학자들보다는 좀 더 깊이 생각하게 되었다. 사실 수학 도서관을 꼭 내가 만들어야 하는 것도 아니고, 별개의 도서관으로 지어야 하는 것도 아니다. 그냥 지금 있는 공공 도서관에서 추가로 해도 되는 일이다. 책장 한두 개 채울 분량 정도의 책을 잘 모으고 강연도 개발해서 하면 된다. 개별 도서관 차원에서 하기가 벅차면 정책 과제로 개발을 하면 된다. 그리고 학교 도서관과 연계해서 학교 도서관에 그런 책들을 구비할 수 있게 프로그램과 예산 지원을 하면 더 의미가 있을 것이다. 강연도 학교에서 할 수 있다. 그렇게 하기 위해서는 수학에 전문성을 가진 사서들이 필요하다. 이건 20세기 후반에 세계적으로 큰 테마가 된 '주제 중심 사서' 즉 각 분야의 전문사서를 확충하면 될 일이다. 그리고 사서교사들이 있는 학교가 많기 때문에 좀 더 복합적인 연계도 할 수 있다. 지금도 시도교육청과 같이 충분히 예산을 확보할 수 있는 곳에서 그냥 시작하면 할 수 있는 일이다.

가난한 10대 수포자들을 위한 수학 도서관, 이건 돈이 되는 일은 아니다. 그냥 돈만 들어가는 일이다. 도서관이 원래 그렇다. 그렇지만 누군가에게는 결정적인 도움이 될 것이고, 사회적으로도 도움이 된다. 전체적으로는 학원 비용을 줄이고, 궁극적으로는 출산율 제고에도 도움이 될 수 있다. 물론 모든 사람이 수학을 해야 하는 것은 아니고 모든 직업에 꼭 수학이 필요하지는 않다. 그렇지만 수학을 포기한 탓에 원하는 일을 어쩔 수 없이 포기하게 된 사람에게 도움을 줄 수는 있다. 수포자에서 벗어나고 싶지만 형편이 넉넉하지 않아서 학원비를 마련하기 어려운 학생에게도 결정적인 전환점이 될 수 있다. 돈이 되지는 않지만 누군가에게는 도움을 줄 수 있고 그게 사회적으로 도움이 되는 것, 그게 자본주의에서 도서관이 존재하는 이유다. 자본주의의 약점을 극복하기 위한 장치 중 하나가 바로 도서관이다.

나는 결국 수학 도서관을 만들지 못했다. 괜히 사람들한테 되지도 않을 일을 한다고 바보 취급받고 싶지 않고, 수학 얘기를 하면서 주변 사람들에게 위화감을 주거나 불편하게 하고 싶지 않아서 아주 친한 주변 사람들에게도 거의 얘기하지 않았다. 일제강점기 때 김인정 여사가 평양에 도서관을 만든 스토리가 내 가슴에 딱 꽂혔던 것도 이런 사연 때문이다. 너무 마음에 와닿아서 눈물이 날 뻔했다. 도서관은 만들지 못했지만, 도서관에서 강연 요청이 오면 크게 사정이 어긋나는 경우가 아니면 다 간다. 사서들을 만나게 되면, 조금이라도 더 도서관에 대해서 얻어들으려고 노력은 했다. 내가 배운 것은 도서관이야말로 자본주의의 산물이며, 자본주의적이지 않은 방식으로 자본주의의 모순을 완화하는 장치라는 점이다. 가장 자본주의적으로 돈을 번 강철왕 카네기가 무슨 마음을 먹고 도서관을 만들었겠는가? 원래는 정부가 해야 하는 일일지도 모르지만, 그가 아는 미국 정부는 그런 일을 그렇게 빠른 속도로 하지 않을 것임을 그가 제일 잘 알지 않았겠는가?

파운데이션, 도서관 그리고 개인 서재

아이작 아시모프는 러시아 태생의 유대인으로, 세계적 SF 소설가이자 생화학과 교수였다. 1923년 그가 세 살 때 그의 부모는 미국 브루클린으로 이민을 하였고, 지금의 동네 편의점과 비슷한 캔디 스토어를 운영했다. 당시 미국의 캔디 스토어에서는 신문과 잡지를 팔았다. 거기에서 과학 잡지를 읽으면서 자라난 소년은 이윽고 집 근처 브루클린공공도서관의 분관들을 이용할 수 있게 되었다.

내 생각의 상부 구조와 디테일 그리고 진짜 골격에 대한 진짜 교육은 공공 도서관에서 생겨났다. 책을 사줄 정도로 여유가 있지 않은 가정에서 자라난 가난한 소년에게 도서관은 놀라움과 습득을 향해 열린 문이었다. 내가 그 문으로 들어가 그곳에 있는 대부분의 것들을 얻을 수 있었던 것에 대해서 아무리 감사해도 지나치지 않다.

〈아이작 아시모프 자서전〉 | 아이작 아시모프 지음 | 작가정신 | 1995

브루클린에서 소년 시절을 보낸 아이작 아시모프는 입대하여 비키니 환초의 핵실험에 기술병으로 파병되었다가 제대 후 보스턴 의대의 생화학 교수가 되었다. 아이젠하워가 소련의 무기 체계에 대응하기 위하여 만든 첨단무기연구국 DARPA에 참여 제안을 받았지만, 정부 기밀 정보를 너무 많이 알게 되면 자유로운 글쓰기에 제약이 생길 것이기에 결국 호기심을 억눌렀다.

교수와 소설가라는 두 가지 직업을 병행한 아이작 아시모프는 무려 500권에 달하는 책을 쓰게 된다. 그의 이름을 모르는 사람들도 '로봇 3원칙'은 한 번쯤 들어봤을 것이다.

제1원칙: 로봇은 인간에게 해를 입혀서는 안 되고, 인간이 해를 입게 두어서도 안 된다.
제2원칙: 로봇은 제1원칙에 위배되지 않는 한 인간의 명령에 복종해야 한다.
제3원칙: 로봇은 제1원칙과 제2원칙에 위배되지 않는 한 자기 자신을 보호해야 한다.

물론 이건 아시모프가 〈아이, 로봇〉이라는 자신이 쓴 소설 속에서 설정한 원칙이고, 우리가 사는 현실에서는 로봇이나 AI가 인간에게 위해를 가하지 않을 거라는 아무런 보장이 없다. 영화 「터미네이터」의 액체금속 로봇이나 영화 「매트릭스」의 오징어를 닮은 인간 포획용 로봇 센티널에게는 로봇 3원칙이 전혀 작동하지 않는다. 로봇이나 AI의 미래를 생각하면 인간에게 위해를 가하지 않는다는 아시모프의 로봇 제1원칙은 논란거리가 될 수밖에 없다. 지금은 드론으로 사람을 공격할 때 원거리에서 실제 사람이 조종을 하고 있다. 미국 드라마 「씰팀 SEAL Team」에서는 이렇게 살인 드론을 조종한 군인이 정신적 충격을 받고 방황하는 에피소드가 나온다.

드론을 통해서 사람을 죽였다 할지라도 조종한 사람에게는 정신적 트라우마가 남는다. 지금은 이런 정도이지만 나중에 인건비 논란이 생기면, 결국 AI가 자폭 드론을 날리게 될 수도 있다.

아시모프의 〈파운데이션〉은 세계적인 SF이면서 대표적인 도서관 소설이다. '파운데이션'이라는 제목 자체가 은하 백과사전을 만들기 위해서 방대한 자료를 모은 도서관 같은 기관의 이름이다. 은하제국이 멸망한 뒤 은하제국을 재건하는 일을 바로 이 도서관에 모인 사람들이 하게 된다. 어쩌면 아시모프의 두 가지 로망이 이 파운데이션에 담겨 있을지도 모른다. 공개적인 제1파운데이션과는 달리 비밀스럽게 만든 또 하나의 은하 재건기구가 제2파운데이션인데, 여기는 수학자 집단이다. 은하제국의 멸망 후에 문명 재건을 위해서 아시모프가 제안한 두 가지 장치가 백과사전을 만드는 도서관 그리고 수학집단이다. 이게 핵실험에도 참여하고, 미사일 등 무기 개발에 깊게 관여했던 아시모프가 인류 문명의 핵심이라고 본 것이다. 그야말로 도서관이 만들어낸 인간이 아닐 수 없다.

아이작 아시모프와 함께 SF를 예술의 경지로 끌어올렸다고 평가받는 소설가 프랭크 허버트는 영화「듄」으로 다시 한번 우리에게 친숙해진 사람이다. 공공 도서관에서 어린 시절을 보냈던 아이작 아시모프와는 달리, 집에 상당한 책들을 다 갖춰놓고 있던 유럽식 개인 서재가 프랭크 허버트의 지식적 배경이다. 귀족 신분으로 다양한 사업을 했던 그의 아버지에게 프랭크 허버트가 작가가 되겠노라 공개적으로 선언한 것이 여덟 살 때였다고 한다. 그리고 그는 〈듄〉 시리즈와 함께 진짜로 세계적인 작가가 되었다. '사구', 즉

'모래 언덕'을 뜻하는 '듄'은 석유가 다량으로 생산되는 중동 지역이 모티브지만, 오래된 문명의 다양한 얘기들이 소설에 나오는 많은 종족들을 구성한다. 나는 대학원 박사 과정 때 처음 〈듄〉을 읽기 시작했는데, 신을 정의하는 논리적인 방법이 너무 멋있다고 생각했었다. 그리고 한 인간이 어떻게 이런 많은 것들을 알고 있는지 너무 놀라웠다. 그 시절에는 프랑스에서도 〈듄〉이 한창 유행이었는데, 지하철에 타서 이걸 읽고 있으면 "너도 한동안 인생 끝이다"라고 가련한 눈으로 쳐다보는 사람들이 적지 않았다. 〈듄〉은 주인공인 폴이 딸에게 죽고 나서도 그 자식들의 이야기, 또 다른 후손들의 이야기로 끝없이 이어진다.

지금 와서 돌아보면, 내 삶의 인생관은 〈듄〉에서 왔고, 하고 싶은 삶의 로망은 〈파운데이션〉에서 온 것 같다. 나에게 두 작품 중 뭐가 더 재미있냐고 물어보는 건 엄마가 좋냐 아빠가 좋냐 하는 질문과도 같다. 〈듄〉은 공부하던 시절에 읽었고 〈파운데이션〉은 책을 쓰기 위해 회사를 그만두고 저자 데뷔를 준비하던 시절에 읽었다. 〈듄〉은 사서 읽었고 〈파운데이션〉은 도서관에서 빌려 읽었다. 나중에 〈파운데이션〉 재출간에 내가 약간의 도움을 주었는데, 출판사에서 한 질을 보내줘서 요즘도 가끔 읽는다.

아버지의 개인 서재가 잘 갖춰져 있는 집에서 어린 시절을 보낼 수 있는 사람은 거의 없다. 결국은 어린 시절 도서관에 얼마나 쉽게 접근할 수 있느냐가 인생 초기의 많은 것을 결정하게 된다. 어떻게 살아갈 것인지에 대해 개개인들은 그야말로 개인 각자가 선택할 일이 아니냐고 할 수도 있다. 그렇지만 도서관이 잘 정비된 지역과 그렇지 않은 지역에서 어린 시절을 보낸 사람들이 나중에 집단적으로 형성하게 되는 노동의 질에서 차이가 날 가능성이 높다.

자본주의 경제에서 경쟁은 개인 간에도 존재하지만, 국가 사이에도 존재한다. 벤저민 프랭클린이 처음부터 미국을 영국으로부터 독립시키겠다는 마음으로 도서관을 만든 것은 아니었다. 그렇지만 영국 정부가 식민지에 도서관을 지역마다 만들어야겠다고 생각을 했겠는가? 독립 이전의 미국 정부는 아직 이런 인프라를 만들 능력도 안 되고, 모국인 영국 역시 도서관에 대한 별 현대적 성격이 등장하지 않았던 시기, 프랭클린의 회원제 도서관 모델은 급속도로 미국 전역으로 퍼져나갔다. 결국 미국은 독립전쟁에 나서게 되었고, 독립 국가가 되었다. 그러면 그걸로 국가 간 경쟁은 끝인가?

도서관 시민의 강력한 전통을 가진 미국은 캔디 스토어를 하는 가난한 러시아 이민자의 가정에서 아이작 아시모프를 키워냈다. 유럽 귀족들의 개인 서재도 매우 훌륭한 자산이기는 하지만, 집단적으로 공공 도서관 네트워크를 확충한 미국과 비교하면 개인 서재가 할 수 있는 일은 매우 제한적이다. 20세기, 자본주의 세상은 결국 공공 도서관으로 수렴했고, 도서관은 국가 간 또 하나의 경쟁의 산물이 되었다. 동시에 도시관 안에서는 모든 경쟁이 잠시 정지하기도 한다. 순위 경쟁도 잠시 잊고, 세상사 피곤함도 잠시 잊고, 우리는 도서관에서 책을 읽는다. 도서관에서 경쟁을 하지만, 도서관은 예전에도 그랬고 지금도 여전히 자본주의의 첨병이다.

2019년 브루클린공공도서관에서 '나, 브루클린의 아시모프: 어떻게 도서관이 한 작가의 마음을 만들었는가'라는 짧은 글 하나가 발견되었다. 브루클린공공도서관의 여러 분원들이 만들어진 시기와 위치를 추적하면서 아시모프가 즐겨가던 도서관을 밝혀내려고 했지만, 결국 알아내지 못했다. 그 아쉬움이 글에 가득히 묻어 있다. 도서관 최고의 산물은 결국 '사람'이다. 그렇지만 일반적인 경영학 분석으로는 그 '사람'에 대한 도서관의 경제적 기여를 밝혀낼 수 없다. 아이작 아시모프의 경우, 그의 사후에 평가가 이루어졌기 때문에 그가 어느 도서관을 다녔는지조차 알아내지 못했다. 그의 생전에는 아무도 물어보지 못했나 보다. 그렇다고 도서관의 결정적인 기여에 대한 단서가 전혀 없는 것은 아니다.

종이로 된 SF 소설 한 권이 브루클린의 한 소년에게 하나의 문을 열어주었을 수도 있지만, 그에게 세상의 문을 열어준 것은 책으로 가득한 도서관이었다.

'나, 브루클린의 아시모프'

아이작 아시모프의 서명이 인쇄된 브루클린공공도서관의 회원 카드

'흘러넘치기 효과'와 지식 그리고 내생성장

컵에 물을 계속 담으면 물이 흘러넘친다. 물을 부어서 over 넘치는 spill 현상, 이를 합쳐서 스필오버 효과라고 부른다. 별거 아닌 작은 현상일지도 모르지만 이론적으로는 매우 중요한 개념이다. 이 개념 덕분에 경제 성장을 그 전과는 전혀 다르게 설명할 수 있게 되었기 때문이다. 진짜 번역하기 어려운 개념이기는 하지만, 도서관을 살펴보다 보니까, '넘치기 효과' 정도로 번역해도 좋을 것 같다는 생각이 들었다. 이렇게 해서 생겨난 흐름이 '내생성장론'이다. 이 이론에 노벨경제학상이 두 번이나 수여되었다.

자기가 하지 않은 일로 뭔가 도움을 받는 경우가 있다. 가장 고전적으로는 '꽃밭과 벌치기에 대한 효과'를 들 수 있다. 누군가 꽃밭을 가꾼다면 그건 전적으로 자신의 일이다. 그렇지만 벌을 치는 사람은 결정적인 도움을 받는다. 그 꽃밭을 자식이 물려받는 일이 벌어졌다고 가정해보자. 자식이 별로 꽃에 관심이 없다면 그냥 그 땅을 아파트 개발업자에게 팔 수도 있다. 그는 떼돈을 벌었다고 좋아하겠지만, 벌을 치던 양봉업자에게는 날벼락이다. 어느 날부터 채집되던 꿀의 양이 줄고, 벌들도 시름시름 앓게 된다. 물론 자기가 뭘 잘못한 것은 없다. 꽃밭을 숲이나 산으로 바꾸어도 이 얘기의 본질은 바뀌지 않는다. 꽃밭 혹은 산에서 흘러넘친 것은 꿀이다. 물론 그건 벌통의 벌이 가져가지 않아도 누군가에게 경제적 이득이 되지는 않는다. 그냥 흘러넘친 것일 뿐이다. 이런 일은 많다. 자연의 절경이 누군가 보기 좋으라고 자연이 일부러 만들어놓은 것은 아니다. 그래도 많은 사람들이 그걸 보면서 기분이 좋아진다. 힐링이 된다며 그걸 보기 위해 꽤 많은 돈을 지불하기도 한다. 이런 것들도 흘러넘치는 일이다. 이런 현상을 '외부 효과'라고 부르기도 한다.

우리가 느끼기에는 부모의 사랑도 흘러넘치기는 하지만, 부모의 사랑에 대해 경제학에서 흘러넘친다고 표현하지는 않는다. 세대 간 부의 이전 혹은 자녀에 대한 투자 개념 등으로 살벌하게 묘사한다. 다 자기 좋자고 하는 일로 해석한다. 그래서 경제학에서 부모의 자식 사랑은 흘러넘치는 것은 아니다. 이웃에 사는 별 상관없는 또 다른 아이에게 도움을 주면, 이런 행위는 흘러넘치는 것이다. 그런 건 사랑이라고 할 수 있고, 양육의 넘치기 효과가 있다고 할 수 있다. 부모가 자식을 아무리 사랑하고 자식에게 많은 것을 준다고 해도, 경제학에서는 그건 넘치는 것이 아니라 이기적인 경제 행위로 본다. 그 사랑이 정상 범위를 넘어가면 '넘치는 사랑'이라고 부르지 않고, '과잉'이라고 한다. 기업의 과잉 투자를 보는 시각과 같다. 참으로 매정한 인간들!

전통적으로는 노동과 자본이라는 두 가지 요소를 가지고 경제 성장을 설명했다. 하지만 이렇게만으로는 잘 설명하기가 어려우니까, 기술을 '주어져 있던 것'으로 간주하면서 설명을 시도했는데, 각 국가가 가진 기술을 두고 "원래 그런 게 있었어", 이렇게 넘어가려고 하다 보니까 뭔가 어색하고 설명도 잘 안 되었다. 그래서 10

년 단위로 "기술이 변했다", 이 정도로 가볍게 처리했다. 그러나 기술이 더 빠르게 발전하는 나라가 있고 그렇지 않은 나라가 있듯이, 처음에는 기술이고 뭐고 아무것도 없었지만 빠르게 기술을 습득하고 결국에는 고유한 기술을 가지게 되는 나라들이 등장하게 되었다. 노동과 자본이라는 두 가지 요소만으로 설명하기에는 기술이 너무 중요한 성장 요소로 등장하다 보니, 좀 더 전문적인 설명이 필요한 상황이 되었다. 그런 상황에서 등장한 게 스필오버 효과 개념이다. 누구나 자기가 필요한 기술을 개발하면 된다고 하지만, 어느 나라에 어떤 인재가 있는지, 교육 제도나 기술 지원 정책은 어떻게 되어 있는지가 결국 많은 영향을 미친다. 기술을 만드는 사람이 스스로 자기 나라의 여건을 만드는 것은 아니다. 그렇지만 발전한 나라에 있으면 확실히 좋은 영향을 받는다.

    지식이라는 것은 설명이 어렵다. 기본적으로는 집단 현상이다. 한 사람이 알아봐야 얼마나 많이 알겠는가? 기본적으로 한 사람의 지식은 누군가에게 어떤 식으로든 배운 것이고, 그래서 지식은 집단으로 있을 때 의미가 있다. 누군가에게 지식을 넘겨줄 때에도, 물건을 주고 돈을 받는 행위처럼 경제적 거래로만 딱 잘라서 말하기는 어렵다. 뭔가가 있어서 그 자체가 경제 성장의 직접 요소는 아니지만, 어떻게든 노동과 자본에 긍정적인 플러스 효과를 주는 것, 이것이 바로 스필오버 효과다. 이 효과가 나타나면, 노동이든 자본이든 원래 생각했던 것보다 더 높은 효과를 발생시키게 된다. 불행히도 노동과 자본은 크기가 커질수록 효율이 떨어진다. 기본적인 가정이다. 결국은 언젠가 더 이상 성장이 불가능한 제로 성장의 상태에 자본주의 경제가 도달하게 된다. 이게 〈국부론〉에서 〈자본론〉에 이르는 경제학자들의 공통적 결론이었다. 1970년대까지도 표준 경제학의 성장론은 논리적으로 이 결론을 피할 수 없었다. 장기적으로 성장이 지속되기 위해서는 노동과 자본이 더 이상 증가할 수 없을 때에도 생산이 증가할 수 있는 추가적 요소가 필요했다. 그렇게 해서 찾아낸 개념이 스필오버 효과다. 지식이나 기술처럼 시간이 지나면 증가하거나 발전하는 무언가가 존재하고, 이런 것들이 성장에 도움을 주게 된다. 그러면 노동과 자본이 더 이상 증가하지 않을 때에도 추가적인 성장이 논리적으로 가능해진다. 워낙 어려운 개념이라 대중적으로 그렇게 인기 있는 개념은 아니지만, 자본주의의 미래를 설명할 때에는 매우 핵심적인 개념이다. 그리고 이런 설명을 개척한 폴 로머는 한동안 경제학을 그만두고 장사도 하면서 나름 자신의 인생을 흥미롭게 살았는데, 워낙 천재로 유명했던 그에게 결국 노벨상이 주어졌다.

폴 로머가 시도한 것은 지식과 교육 같은 요소들을 거시경제의 성장 모델에 핵심 요소로 넣은 것이다. 교육은 다루기가 까다로워서 문자해독률literacy 같은 변수를 사용했다. 어느 정도의 수준으로 글을 읽고 쓸 수 있는가를 설명하는 리터러시는 학교나 교육제도와 같은 복잡한 변수를 다루는 것보다는 훨씬 용이하다. 간단한 변수임에도 리터러시는 매우 성공적으로 장기적 성장률과, 무엇보다 성장 자체가 만들어내는 역동성을 잘 설명해주었다. 설명하기에도 쉽고, 이해하기에도 쉬운 개념이다. 보다 많은 사람들이 글을 읽을 수 있는 나라에서는 그로 인해 뭔가 흘러넘쳐서 노동에도 도움을 주고 자본에도 도움을 줄 가능성이 높다. 그리고 경제 성장이 진행될수록 글을 읽을 수 있는 사람들이 더 많아질 것이다. 부의 축적으로 국민들이 글을 읽을 수 있게 도움을 주는 학교와 같은 기관들이 늘어나게 될 것이고, 그러면 리터러시가 더 높아져서 이게 다시 노동과 자본에 흘러넘치기 효과를 준다. 이렇게 서로 긍정적 효과를 주는 것을 성장의 역동성이라고 부른다. 선진국에서 벌어지는 아름다운 현상이다. 게다가 이건 많은 사람들의 직관에도 잘 들어맞는다. 공부 열심히 하는 나라가 잘사는 거여! 반면에 저성장 국가들은 대부분 문자해독률이 아주 낮다. 이런 상황에서는 노동의 질이 높아지기 어려우니까, 숙련공을 통해서 복잡한 공정을 가동해야 하는 공장을 돌릴 수가 없다. 부가가치가 높은 제품일수록 노동과 자본이 질적으로 일정 수준에 도달해야 한다. 공부 열심히 안 하니까 못사는 거여! 역시 우리의 직관에 아주 잘 맞는다. 폴 로머를 비롯한 내생성장론의 설명은 여전히 제한적이다. 그럼 문자해독률과 문맹률이 다냐? 과연 못사는 나라들은 국민들이 공부를 안 해서 못사는 거냐? 공부하기 어려운 나라들이 그 상태에서 벗어나려면 어떻게 해야 하는 거냐? 세계은행을 비롯한 많은 국제기구와 원조자금들이 저개발 국가에 열심히 학교를 지어주고 컴퓨터도 가져다 주었다. 그렇지만 그것만으로 경제 다이나믹이 생겨나지는 않았다. 첨단 경제학은 아직도 지식의 복잡한 메커니즘을 잘 설명하지 못한다. 겨우 이 정도 얘기에 노벨상을 줬다고? 〈국부론〉에도, 〈자본론〉에도, 그리고 케인즈의 여러 저작에도 이런 얘기는 거의 없었다.

어쨌든 폴 로머 이후로 경제 성장과 지식에 대한 언급이 그 어느 때보다 높아진 것은 사실이다. 김대중 시절에는 이런 흐름을 이어받아 신지식인을 찾아서 상을 주고는 했다. 공무원도 받고 민간인도 받았다. 개그맨에서 영화로 활동 영역을 옮겨간 심형래도 받았다. 노무현 정부 초기에 내생성장론을 경제 운용의 기조로 채택하자는 내부 논의가 있었는데, 대중들에게 설명하기 어렵다는 이유로 결국 포기하고 그 대신 국토균형성장을 채택했다. 뭐라도 새 안을 내놓고 싶었던 마음이 이해가 가기는 한다. 내생성장론과 균형성장을 동일한 선택지에 놓을 수 있는 정치인들의 과감한 상상력과 재기발랄함은 상상초월이다. 한반도 대운하 대신 4대강만 죽어라고 파던 이명박 시대에는 지식에 대한 논의나 거대담론 같은 건 거의 없었다. 박근혜 때에는 국민경제는 행복을 기조로 내세웠고, 여기에 대한 하부 논의로서 창조경제가 국정 기조가 되었다. 나도 박근혜 욕을 많이 하기는 했지만, 창조경제라는 방향 자체가 틀린 것은 아니었다.

교육과 문맹률이 경제 성장에 영향을 미친다면 과연 도서관은 어떨까? 당연히 영향을 미친다. 좁게 보면 연구소와 특허 출연이 첨단 지식에 직접 영향을 미치는 것 같지만, 그런 사람들을 광범위하게 만들어내는 것이 도서관이다. 흘러넘치기 효과라고 보면, 도서관은 벤저민 프랭클린 이후로 뭔가를 흘러넘치게 하기 위해서 만들어진 대표적인 기관이다. 귀중한 책을 잘 보관해서 후대에 물려주고 싶다는 것은 왕국 현상이고 권력 현상이다. 그렇지만 스필오버, 흘러넘치게 해서 국가 전체에 영향을 주겠다고 하는 것은 자본주의에 발생한 일종의 지식과 기술 현상이다. 인류 역사에서 신문제가 없어진 것은 자본주의가 이루어낸 가장 큰 업적일지도 모른다. 자본주의에는 광범위한 노동자들 그것도 잘 훈련된 노동자들이 필요하고, 또한 광범위한 소비자들이 필요하다. 국가 단위의 무역이 자본주의 초기부터 존재했고, 무역은 어떤 식으로 설명하든 국가적인 경쟁이다. 게다가 미국의 경우는 식민지로 출발을 했다. 번듯한 경제, 아니 번듯한 국가를 위해서 도서관의 필요가 절박했다. 이건 일제강점기의 한국도 마찬가지였다. 꼭 만주로 가서 독립군이 되어야만 독립 운동을 하는 것은 아니다. 3·1 운동 이후로 총독부도 한국에 도서관을 허락했고, 1920년대 한반도에 도서관이 생겨나기 시작했다. 자본주의를 운용할 사회적 준비가 이때부터 진행되었다고 볼 수 있다.

경제학에서 흘러넘치기 효과에 주목한 이후로 혁신과 창조와 같은 지식과 관련된 개념들이 엄청 유행하게 되었다. 시대적으로는 WTO의 출범도 이러한 현상에 영향을 미쳤다. 말로는 무역 균형이 중요하다고 하는데, 단기적으로는 수출이 국민경제에 미치는 영향을 무시하기가 어렵다. 그래서 다양한 방식으로 수출에 보조금을 주는 등 수출 편의를 많이 제공했다. WTO와 함께 수출 보조금이 불가능하게 되면서, 결국 기술개발에 도움을 주는 방식으로 수출 지원방식이 변경되었다. 정부가 기초 기술을 비롯해서 다양한 기술을 개발하고, 그걸 민간기업에게 어떻게 넘길 것인가, 그 방법이 '기술 이전'이라는 이름으로 활발히 연구되기 시작하였다. 수출 보조금을 주나, 기술 비용 혹은 기술 그 자체를 주나, 기업 장부상으로는 마찬가지다. 그야말로 넘치고 넘쳐서, 기업이 수출할 때 경제적 이익을 보게 하는 방식으로 지식을 다루기 시작했고, 21세기로 넘어오면서 많은 국가들이 지식에 목숨을 걸었다. 그러면서 경제학이 지식을 본격적인 성장 요소로 다루기 시작했다.

내생성장론에서 도서관을 성장 요소로 다루는 경우는 거의 없다. 도서관은 물론이고 문해력이나 교육 심지어는 다양한 제도들도 다 주요한 성장 요소들이지만, 문해율 혹은 문맹률처럼 일목요연하게 통계가 나오는 것들과는 달리, 도서관은 공공 도서관과 특수 도서관 등 종류도 많고 도서관이 지식에 미치는 메커니즘 자체를 규정하기가 어렵다. 사람들이 교육을 많이 받아서 글자를 더 많이 읽을 수 있다, 이건 단순하고 수치화하기가 쉽다. 그러나 도서관은 대표 변수를 잡기가 어렵다. 도서관의 개수나 장서의 수를 변수로 사용할 수는 있지만, 도서관이 갖는 지식에서의 역학을 제대로 설명하지는 못한다. 게다가 다른 지식 분야와 달리 도서관은 국가별 통계가 여전히 잘 정비되어 있지 않고, 무엇보다도 과거에서부터의 역사적 자료를 확보하기가 너무 어렵다. 거시경제 변수로 채택하기에는 도서관 관련 통계는 너무 끔찍한 막노동이 필요한 분야다. 다른 분야에 비하면 도서관은 통계 인프라가 덜 정비되어 있다. 경제 이론에서 국민경제적 관점으로 도서관을 잘 다루지 않는 이유는 연관성이 없기 때문이 아니다. 몇백 년 된 납세 자료의 경우, 선진국은 대체로 보관이 잘 되어 있어서 여러 국가들의 수백 년치 자료를 시계열로 분석할 수 있다. 그런 자료들이 잘 정리되어 있는 책이 토마 피케티의 〈21세기 자본〉이다. 정밀하고 잘 정돈된 데이터에 익숙한 경제학자들에게 도서관과 관련된 자료들은 악몽이다. 피할 수만 있다면 피하고 싶은 게 솔직한 심정이었을 것이다.

성장 이론에서 도서관을 다루기 어려운 또 다른 이유는 도서관의 '아웃풋'이라고 할 수 있는 경제적 편익 자체가 숫자로 계측하기 어렵기 때문이다. 크게 보면, 도서관은 책을 구매하고 그걸 대중에게 보여주면서 사람들의 지식 성취에 도움을 주고, 책을 중심으로 하는 지식 생태계 형성에 도움을 준다. 문자 그대로 한 사회에 책이 흘러넘치게 도와주는 것인데, 흘러넘치기 효과는 직접 효과가 아니고, 규모는 작아도 나름대로 복잡계를 형성하기 때문에 수치 모델로 정형화하기 매우 어렵다. 한 퇴역 대령의 작은 도서관이 강철왕 카네기를 만들어냈고, 어느 마을 도서관이 빌 게이츠를 만들어냈다. 이런 이벤트들이 발생시킨 효과 중의 얼마를 도서관의 기여도로 계측할 것인가? 그리고 그 시기는 과연 언제인가? 그들이 투자한 것들로부터 발생한 새로운 효과는 과연 도서관과 상관이 있는 것일까, 아니면 무관할까? 이건 아인슈타인의 경제적 가치를 측정하는 것과 같은 종류의 문제다. 또 다른 측면에서, 도서관의 책 시장에 대한 기여는 과연 어느 정도인가? 국민경제의 지식 시스템에 대한 책의 기여를 어떻게 측정할 것인가? 또 그렇게 책으로부터 형성된 지식이 국민경제, 특히 수출에 대한 기여는 어떻게 계산할 것인가? 말은 지식경제라고 하지만, 국가의 재정이나 GDP를 계측하는 방식에 비하면, 지식경제는 아직 석기 시대에 있다고 해도 틀린 말이 아니다.

도서관이 국민경제를 비롯한 수출 경쟁력에 대해서 미치는 효과가 결코 작지 않을 것이고, 경제 도약기는 물론이고 경제 성장기에도 결정적 영향을 미쳤다는 사실을 우리는 알고 있다. 하지만 도서관은 경제 변수로서 다루기가 매우 어렵고, 그 효과를 측정하기도 어렵다. 경제학에서 도서관을 다루지 않는 것은 효과가 없기 때문이 아니라, 보존되어 있는 데이터도 별로 없고 지금의 데이터 역시 처리하기가 매우 까다롭기 때문이다. 우리나라의 경우도 크게 다르지 않다. 지금은 많은 사람들의 노력으로 국가도서관통계시스템이 만들어져 있다. 시스템이 개통된 것은 2009년이지만 데이터는 2016년부터 집계되어 있어서 2016년 이전 자료는 시스템의 도움을 받을 수 없다. 이 작은 시계열 데이터로는 뭘 해보기가 어렵다. 그나마 한국은 형편이 좀 나은 경우다. UN이나 OECD에서 대량의 경제 데이터와 사회 데이터를 다루는 데 반해, 도서관은 국제기구에서 거의 다루지 않는다. 도서관의 국제 비교는 정말로 원시적이다.

현대적 의미의 공공 도서관이 자본주의의 산물이기는 하지만 그 어떤 경제 제도보다도 비자본주의적, 심지어는 반자본주의적이다. 19세기에 잠시 유행했던 유료 도서관 혹은 책을 빌려주는 도서 대여점이 도서관과의 경쟁에서 이기고, 도서관이라는 매우 특별한 제도 대신 대여점 제도가 진화적으로 살아남았으면 통계 체계가 어떻게 되었을까? 극단적으로는 책 한 권 빌릴 때마다 매출액이 잡히고, 그래서 책을 사는 경우, 책을 빌리는 경우, 모두 매출액과 수익이 집계되어 책과 지식의 관계에 대한 시장 통계가 매우 깔끔하게 시계열 자료로 국가별로 잘 정리되는 상황이 벌어졌을지도 모른다. 이 경우, 대형 도서관들이 등장하지 못하고, 공공 도서관이 사회적 제도로서 성립되지 않았을 수도 있다. 아마 이 경우의 길을 따라 인류가 왔다면, 미국은 지금과 같은 슈퍼 강대국으로서의 위상을 가지지 못했을 수도 있다. 자본주의 역사 자체도 지금과는 좀 다르게 흘러오고, 좀 더 '정글 자본주의'에 가까웠을지도 모른다. 다행히 현실의 역사에서는 그냥 자신의 이름과 주소만 적어 놓으면 무료로 책을 빌려주는 도서관이 생겼고, 결국 이 제도가 유료 도서관이나 도서대여점과의 경쟁에서 승리했다. 그 편이 국가 간 경쟁에서는 더 유리했기 때문이다. 개인만 생각하면 돈 내고 책 사 보고, 빌려볼 때도 돈 내라고 하는 게 더 효율적일 수도 있다. 그러나 국가 간 경쟁이 존재하기 때문에 많은 선진국들이 목숨 걸고 도서관을 만들었다. 19세기 이후 소위 선진국은 도서관이라는 제도에 매혹되었고, 자본주의 한가운데에서도 그냥 책을 빌려주는 비자본주의적 방식으로 진화했다. 그냥 무상으로 빌려주는 것만 해도 사용자 입장에서는 황송할 텐데, 그 정도가 아니라 시민들이 보다 쉽게 원하는 책에 접근할 수 있도록 가이드를 해줄 수 있는 전문 인력, 즉 사서를 배치했다. 책만 두고 빌려주는 게 아니라, 최고급 인력들이 그걸 도와준다. 많은 나라에서 사서들에게 대학원 이상의 학력을 요구한다. 도서관에서는 백화점을 비롯한 자본주의의 첨단에서나 볼 수 있는 최고급 고객주의를 누구나 도서관 문을 열기만 하면 누릴 수 있다. "죄송합니다, 고객님, 저희 백화점에는 그 상품이 없습니다", 이런 말을 해야 하는 경우가 사서로서는 최대의 굴욕일 것이다. 백화점은, 특히 다른 브랜드의 백화점끼리는 서로 경쟁 관계이지만, 도서관끼리는 그렇지 않다. "일주일 후에 다시 오시면, 그 책을 보실 수 있습니다." 이 도서관에는 없더라도, 어딘가 다른 도서관에 있으면 도서관 사이의 연계 서비스에 의해서 대출이 가능하다. 샵과 샵 사이의 연계 판매는 첨단 자본주의에서도 쉽지 않은 서비스지만, 도서관에서는 그런 기능들이 이제는 기본으로 제공된다. 흔히 쓰는 매출액, 영업이익, 이윤율, 이런 개념들이 도서관에서는 잠시 정지한다. 많은 것들이 도서관에서는 흘러넘친다. 하다못해 도서관 식당도 일반 시중 식당보다는 많이 저렴하다. 도서관의 효과는 누구나 알지만, 공식적이든 비공식적이든 측정되지 않는다.

경제학자들끼리 자주 하는 농담 중에 동전을 잃어버린 신사 이야기가 있다. 밤중에 어떤 신사가 가로등 불빛 아래에서 동전을 찾고 있는 것을 지나가던 소년이 보고 안타깝게 여겨 동전을 함께 찾았다. 아무리 찾아도 동전이 나오지 않자, 소년이 여기에서 동전을 잃어버린 게 맞냐고 물었다. 신사는 아니라고 말했다. 어이 없는 표정으로 자신을 바라보는 소년에게 신사가 말했다. "그래도 여기에는 가로등이 있잖니. 아무것도 안 보이는 어두운 데서 찾는 것보다는 그래도 뭔가 보이는 여기에서 찾는 게 낫지 않아?" 이게 경제학의 현실이다. 새로운 문제를 풀기보다는 아는 문제 혹은 익숙한 문제만 푼다. 그리고 통계가 없거나 부족하면 그걸 우회하는 방법을 찾기보다는, 그냥 그 문제를 안 풀고 만다. 도서관의 경제적 효과가 딱 그렇다. 하드웨어의 시대에서 소프트웨어의 시대로 변한다고 하고, 지식의 핵심적 역할에 대해서 강조하지만, 그 소프트웨어 파워의 핵심인 도서관의 역할과 기능에 대해서는 잘 얘기하지 않는다. 가로등이 없는 곳에서 잃어버린 동전, 그 동전이 바로 도서관의 경제적 효과다. 결국 신사와 소년은 동전 찾기를 포기했을 것이다.

3장 차고, 넘치고, 또 넘치게

물, 공기 그리고 도서관 시민

　미국에서 가본 동네 도서관은 한국과 분위기가 좀 달랐다. 가장 다른 건 도서관 안에서 사람들이 한국처럼 조용히 하지 않고 웅성웅성한 분위기였다는 점이다. 어린이들이 많아서 조용하고 근엄한 분위기와는 좀 거리가 멀었다. 미국과 한국 야구장 분위기의 차이 정도가 도서관에도 존재했다. 한국의 야구장은 응원이 질서정연하고 꼭 응원을 하지 않더라도 경기에 집중하는 분위기다. 미국의 야구장은 동네 도서관이 웅성거리는 분위기인 것과 비슷하게 한국처럼 집중해서 경기를 보지는 않는다. 그것도 일종의 문화 차이이기는 한데, 경기장 분위기의 차이만큼이나 도서관 문화도 좀 다르다고 느꼈다. 일본 도서관은 한국보다 더 엄숙하다. 인도에는 여러 번 갔고 오래 가 있었던 적도 있지만 도서관에는 가볼 생각을 못했다. 내가 무식해서 그랬다. 인도가 그렇게 도서관 강국인 건 상상도 못했다. 대학원 때 인도 경제만 한 달을 배웠는데, 그때도 인도의 도서관 얘기는 들어본 적이 없었다. 미국의 시내, 즉 구도심에 있는 큰 도서관들에는 홈리스들이 많았다. 지역의 동네 도서관은 한적한 곳에 있고 주차장이 엄청나게 넓었다. 중산층들이 시내의 큰 대형 도서관 대신 지역의 동네 도서관을 주로 찾는다는 설명을 들었다. 깨끗하지만 시끄러운 도서관, 넓은 주차장, 이게 미국의 동네 도서관에서 내가 느낀 첫 감상이었다.

도서관에 대한 이해가 조금 생기면서 사실 좋은 도서관은 어린이가 많고 시끌시끌한 곳이라는 생각을 하게 되었다. 미국의 한 도서관에서 어른이 들어가는 큰 문과 그 옆에 어린이 키에 맞는 작은 문이 따로 있는 걸 보았다. 어린이들에게 이곳의 주인이 어린이라는 것을 환기시켜주는 작은 장치였다. 그런 도서관이 더 좋은 도서관이다. 대학 도서관도 마찬가지다. 친구들끼리 서로 대화하고 논의할 수 있는 도서관이 더 좋은 도서관이지, 모기만 한 소리도 잘 들릴 정도로 조용한 도서관이 꼭 좋은 것은 아니다. 이런 상황에서 방귀라도 뀌면 대단히 민망해진다.

　그냥 도서관을 가볍게 분류하면, 왕의 도서관과 시민의 도서관, 그렇게 두 종류로 나눌 수 있다. 왕의 도서관은 역사가 깊고, 인류의 권력사만큼이나 오래되었다. 권위적이고 웅장하다. 비블리오테카이다. 시민의 도서관은 역사가 2세기쯤 될까 말까다. 자본주의의 산물이다. 이런 데는 시끌벅적하고, 사람들이 친밀감을 느낄 수 있도록 설계되고 또 그렇게 운영된다. 굳이 한 종류를 더 추가하자면, 특별한 분야에 특화된 전문 도서관이다. 한국에는 많지 않다. 물론 서류상으로는 많은데, 실제로 일반인들이 가기에는 쉽지 않다. 출입관리가 엄격한 전문 연구소 같은 데에 붙어 있는 경우가 많다. 내가 가본 전문 도서관 중에 가장 인상적이었던 곳은 일본 히로시마에 있는 만화 도서관이었다. 1973년부터 1985년까지 연재된 만화 〈맨발의 겐〉은 히로시마의 원폭 피해를 알리는 데 결정적인 역할을 했다. 1997년에 공원 도서관을 리뉴얼하면서 이곳은 일본 최초의 공공 만화 전문 도서관이 되었다. 우리나라의 경우는 도서관은 많이 늘어났지만, 아직은 다양성이 매우 부족한 상태다.

　미국의 경우는 19세기, 한국에서는 박정희에서 전두환까지의 군사정권, 이 시기가 도서관이 집중적으로 만들어지던 시기다. 한국도 그렇지만 전 세계 대부분의 도서관이 다 눈물 나는 사연을 가지고 있다. 그렇지만 이건 다 과거의 일이다. 21세기에도 한국은 지역 도서관 등 아직도 도서관을 많이 만들고 있지만, 대부분의 도서관이 만들어진 것은 지난 세기의 일이다. 도서관에 가는 사람들이 굳이 그 도서관의 사연과 연혁들을 알고 가지는 않는다. 꼭 알아야 할 필요도 없다. 물론 알면 더 좋겠지만, 그게 필수적인 일은 아니다. 그렇지만 아무도 그걸 기록하지 않아서 그 사연들이 잊히는 것은 슬픈 일이다. 우리는 도서관 하나하나의 스토리텔링이 아직 약하다.

　경제학에 외부 효과라는 개념이 있다. 즉 자신이 직접 하지 않은 것이 경제적 효과를 발생시키는 경우에 사용하는 개념인데, 환경이나 생태를 다룰 때에는 핵심적인 개념이다. 그 외부 효과를 더 적극적으로 강조한 개념이 앞서 설명한 스필오버 효과인데, 지식과 특별히 관련되지 않은 환경 효과를 분석할 때에는 여전히 외부 효과라는 말을 사용한다. 공기와 물 같은 것들이 대표적인 외부 효과이고, 환경재라고도 한다. 학부에서 처음 이 개념을 배울 때 물을 예로 들었다. 한국에서는 아직 물을 사 먹지 않았을 때인데, 외국에서는 물을 사 먹는다고 배웠다. 그리고 우리도 언젠가 물을 사 먹게 될 것이라고 배웠다. 물론 물을 사 먹는다고 해서 물이 환경재가 아닌 것은 아니다. 공기도 극단적인 경우에는 사고파는 대상이 되기도 한다. 산소를 포장해서 팔기도 하니까. 공기가 재화로서의 거래가 아주 없는 것은 아니지만 기본적으로는 여전히 환경재다. 물과 공기, 그냥 존재하는 것들이다. 없으면 안 되지만, 평생 물과 공기에게 감사하다는 생각을 하는 것은 몇 번 안 된다. 집을 고를 때 물 혹은 공기가 좋은 곳을 고르기도 한다. 그렇지만 대부분의 경우 형편 되는 대로 적당한 집을 고른다. 환경재에 대해 경제적 효과에 대한 표현을 쓰기는 하지만, 기본적으로는 지키고 보존하는 것이 핵심 내용이다.

환경 경제학과 가장 유사한 방법론을 가지고 있는 것이 문화 경제학이다. 특히 문화재의 경우는 그 가치를 평가하고, 어떻게 보존할 것인가, 그런 얘기를 주로 하게 된다. 환경 경제학과 크게 다르지 않다. 크게 돈이 되는 몇몇 분야를 제외하면, 문화 영역의 상당 부분도 지원하고 보존하는 것에 더 가깝다. 관객이 많지 않은 발레도 그렇고, 국악과 관련된 대부분의 분야가 상업적으로는 버티기 어렵기 때문에 어떻게 보존할 것인가, 그런 고민을 하게 된다. 국악에서 피리는 크기는 작지만 폐활량이 많이 필요해서 육체적으로 매우 힘을 많이 쓰는 악기다. 공명판이 잘 발달된 서양 악기에 비해서 국악기는 사람의 힘으로 악기의 소리를 키우는 수밖에 없다. 게다가 소리가 워낙 크고 멀리 퍼져서 연습할 공간을 확보하는 것도 쉽지 않다. 집에서 피리 불면 경찰이 출동한다. 가야금이나 거문고 혹은 대금 같은 경우는 그래도 좀 인기가 있지만, 피리는 독주 악기로서 그렇게까지 인기 있는 악기는 아니다. 그러다 보니 피리 독주곡도 상대적으로 덜 발달하였다. 결국 전공자들이 점점 줄어들고 있고, 연주자 확보가 어렵게 되었다. 그렇지만 합주에서 피리는 연주에서 메인 선율을 담당하기 때문에 오케스트라급의 대편성에서는 피리 연주자 확보가 필수적이다. 사정은 그렇지만 별로 인기 없는 이 분야의 후계자를 어떻게 확보할 것인가, 이런 게 문화 경제학에서는 핵심 사안이다. 그냥 시장 논리대로 움직이면, 우리 시대의 음악이 아닌 국악은 일부 인기 있는 몇 분야를 제외하면 결국 없어지게 된다. 그래도 고려, 조선, 이렇게 왕조가 간단한 우리는 좀 낫다. 정말로 많은 왕조가 있었던 중국의 경우, 도자기에서 복식, 가구 그리고 음식에 이르기까지 전수해야 할 문화적 유산이 많다. 그런데 지금의 중국이 청을 계승한 것이라서, 대중들에게는 청의 문화 외에는 경쟁력을 갖기가 어렵다. 명의 문화, 송의 문화 혹은 당의 문화들을 빠짐없이 보존하고 계승해나가는 것이 보통 일은 아니다. 시대별로 황실의 문화만 있는 게 아니라 귀족들의 문화도 있고 서민들의 문화도 있다. 송나라와 명나라의 가구가 아주 유명하지만 장인들의 명맥을 이어나가는 게 쉽지가 않다. 상대적으로 일본에서는 중산층들이 문화적 성격의 도자기와 가구에 충분히 지갑을 열지만, 중국에서는 아직 그렇게 문화적 소비가 자리 잡고 있지는 못하다. 어떻게 할 것인가? 비교적 최근이라 중국 사람들에게 인기 있는 청나라 문화 외에는 단순 보존도 쉽지 않다. 이런 게 문화 경제학에서는 핵심 주제 중 하나다.

지금 한국의 도서관은 환경 경제학과 문화 경제학 그 어딘가에 있다고 할 수 있다. 그렇게 길지 않은 역사를 가진 한국의 도서관들이지만, 사람들은 물과 공기처럼 도서관이 원래 있는 것으로 생각한다. 당연히 있는 것 아니겠어? 없으면 또 없는 대로, 없나 보다, 그렇게 넘어간다. 동네에 있는 다른 환경적 요소들과 유사하게 간주한다. 도시를 건설하는 게임인 '심시티'에서 교육 시설들을 늘리기 위해서는 공립 도서관을 먼저 만들어야 한다. 아마 심시티 게임을 한국에서 만들었다면 도서관 자리에 학원을 만들었지도 모른다. 한국의 현실에서는 학원가가 아파트 가격을 현격히 끌어올리지만, 도서관이 생겨서 집값이 올라가는 경우는 보기 어렵다.

 미국, 일본과 달리 도서관의 역사가 상대적으로 짧은 한국에는 도서관을 이용하고, 지지하고, 자신이 무엇이라도 하고 싶어하는 도서관 시민이라는 존재가 덜 형성되어 있다. 도서관이 필요하다는 시민적 갈망이 형성되기 이전에 "우리에게도 이런 것이 필요합니다", 이렇게 군인들을 몇 사람이 설득해서 대규모로 도서관이 만들어진 것이다. 중앙에서 결정하고 지역으로 내려보내는 전형적인 하향식이다. 반면 미국은 상향식으로 도서관을 만들어왔다. 군사 독재의 청산과 함께 그런 역사도 이제는 사람들의 기억 속에서 사라졌다. 도서관에 참 많은 책들이 있지만, 정작 도서관의 역사에 관한 책은 별로 없다. 도서관 만드느라고 바빠서 미처 지나간 일들을 체계적으로 정리할 여유가 없었던 것인지도 모른다. 이제는 자신이 사는 지역에 도서관이 있는 것에 대해 감사한 마음을 갖는 것은 물과 공기에 대해서 감사해야 한다고 말하는 것과 다를 게 없다. 어쩌면 물과 공기보다 못할지도 모른다. 물과 공기는 지구가 만든 것이고, 도서관 특히 공공 도서관은 자본주의가 만든 것이다. 자본주의가 아무리 강력하고 오래간다고 할지라도 지구보다 오래가지는 못한다.

기후 변화를 다룬 대표적인 영화「투모로우」의 클라이맥스는 뉴욕 도서관 안에서 벌어진다. 북극에서 찬 공기가 밀려와 순식간에 모든 것을 얼려버리는 한파 폭풍으로부터 자신들을 지키기 위해 사람들은 도서관에 보관되어 있는 희귀본 서적을 아낌없이 땔감으로 쓴다. 매우 상징적인 장면이다. 도서관에 소장 중인 희귀본 성경을 땔감으로 쓸 것인가, 작은 토론이 벌어진다.

> 이 성경은 최초의 인쇄본이야. 이 책으로 이성의 시대가 열렸지. 인류 최대의 발명품은 인쇄된 글이야. 비웃어도 좋아. 하지만 서양 문명이 끝나도, 그 작은 조각 하나는 남겨놓고 싶어.

영화에서 성경은 종교의 역할보다는 인쇄 문명의 중요성에 대한 작가의 메시지에 더욱 가깝다. 다음 날, 저체온증에 걸린 소녀의 증상이 감기가 아니라 패혈증이고, 페니실린과 같은 항생제가 필요하다는 것을 의학 책에서 읽는 장면 역시 상징적이다. "책은 땔감만이 아니야", 이런 대사가 이어진다. 한편, 정부 부재의 상황에서 불안에 떨다가 결국 뉴욕을 떠난 사람들은 한파 폭풍으로부터 살아남지 못하고, 도서관에 들어온 주인공 일행만이 끝까지 살아남는다. 의미 과잉이고 상징 과잉일 수 있지만, 인쇄 매체와 도서관이 인류의 본질이라는 점을 보여주고 싶었던 것 같다.

이제 죽어라 노력하지 않으면 물과 공기를 현 상태로 유지하기 어려운 것처럼, 도서관도 끊임없이 노력하지 않으면 현 상태를 지키기가 쉽지 않게 되었다. 요즘 스위스에 가는 사람들은 깨끗한 스위스 공기에 대해 "알프스에 있으니까 당연한 거 아냐?" 그렇게 말한다. 그러나 한동안 스위스의 여러 도시들이 유럽에서 미세먼지 농도가 가장 높은 지역들로 꼽혔었다. 스위스 도시들의 공기는 당연히 깨끗한 게 아니라 지속적인 노력으로 깨끗함을 유지하는 것이다. 도서관에서 해야 할 노력은 끊임없이 새로운 책들을 채워 넣는 것이다. 도서관만 만든다고 끝나는 게 아니라 계속해서 새로워져야 한다. 도서관 시민이 존재하지 않으면, 공공 도서관은 순식간에 오래된 책들만 가득한 별 쓸모없는 책 창고가 되어버린다.

    1990년대 이후, 세계화와 함께 신자유주의가 유행하게 되면서 제조업보다 금융이 우위를 점하게 되었고, 장기 효과보다는 단기 효과, 간접 효과보다는 직접 효과를 더욱 강조하는 행정이 유행하게 되었다. 한국에서는 미국보다 10년 뒤, IMF 경제 위기 이후 이런 흐름들이 유행하게 되었다. 도서관은 이제 세계적인 신자유주의의 흐름 앞에서 자신의 존재 이유를 설명해야 하는데, 이게 직관적으로 쉽지 않다. 21세기, 많은 나라에서 지역의 작은 도서관들은 살아남기 위해 몸부림을 쳐야만 했다. 너희는 도대체 무슨 경제적 쓸모가 있는 거니? 예산 대비 경제적 효과를 설명해 봐!

    지금도 도서관은 경제에 긍정적인 기여를 하고 있다. 그러나 흘러넘치기 효과의 치명적 약점은 계량적으로 설명하기가 쉽지 않다는 점이다. 과거에는 많은 지역에서 "이게 우리에게는 꼭 필요해", 그런 상징적이고 정서적인 이유로 도서관을 만들자고 사람들을 설득했고 그게 통했지만, 지금은 "그게 왜 필요한지 숫자로 설명해줘", 그렇게 의미 대신 수치를 요구하는 시대가 되었는데 도서관이 그걸 설명하기가 너무 어려워졌다. 행정 문법이 바뀌었다.

　물과 공기가 중요하다고 모든 사람들이 알고는 있겠지만, 실제로 소중하게 생각하고 행동하는 사람은 많지 않다. 그냥 있는 것, 원래 있는 것으로 여기는데 소중하다는 생각이 들까? 그냥 있는 것, 원래 있는 것에 대해서 소중하다고 생각하게 되지는 않는다. "먹고살기도 힘든데 무슨 환경 얘기야?", 그렇게 반감을 가진 사람도 적지 않다. 일본 애니메이션 「카우보이 비밥」에서 미드 「위기의 주부들」에 이르기까지, 폭탄을 터뜨리는 과격한 테러리스트 역할이 환경주의자들에게 주어진다. "별나다"고 느끼는 많은 사람들의 정서가 대중 문화에 반영된 것이다. 도서관도 마찬가지다. 도서관이 스스로의 존재 이유를 설명하기가 점점 더 어려워지고 있다. 책의 위기가 도서관의 위기가 되고 있다. DB가 확충되면 되지, 굳이 도서관이 필요할까, 이런 질문이 늘고 있다. 게다가 저출생으로 인한 지역의 위기가 도서관의 새로운 위기 요소가 되는 중이다. 청소년 인구가 줄어드는 곳에서 도서관이 계속 버틸 수 있을까? 존재의 의미를 찾을 수 있을까? 이런 광범위한 질문 앞에 우리가 서 있다. 물과 공기는 없어도 되는 게 아니다. 자본주의 이전에는 도서관은 없어도 상관없는 것이었지만 자본주의에서는 그렇지 않다. 도서관이 제대로 형성되지 않은 국가가 경제적 경쟁에서 결국 뒤처지게 되고, 도서관을 제대로 확보하지 못한 지역들이 지역 간 경쟁에서 밀리게 된다. 그렇지만 왜? 이걸 설명하기가 어렵다. 물과 공기의 유용성을 수치로 설명하기 어려운 것과 유사하다. 그렇지만 한 가지는 확실하다. 자본주의에서 현대식 도서관을 만들어내서 처음으로 도서관 시스템을 만든 미국이, 세계 경제에서 가장 앞선 나라가 되었다는 것이다.

문해력 격차와 도서관 격차

　일본어와 중국어를 못해도 평소에는 아쉬운 점이 별로 없는데, 우리가 쓰는 많은 단어의 기원과 유래가 궁금할 때에는 영 아쉽다. 단순히 검색하는 정도로는 알기 어려운 게 많다. '리터러시'라는 단어가 특히 그렇다. 그렇게까지 고급 용어는 아닌데, 우리는 이 단어를 일상 생활에서 자주 쓰지는 않는다. 문해력이라고 번역하는데, 그냥 알파벳 정도를 읽고 간단한 문장만 읽을 수 있어도 리터러시, 독해력이 있다고 본다. 통계적으로는 이렇게 처리된다. 한국에서는 리터러시의 반대말, illiteracy를 보다 많이 사용한다. 우리에게 문해력이라는 단어는 익숙하지 않고, 좀 고급스럽다. 우리는 '문해력' 대신 훨씬 부정적인 느낌의 '문맹'이라는 단어를 더 많이 사용한다. 언제부터 그랬는지, 일본이나 중국도 그런지 알고는 싶지만, 나의 검색 능력으로는 여기까지가 한계다. 어쨌든 우리는 글을 모르는 것에 대해 부정적 단어를 주로 쓰고, 유럽에서는 글을 읽을 수 있는 것에 대해 긍정적인 단어를 주로 쓴다. 한국에서 문해력이라는 단어를 쓰면 어쩐지 아는 척하는 듯한 느낌이 들기도 한다. 그래서 번역 과정에 많은 사람들이 문해 혹은 문해력을 문맹으로 바꾸어서 번역하는 상황이 벌어졌다. '까막눈'이라는 말을 쓰면서 우리는 글을 못 읽는 사람들을 무시했고, 그 반대편에서는 '식자'라는 말을 쓰면서 반대편의 사람들을 경멸했다. 〈장미의 이름〉

에는 '호모 리테라쿠스'라는 표현이 나오는데, 라틴어로 딱 우리말 '식자'와 같은 용법이다. 소설에서는 식자라서 세상 물정을 잘 모른다, 그런 의미로 사용되었다. '디지털 리터러시'라는 단어가 등장할 때에도 이런 전통은 바뀌지 않았다. 디지털 문해력이라고 표현하면, 많은 사람들에게 와닿지 않는 낯선 개념이 된다. 좀 더 강한 표현을 써야 하는 신문 같은 곳에서는 '디지털 문맹'이라는 단어 조합을 좀 더 감각적으로 사용한다.

굳이 리터러시, 문해력이라는 용어를 여기서 쓰게 된 건, '문해력 격차'라는 한국에서는 거의 사용하지 않는 개념을 소개하기 위해서다. 단순히 글자를 아느냐 모르느냐, 이런 것보다는 조금 더 심각한 얘기다. 요즘 우리는 부모 혹은 조부모의 재산과 사람들의 경제적 격차를 설명하는 데 관심이 많다. 1990년대 영국에서 부모의 자산과 자식의 독서 능력에 대한 사회적 논의가 있었다. 경제적 격차가 글과 책을 얼마나 잘 이해할 수 있는가, 그러니까 바로 문해력 격차와 연관이 있다는 것이다. 물론 문해력이라는 개념 자체가 정의하기도 어렵고 상태를 비교하기도 어렵다. 얼마나 책을 잘 읽느냐, 여기에는 교육 수준과 문화 수준이 종합적으로 개입한다. 그걸 명확한 수치로 보여줄 수 있으면 아마 노벨경제학상을 받을 것이고, 좀 더 예술적으로 논문을 쓸 수 있으면 노벨문학상까지 동시 수상이 가능할 것이다. 그만큼 복잡하고 정교한 추정 과정이 필요하다.

숫자로 딱 보여줄 수 없다고 해서 문해력 격차에 대한 논의가 무의미한 것은 아니다. 초기에는 '얼리 스타트'라고 불렀고 지금은 보편적으로 '북 스타트'라고 하는 새로운 사회적 프로그램이 그때 생겼다. 이는 영국뿐만 아니라 세계적으로 대유행이 되었고 한국에도 들어왔다. 무료로 영유아와 어린이에게 그림책과 같은 책을 선물하는 게 이 프로그램의 기본적인 활동이다. 책에 대한 문해력 때문에 성인이 되어 경제적 격차가 발생하는 것을 줄이기 위해서 어린 시절부터 책을 접할 수 있게 해주자는 것이 기본 취지다. 선진국은 물론이고, 태국 등 개도국에도 중요한 북 스타트들이 있다. 한국에서는 2003년부터 시작되었다.

 책을 읽을 수 있고 이해하는 능력이 경제적 격차를 만든다는 것은 어느 정도는 사실이지만, 이건 평균적 개념이어서 책을 전혀 읽지 않고 좋아하지 않는 사람이 성공하는 경우도 적지 않을 것이다. 반대로 책을 너무나 좋아하지만 현실에서는 가난한 사람들도 많다. 냉정하게 얘기하면, 문해력은 수단이고 도구일 뿐이지 그 자체가 목표는 아니다. 책을 잘 읽는다고 해서 선량하고 착한 사람이 될 거라는 보장도 없다. 책을 많이 읽은 악인도 많다. 그냥 수단에 대한 얘기다. 다른 수단을 충분히 갖고 있으면 문해력이 떨어져도 별 상관은 없다. 엄청난 성공을 거둔 배우 스티브 맥퀸도 책을 거의 읽지 않았다고 한다. 그래도 아무도 그에게 뭐라고 하지 않는다. 하지만 일정 수준 이상의 문해력을 갖추지 않으면 대학에 진학하기는 어렵다. 그리고 그 뒤의 삶은 각자의 선택으로 이어진다.

 북 스타트 운동은 자본주의의 핵심 합의 중 하나인 출발선의 평등, 즉 공평의 원칙에 기반한 활동이다. 인생의 출발점에서 경제적 격차를 없애기는 어렵지만, 적어도 책에 대한 접근에서는 격차를 줄이자는 것이다. 책 몇 권 준다고 해서 과연 문해력 격차가 줄어들까? 이건 지역과 학교에 도서관이 충분히 존재한다는 전제하에 움직일 수 있는 프로그램이다. 도서관이 존재하기 때문에 사회가 할 일은 아동이 책에 익숙해져서, 도서관 문을 열고 들어갈 수 있는 첫 번째 계기를 만들어주자는 것이다. 그래서 북 '스타트(출발)'라는 명칭을 붙였다. 출발에서의 격차를 줄여주고 나면, 학교 도서관과 지역 도서관이 그다음 단계를 맡을 것이라는 전제하에서 움직이는 장치다.

현실은 그렇게 간단하지 않다. 우리나라는 사서교사에 대한 이해가 아직 낮고, 사서교사가 없는 학교도 많다. 학교마다 독서 교육의 편차가 클 수밖에 없다. 지역별로 도서관 편차도 존재한다. 공기와 물이 특별히 더 좋은 지역이 있고 그렇지 않은 지역이 있는 것처럼, 매우 우수한 도서관이 있는 지역이 있고 그렇지 않은 지역이 있다. 여기서 모든 도서관 및 학교의 지역 편차를 줄여야 한다는 말을 하고 싶은 것은 아니다. 그래도 이런 격차를 줄이기 위한 노력이 북 스타트 운동의 정신이라는 점을 이해해야 할 것이다.

자본주의를 만든 프랑스 혁명의 정신은 자유, 평등, 박애다. 평등은 구조적으로 이루기 불가능하다. 그렇지만 기회의 평등, 즉 형평성은 자본주의가 계속 추구해 온 가치다. 실제로 그 격차가 너무 심해지면 국민경제로서의 통합이 어려워지고, 수많은 경제적인 문제와 함께 사회적 문제가 발생한다. 사회적 혼란으로 인한 경제적 비용이 결코 적지 않다.

도서관의 교육적 기능을 활용하는 것이 북 스타트 프로그램의 핵심이라는 것은 이해가 가능한 일이다. 한국의 현실은 어떨까? 어린이집에서 의무교육인 초등학교까지는 비교적 평등하다고 할 수 있다. 전체적으로 책을 가장 많이 읽는 연령이 초등학교 5~6학년이다. 그다음부터는 독서량이 줄어들기 시작해서, 고등학생이 되면 점점 성인 수준으로 책을 덜 읽게 된다. 프랑스를 비롯한 많은 나라의 대학 입시 과정이 책을 많이 읽게 하는데, 한국의 입시는 그렇지 않다. 청소년이 되면 지역 도서관은 사교육과 경쟁하게 된다. 나는 전두환이 과외를 금지시킨 해에 중학교 1학년이 되었다. 방학 때면 도서관에 갔지만, 지금은 방학이면 학생들이 사설학원의 집중 프로그램에 가게 된다. 학원에 가지 않는 나머지 학생들은 그럼 도서관에 가느냐? 실질적인 종합 프로그램이 없이 방치되는 경우가 많다.

이 모든 것을 단기간에 풀기는 어렵다. 그렇지만 실마리를 찾을 방법이 아예 없는 것은 아니다. 한국의 경우라면 마치 대학의 수시 입학에 학교장이 추천권을 갖는 것처럼 도서관장에게 추천권을 부여하는 방법을 생각해볼 수 있다. 도서관에 다양한 청소년 프로그램들을 만들고, 중고등학교 시절에 이런 프로그램에 주도적으로 참여한 학생들에 대해서 대학에 추천하는 방식이 불가능한 것은 아니다. 도서관이 워낙 다양하고 도서관마다의 사정도 달라서 일관된 프로그램을 만드는 것이 간단하지는 않다. 하지만 산하에 도서관을 직접 운영하는 교육청이 주도해서 지역별로 자체 프로그램과 추천 방식을 만드는 일은 해볼 만한 잠재력이 있다. 사교육을 억제하는 효과는 아마도 제한적이겠지만, 청소년 단계에서의 문해력 격차를 줄이는 데에는 많은 기여를 할 것이다. 부수적으로 지역에서의 청소년 대안 프로그램을 활성화시킬 수 있다는 장점이 있다. 서울과 수도권이 아니면 청소년들이 지역에서 풍성한 프로그램을 만나기가 쉽지 않다. 그래도 그런 역량과 가능성 그리고 예산을 갖고 있는 곳이 도서관과 지역 교육청 아니겠는가?

20세기 후반에 영국에서 북 스타트 운동이 시작된 이후, 새로운 21세기가 시작되었다. 아동과 청소년에 대한 독서 프로그램에 대해서 강조하지 않는 선진국은 없다. 문해력 격차와 경제적 격차는 여전히 해소되지 않은 사회적 과제이면서 동시에 국가적 과제다. 도서관을 강조하는 정권이 있고, 덜 강조하는 정권이 있다. 그런 정치적 흐름과는 상관없이 많은 사회는 도서관을 필요로 하고 도서관이 만들어내는 독서 프로그램들을 필요로 한다. 지역 사회와 많은 프로그램을 만들고, 도움이 필요한 사람들에게 아무 대가 없이 그런 걸 제공하는 것이 21세기 도서관이 갖는 특징이다. 우리에게는 아직도 새롭게 개발할 도서관의 사회적 역할이 존재한다.

AI 시대, 책은 살아남을 것인가?

20세기 초반만 해도 전 세계의 모든 부모가 자녀에게 독서를 권하지는 않았다. 밖에 나가서 일을 하라며 부모가 책을 못 읽게 한 사례들도 많다. 선진국에서도 아동 노동을 금지한 역사는 그렇게 길지 않다. 가난한 집안의 자식이 성공하기도 어렵고, 차라리 일을 해서 집안 경제에 보탬이 되는 게 낫다고 생각하기도 했을 것이다. 책은 읽는 것은 물론이고 도서관에도 못 가게 한 아버지들도 많다. 딸에게는 특히 더 많이 그랬다. 그리고 100년이 지난 지금, 선진국 대부분에서는 모든 영유아들이 독서 습관을 갖도록 돕는 조기 독서 프로그램이 운영되고 있다.

책이 중요한 오락의 역할을 했던 시절이 인류에게도 있었다. 라디오도 없던 시절, 책은 중요한 오락 수단이었다. 판타지와 에로, 이런 것들이 책을 통해서 사람들에게 전달되었다. 〈데카메론〉은 중세 흑사병 시대, 한 성에 고립된 10명의 남녀가 10일 동안 각각 나눈 100편의 이야기다. 겁나게 야하다. 이 책이 중학교 때 내 손에 들어올 수 있었던 것은 1351년에 조반니 보카치오가 쓴 고전 중의 고전이었기 때문이다. 특히 19세기 이후의 소설은 아주 야한 게 많았고, 대표적인 오락거리였다. 책과 지성, 그렇게만 보는 건 너무 꽉 막힌 시선이다. 다행히 그렇게 야한 소설 중에는 〈채털리 부인의 사랑〉처럼 고전 중의 고전으로 살아남은 것들도 많다. 이제 그런 오락의 역할은 TV의 등장과 함께 영상물로 넘어갔다. 오락의 시선에서는 텍스트보다 동영상이 더 효과적인 매체이다. 그걸 책이 이기기는 어렵다.

아주 개인적인 이야기지만, 나는 아직도 책을 읽는 게 괴롭다. 물론 책을 다른 사람보다 덜 읽지는 않지만, 내가 읽는 대부분의 책들은 정말 전화번호부만 한 두께다. 내용도 어렵다. 요즘은 그걸 벽돌책이라 부르고, 그런 책들을 권유하는 행위를 '벽돌 투척'이라고 한다. 누군가에게 벽돌을 투척하면, 당연히 돌아오는 반응은 "재수 없다"이다. 제일 꺼려하는 선물 중 하나가 책 선물이 되었다. 공간도 많이 차지하고, 무겁다. 나는 아직도 책 보는 게 지겹기도 하고 무섭기도 하지만, 그래도 꾹 참고 읽는다. 먹고살아야 하기 때문이다. 그 지겨움을 버티기 위해서 내가 찾아낸 유일한 방법은 만년필도 바꾸고, 잉크색도 특이한 걸로 바꾸면서 책에 줄을 치고 메모를 하는 것이다. 책을 보기 위해서 만년필을 쓰는 게 아니라, 새로 산 만년필을 길들이기 위해서 책을 펼치고, 여기저기 줄을 긋고, 메모를 한다. 그렇게라도 안 하면 책 읽는 지겨움을 견디고 넘기기가 여전히 힘들다. 그래도 책을 꾹 참고 읽는 이유는, 뭔가 새로운 분야에 대한 체계적인 지식을 얻기 위해서는 책으로부터 시작하는 게 가장 오류가 적기 때문이다. 게다가 그게 폼도 난다. 아직은 어떤 내용을 인터넷에서 봤다거나, 유튜브에서 봤다고 하는 것보다는 어떤 책에서 봤다고 하는 게 조금은 더 있어 보인다. 물론 폼을 잡기 위해서 전화번호부 두께의 책을 끝까지 읽기는 어렵다. 그래도 도움이 되니까 참고, 억지로 꾸역꾸역 읽는다.

책과 꼭 같은 경우는 아니지만, CD와 LP의 독특한 관계에 대해 짚어볼 만하다. CD가 등장하면서 LP를 완전히 밀어냈는데, LP 레트로 붐이 일면서 LP를 듣기 위한 턴테이블이 전성기를 맞이했다. 음악은 디지털 음원으로 완전히 대체되면서 CD는 매체로서 생명력을 잃었는데, LP가 급부상하면서 턴테이블은 새 모델이 계속 나온다. 이 때문에 돈을 번 나라는 공교롭게도 대만이다. LP 전성기 때 일본은 신기술을 계속 발전시킨 선도 국가였는데, LP의 쇠락과 함께 턴테이블 제작 기술도 일본에서는 함께 사라졌다. 그 생산 능력을 어떻게든 버티면서 계속 유지한 게 대만이었고, 유럽과 미국의 오디오 브랜드들이 다시 턴테이블을 만들기 시작할 때, 생산은 대만에 의지했다.

AI 시대, 책도 과연 LP처럼 레트로 상품이 될 것인가? 좀 다른 패턴으로 갈 것이라고 본다. 책의 전성기는 끝났지만, 그래도 책이 영광스러운 시기는 100년은 더 갈 거라고 생각한다. 두 가지 이유 때문이다.

제일 큰 이유는 부모들이 자신의 자녀가 책을 읽는 어른으로 자라기를 바라기 때문이다. 책 선물이 꺼려지는 시대라고 하지만, 그건 남들끼리인 경우고, 많은 부모들이 틈만 나면 자녀에게 책을 사준다. 싫다고 해도 강제로 읽게 한다. 전 세계 공통으로 대부분의 부모는 자녀들이 핸드폰보다 책을 잡고 있는 시간이 많기를 바란다. 그건 21세기 선진국 문명의 표준과도 같다. 핸드폰 사주는 시기는 가능하면 최대한 늦추고, 도서관에 가는 시기는 최대한 당기려고 한다. 게임기는 자녀가 뭔가 잘해야 그에 대한 보상으로 어쩔 수 없이 사주는 경우가 많다. 반면에 책은 자녀가 뭔가 잘못하면, 그에 대한 벌로 독서를 강요하면서 사주는 경우가 많다. 잘사는 집일수록 더욱 그런 경향이 있다. 도서관에 대한 강력한 역사를 가지고 있는 미국의 경우, 자녀를 도서관에 데리고 가지 않는 중산층이 거의 없다. 역시 전 세계 만국 공통, 자녀들이 싫어해도 억지로 권하는 것은 채소다. "책은 마음의 양식"이라는 말은 "책의 마음의 채소"라는 말로 바뀌어도 될 것 같다. 채소는 칼로리를 채우기 위해 먹는 게 아니라, 부족한 영양소를 보충하기 위해 추가적으로 먹는 것이다.

책이 한참 버틸 수 있는 또 다른 이유는 책을 둘러싸고 움직이는 경제적 메커니즘 때문이다. 기술에 대해서는 특허라는 방식으로 경제적 보상 문제에 대한 제도적 정비가 어느 정도는 이루어졌다. 그러나 기술이 아닌 지식이나 문학에 대해서 아직은 책 외에는 경제적 보상 장치가 취약하다. 그렇다고 해서 책이 성공한 특허 상품처럼 떼돈을 버는 것은 아니지만, 그래도 일정 수준의 독자를 확보할 수 있는 책에 대해서는 최소한이나마 보상이 이루어진다. 책이 직업과 같이 소득을 만들어줄 수 있게 되어 전업작가가 등장한 것은 19세기 후반에서 20세기 초반에 벌어진 일이다.

LP나 CD 같은 음악 매체가 나오기 전, 명성을 가진 작곡가들에게 가장 안정적인 소득원은 악보를 출간하는 일이었다. 정작 연주회는 작곡가에게 돈이 안 되었다. 19세기 초반에 활동한 베토벤도 역시 악보 출간이 경제적으로는 중요했다. 9번 교향곡 '합창'은 그의 말년에 완성되었는데, 그는 연주보다도 악보 출간을 더 중요한 소득원으로 생각해서 매우 세심하게 초연 시기 등을 정했다. 전 세계 초등학생들이 다 아는 멜로디가 들어간 교향곡을 성공시켰지만, 그 이후에도 베토벤의 생활은 여전히 궁핍했기 때문에 현악 사중주를 추가로 작곡했다. 그가 사망하기 직전이었다. 악보 출간이 중요한 수입원이었던 시기는 이후 브람스의 등장과 함께 전혀 다른 시대로 들어간다. 브람스는 연주만으로 자기 생활을 꾸려갈 수 있었던 최초의 작곡가였다. 그 이후로는 악보 출간보다는 연주회가 음악에서 더 중요한 시기로 넘어가게 된다. 여전히 많은 클래식 음악가에게 제1소득원은 공연이다. LP 전성기가 끝나면서 음반 판매가 충분한 수입이 되기는 어려워졌다.

소설가를 비롯한 전업 작가들이 책 출간으로 자신의 삶을 꾸려갈 수 있는 조건이 만들어진 것은 19세기 후반에서 20세기 초반에 걸친 대대적인 공공 도서관의 건립과 시기적으로 겹친다. 그 시기에 유료 도서관도 늘었고, 책 대본소도 대규모로 생겨났다. 20세기의 화려한 출판 문화는 이렇게 도서관과 함께 생겨났다. 19세기에도 유명한 작가들이 대거 등장했지만, 그들 대부분은 귀족이라서 책을 통한 소득이 중요하지 않은 사람들이었다. 그 정도의 자산을 가지고 있지 않은 유명 작가들은 책 자체의 판매보다는 주요 도시를 순회하면서 낭독회에 직접 참석하는 것이 중요한 소득원이었다. 연주회가 작곡가의 주수입원이었던 것과 마찬가지로, 소설가들도 자신의 소설을 대중 앞에서 낭독하는 것이 주수입원인 시절이 있었다. 작가들이 책 판매만으로 최소한이나마 생활을 영위하고, 성공하게 되면 넉넉하게 살 수 있던 것은 20세기에 가능해진 현상이다. 생각보다 얼마 안 되었다.

과학과 기술 분야를 비롯해 많은 사람들이 지금도 책을 쓴다. 지금은 출판도 많이 위축되어서 예전처럼 크게 돈이 되지 않을지도 모르지만, 공익적 목적이 큰 지식에 대해서 금전적 보상이 가장 용이하게 이루어지는 분야는 여전히 책이다. 물론 대중적으로 인기가 많은 소위 베스트셀러가 움직이는 방식은 전혀 다르지만, 특수 지식을 공익적 목적으로 출간할 때에는 도서관이 매우 중요한 역할을 한다. 도서관이 모든 책을 구매하는 것은 아니지만 중요한 책들은 대체적으로 구매하려고 하는 편이다. 그 정도의 수입으로 전업 작가의 삶을 살 수 있는 것은 아니지만, 그래도 유튜브의 수익 조건보다는 훨씬 달성하기가 용이한 편이다. 유튜브는 공익 목적만으로 사람들이 봐주지 않지만, 책은 도서관이라는 공익적 목표에 대한 경제적 버팀목이 존재한다는 점이 다르다.

AI 시대, 책은 사라질까? 책의 전성기가 지난 것은 확실하지만, 매체로서의 책이 가진 생명은 앞으로도 몇 세대는 갈 것 같다. 100년 후의 모습은 자본주의가 인류의 경제 양식으로 영원할 것인가? 하고 묻는 것과 같다. 어쨌든 지금까지 자본주의가 공동의 지식을 처리하는 가장 자본주의적인 방식은 책으로 지식을 형성하고 그걸 도서관에 보관하는 방식이었다. 앞으로도 영원히 자본주의가 존재할 것인지, 아니면 생태적 위기와 같은 또 다른 위기에 의해서 지금의 방식이 아닌 다른 경제적 양식이 등장할 것인지 현재로서는 알기 어렵다.

우리가 아는 모든 지식을 전부 DB로 만들면 되지 않느냐고 생각하는 사람도 있을 것이다. 그건 지금 도서관이 모든 책을 전산 자료로 만들지 못하는 것과 같은 이유로 불가능하다. 책은 가장 자본주의적인 특징을 가진 저작권의 보호를 받기 때문에 도서관에서 제한적으로 열람하는 정도만 허용되고 있다. 그걸 전부 전산화해서 공개할 수는 없다. 지금도 도서관에서 책을 열람할 때 그에 합당한 사용료를 지불해야 한다는 요구가 있다. 베스트셀러의 경우에는 그런 얘기를 할 만하다. 여기에 대해서 제도적으로 명확한 규정이 있는 것은 아니고, 현재 상태에 암묵적인 사회적 합의가 이루어진 정도로 불안정한 균형이다. 그런데 그걸 전부 DB로 바꾸어서 대중에게 포괄적으로 공개하는 것은 현행 지적재산권 제도하에서는 불가능하다. 사람들이 가장 궁금해하는 최근 저작들은 그렇게 공개할 수가 없다.

 AI가 가진 정보로서의 힘의 상당 부분은 웹에 있는 정보가 무상이라는 것에서 나온다. 그렇지만 조금만 고급 정보로 가면 인터넷에서도 더 이상 공짜로는 볼 수 없게 된다. 우리나라는 웹상에서 모든 신문이 지금은 무료로 처리되고 있지만, 미국, 프랑스, 일본 등 많은 나라의 언론은 돈을 지불하지 않으면 맛보기용 샘플 기사 이상을 볼 수가 없다. 대표적인 경제 잡지인 〈이코노미스트〉도 마찬가지다. 회원 가입을 하면 한 달간 무료로 볼 수 있게 해주는 정도로 운영되고 있다. 사람들이 생각하는 것보다 AI가 무료로 접근할 수 있는 정보는 제한적이다. 한국 내 속보는 뉴스를 통해서 알 수 있지만, 외국의 다양한 뉴스는 아무리 AI라도 돈을 지불해야 접근할 수 있다. 지금도 특히 유럽 등에서는 AI가 학습하는 기사가 가지는 경제적 가치에 대한 논의가 한창 진행 중이다. 또 학술적으로 중요한 자료인 유료 논문에는 접근할 수 없다. 학술 논문의 공공성에 대한 논의가 많은데, 지금까지의 흐름은 논문의 유료화 쪽이다. DB 회사들이 너무 돈만 밝힌다는 성토가 있지만, 그들의 비즈니스 패턴을 쉽게 바꾸기는 어렵다. 돈을 내지 않으면 주요 논문에 합법적으로 AI가 접근할 수 없다. 논문의 세계로 들어오면 지브리 스튜디오의 그림 스타일을 학습하는 것과는 전혀 다른 차원의 문제를 AI가 만나게 된다. 폭넓고 나름대로의 깊이를 가지고 있는 책 역시 저작권에 의해서 강력하게 보호받고 있다. 이 또한 점점 강화되는 추세라서, 저작권 보호 기간이 무려 저자 사후 70년이다.

종이책에서 전자책으로 책의 주요 형식이 바뀌면 저작권에 변화가 생길까? 법적으로는 그렇지 않다. 종이라는 형태가 책을 규정하지는 않는다. 나무, 양피지, 점토, 다양한 형식이 종이 이전에 있었지만, 어디에 글자를 쓸 것인가가 책을 규정하는 요소는 아니다. 그건 디지털로 바뀌어도 마찬가지다. 전자책의 비중이 지금보다 커지면 AI가 마음대로 접근할 수 있지 않을까? 그건 인류가 지금까지 지식을 만들어 온 방식의 변화를 전제하는 것인데, 그건 AI 체제가 바꾸기에는 너무나 큰 변화다. 내가 책의 세계가 최소한 100년은 갈 것이라고 예상하는 이유가 바로 이 저작권 때문이다. 책이 전성기를 지났다고는 하지만, 여전히 국제 관계는 물론이고 철학적이고 해석이 필요한 사안에 대한 주요 견해는 책으로부터 시작된다. 주요 책에 대해서 지금 한창 저자로서 활동하는 사람들의 남은 수명을 30년이라고 치고 사후 70년까지 합하면, 지금 발간되는 책들에 AI가 합법적으로 접근할 수 있는 건 100년 뒤의 일이다. 사회가 제도를 정비해서 책에 대한 저작권을 완화하거나 없애는 것도 미래에는 가능할 수 있다. 그렇지만 21세기 이후로 자본주의가 저작권을 점차 강화하는 중이기 때문에 그런 변화를 당장 예측하기는 어렵다. 극단적으로 AI가 책에 대한 정보에 접근을 편하게 하기 위해 아예 국가가 독자 대신 책에 대한 권리를 일괄적으로 지급하는 방식을 생각해볼 수도 있다. 2023년 기준, 한국의 71개 주요 출판사의 매출액 총액이 5조 원이 약간 안 된다. AI를 통해서 국가가 얻을 수 있는 부가가치가 그보다 크다고 하면 경제적으로는 말이 아예 안 되는 건 아닌데, 사회적으로 자본주의 내에서는 시행 불가능한 방안이다. 만약 그런 정도가 되면 'AI 사회주의'라고 불러야 할 것이다. 아마 현실에서는 AI가 접근한 정보의 공익성에 대한 개편보다는 AI로 일자리를 잃게 된 사람들의 소득 보존 방식이 더 큰 사회적 논란일 것이다. 그리고 책에는 어떤 식으로든 정치적 입장이 들어가게 되는데, 반정부적인 입장이 책에서 빈번하게 발생한다. 보수 정부 시기에는 많은 사람들이 보수 정부에 반대하는 내용들을 책에 기술하고, 반대의 경우도 마찬가지다. 20세기 이후로 책이 가지고 있는 가장 큰 매력은 사상의 자유와 표현의 자유가 가장 포괄적으로 허용된 매체라는 점이다. 방송과 언론은 어쩔 수 없이 정부의 입장과 정책에 대해서 조금씩 타협을 하게 되지만, 책은 상대적으로 그럴 필요가 적다. 게다가 저작권은 개인에게 부여되는 것이다. 아무리 정부라 할지라도 AI의 정보에 대한 포괄적 접근을 위해서 제도를 바꾸는 것에 대해 개개인에게 동의를 받을 수 있을까? 거의 조봉암의 토지개혁급이다. 사실 대부분의 출판 저작권은 사후는 물론이고 살아 있는 동안에도 경제적으로 큰 의미가 없지만, 그래도 주요한 책들의 저작권은 그 자녀들에게 승계된다. 건국 초기에 진행된 토지개혁급의 큰 변화가 과연 책의 세계에서 가능할까? 책은 자본주의보다 오래된 매체이고, 도서관보다 훨씬 오래된 유산이다. 그리고 자본주의가 몇백 년에 걸쳐 정교하게 가다듬은 제도라서, 누군가 단번에 흔들기는 어렵다. 책 시장이 위축될 수는 있지만, 앞으로 100년간 AI가 책을 포함한 출판물 DB를 통으로 확보하는 일은 벌어지기 어렵다.

지금 출간되는 모든 책이 전자책으로 발간되는 것은 아니다. 완벽한 상업 논리에 의해서 베스트셀러급이나 그렇게 갈 가능성이 높다고 출판사에서 판단하는 책들만 전자책으로 나온다. 내용상 중요한 책이지만, 책이 아니라면 대중적인 정보로 가공되어 세상에 모습을 보이기 어려웠을 책들은 여전히 종이책으로만 나온다. 도서관과 일부 독자의 도움으로 손익분기점에 해당하는 1쇄를 겨우겨우 팔고 그 후에는 십중팔구 절판된다. 상업적으로는 큰 의미가 없다고 할 수 있지만, 지식의 체계에서는 그런 책들이 의미가 없는 것은 아니다. 슘페터가 1942년 〈자본주의, 사회주의, 민주주의〉라는 책에서 얘기한 '창조적 파괴'는 그가 살아 있는 동안에는 큰 반향이 없었지만, 1990년대가 되면서 기술 자본주의를 설명하는 핵심 개념이 되었다. 책의 판매량과 책의 내용이 갖는 가치가 직접적으로 연동되는 것은 아니다. 책의 세계가 가장 진보적이면서도 오래된 매체라서 스스로 재생산하고 확장하고 유지하는 방식은 매우 보수적이다. 그래서 책을 올드 매체라고 부르는 것은 맞지만, 그 안에 담긴 내용이 모두 올드한 것은 아니다. 가장 첨예하고 획기적인 세상에 대한 관점은 여전히 책, 그것도 1쇄가 겨우겨우 팔리는 종이책에 담겨 있을 가능성이 매우 높다. 모두가 쫓아가는 유행을 잘 쫓아가지 않는 매우 고집 세고 스스로의 관점과 세상을 갖게 된 사람들이 책을 쓴다. 매체로서 책의 특징이 원래 그렇다. 조선시대, 권력으로부터 밀려나 다시는 정상적인 사회 활동을 할 수 없게 된 한 선비가 다시 돌아갈 기약이 없는 유배지에서 책을 쓰기 시작했다. 무려 500여 권의 책을 썼다. 그가 바로 2012년 유네스코가 세계 기념인물로 선정한 정약용이다. 책은 원래 그런 특질을 가진 사람들이 쓰는 것이고, 지금도 그렇다. 누가 후세에 그런 기념인물이 될지 지금은 모른다.

책의 세계가 도서관을 만들었고, 지금은 도서관이 책이라는 지식 생태계를 지키는 가장 중요한 수단이 되었다. 책이 앞으로 100년을 간다고 생각하면, 공공 도서관도 100년은 더 갈 것이라고 생각할 수 있다. 책이 무너져도 도서관은 책보다 오래 버틸 수 있지만, 도서관이 무너지면 책 시장은 바로 무너진다. 과연 AI 시대, 책이 버틸 것인가? 도서관이 버틸까? 그런 게 지식 세계에서는 중요한 질문이 되었다. 아마도 희한한 광경들을 볼 수 있을 것이다. 종이책이 줄어들고 전자책으로 전환되면, 많은 책들이 전산 자료로 바뀌니까 더 이상 도서관에 갈 필요가 없지 않을까? 현재의 저작권 체계에서는 전자책이라도 도서관에 가서 도서관에 있는 단말기로 읽어야 한다. 그런데 그게 불편하니까, 도서관에 일정한 금액을 지불하고 집에서 책을 볼 수 있는 과금 체계가 발생하지 않을까? 기술적으로는 가능할 수도 있지만 그건 서점의 영역과 겹친다. 선진국에서는 도서관만큼이나 서점을 중요한 문화적 자산으로 생각하기 때문에, 현실에서는 쉽게 벌어지지 않을 일이다.

코로나 팬데믹 시절, 유럽에서 2차 격리가 한창 진행 중일 때였다. 식료품 등 일상 품목 구매를 제외한 외출이 금지될 때, 책도 이 일상 품목에 포함시켜야 한다는 주장을 파리 시장인 이달고가 제기했었다. 크리스마스가 얼마 남지 않은 시점이라서, 거리 두기 때문에 그 기간에 책을 살 수 없게 되면 서점이 받을 경제적 타격이 너무 크다는 이유였다. 우리는 책이 이제는 사라져갈 올드 매체라고 생각하는 경향이 강하지만, 미국이나 유럽의 많은 나라에서는 그렇지 않다. 우리도 그들에 비해 책의 역사는 짧지 않지만, 도서관의 역사와 서점의 역사는 우리가 터무니없이 짧다. 그래서 발생하는 책에 대한 문화적 격차가 이제 국가 사이에서도 본격적으로 발생하게 되었다.

웃자고 하는 얘기인데, 조선시대에 유튜브가 있었다고 가정해보자. 유배 중인 정약용이 옷도 단정하게 입고 갓도 쓰고 앉아서, 책의 대안으로 유튜브 촬영을 했을까? "네, 다산이라고 불러주세요. 구독, 좋아요, 알림 설정 부탁드립니다." 이미지에는 잘 어울린다. 아마 그가 진짜로 유튜브 촬영을 했다면, 박학다식으로 많은 사람들에게 강렬한 인상을 남긴 김용옥보다 더 인기가 있었을지도 모르고, 더 많은 유행어를 남겼을지도 모른다. 그렇지만 유배 중인 상황에서 인기 방송을 조용히 하기는 어려웠을 것이다. 그를 유배 보낸 사람들이 "쟤 정신 못 차렸네", 하면서 결국 사약을 보냈을 것이다. 글을 코믹하게 쓰는 걸로 당대의 문장을 어지럽혔다고 해서 결국 왕에게 불려가 다시는 그런 글을 쓰지 않겠다고 했던 박지원이 유튜브를 했다면 어땠을까? 현실에서는 우울증이 심했던 박지원이 방송을 잘했을 것 같지는 않다. 지식에는 뉴 미디어의 영역이 있고, 올드 미디어의 영역이 존재한다. 문학을 비롯한 예술의 세계도 마찬가지다.

길게 생각하기, 쌓아놓고 읽기

우연히 중국 드라마 「대명풍화」를 보게 되었다. 나는 탕웨이가 나오는 건지도 모르고 봤다. 사실 탕웨이를 이 드라마에서 처음 봤다. 보고 나서, 명나라에 대해서 너무 모르고 있었다는 생각에 창피했다. 2019년에 방영한 64부작 드라마이다. 그 후 대하 드라마에 재미를 붙이게 되어서, MBC에서 했던 대하 드라마 「제1공화국」에서부터 「제5공화국」까지 다 봤다. 무려 10년이 넘게 계속된 거라서 엄청나게 길다. 화질도 별로고 소리도 안 좋지만, 책 읽는 것보다는 그래도 드라마 보는 게 훨씬 편하다. 두 번이나 봤다. 여유 되면 한 번 더 볼 생각이다. 내친 김에 일본 개화기의 역사 드라마인 「료마전」도 봤다. 48부작이다. 또한 많이 배웠다. 그리고 만화책으로만 봤던 일본 전국 통일 이야기인 「어떡할래 이에야스」를 최근에 보았다. 역시 48부작이다.

1분 내외의 숏폼이 유행하는 시기에 48부작, 64부작, 이런 걸 보는 게 시대에 맞는 건지는 모르겠다. 이런 역사 드라마를 보기 전에는 OTT 이후로 비로소 접할 수 있게 된 「스타트렉」 시리즈들을 보았다. 「스타트렉: 보이저」는 172회, 「스타트렉: 딥 스페이스 나인」은 176회다. 게다가 매회 로봇의 사랑, 상이 용사 문제 등 과학과 기술만이 아니라 인문사회의 특수 테마들을 하나씩 다루기 때문에 내용을 쫓아가는 게 버겁다. 「스타트렉」 최초의 여성 선장이 나왔던 「보이저」의 경우 최근까지도 각 에피소드마다 해설하는 팟캐스트가 몇 개씩 새로 만들어진다는 것에 놀랐다. 차마 이 팟캐스트들까지 전부 듣지는 못했다. 어마무시하게 깊은 세계다.

이런 장편 드라마의 대본을 혼자서 쓰지는 않는다. 한 사람이 쓸 수 있는 범위를 넘어선다. 1977년에 시작해서 무려 6편까지 이어진 「스타워즈」 시리즈는 조지 루카스가 혼자서 썼다. 인생에 걸친 대업이다. 조지 루카스는 그걸 타자기로 쳤는데, 프리퀄 3부작 중 마지막 3편인 「시스의 복수」가 막 타이핑 된 원고를 들고 방문을 나갔을 때, 수많은 영화 스태프들이 루카스의 방 앞에서 기다리다가 환호성을 치면서 축하했다. 전체 6편의 기본 골격을 미리 어느 정도는 만들어놓고 시작한 「스타워즈」와 달리, 「스타트렉」은 그때그때 맨땅에서 이야기를 만들었다. 혼자 쓴 건 아니고 팀이 스토리를 만들었다. 「스타트렉」과 「스타워즈」는 작품을 만드는 방식이 전혀 다르다. 「스타워즈」는 4편부터 시작했다. 각 시리즈들의 스토리가 다 정리된 것은 아니었지만, 4편에서 6편까지가 자식의 얘기이고, 프리퀄인 1편부터 3편까지는 아버지의 얘기로 하겠다는 것이 스튜디오에 영화 제작을 제안할 때부터 이미 정리된 것이었다. 그 전체 얘기 중에서 4편이 상업적으로 성공할 가능성이 가장 높다는 판단이 들어, 그게 맨 처음 나온 1번 타자가 되었다.

작품의 길이만으로 보면, 일반적인 단행본 한 권의 분량이 2시간 내외의 장편 영화 한 편과 비슷하다. 〈남산의 부장들〉은 880페이지짜리, 전형적인 벽돌책이다. 그중에서 파리에서 살해당한 김형욱과 박정희를 저격한 김재규 중심의 모티브만 압축해서 영화

한 편이 되었다. 기계적으로 분량만 따지면, 책 한 권이 장편 영화 한 편, 드라마로 환산하면 2~3개 정도의 에피소드가 된다. 처음부터 새로운 얘기를 만드는 게 쉽지 않으니까 책이나 만화와 같은 원작들을 활용한다. 각색 과정을 거치면서 결말이 바뀌기도 하고, 캐릭터 설정이 바뀌는 경우는 다반사다. 어쨌든 40화가 넘어가는 드라마를 한 번에 머리에서 생각해내는 것 자체가 보통 일은 아니다. 그냥 보는 것만으로도 숨 넘어가는데, 만든 사람들은 어땠을까, 그런 걸 상상하고 그 고심의 흔적들을 살펴보는 게 장편 드라마를 보는 또 다른 즐거움 중 하나이다.

작품의 길이만으로 모든 것을 평가하거나 판단할 수는 없다. 소설과 비교하면 시는 극단적으로 짧다. 그렇다고 시를 쓰는 생각의 길이가 짧다고 할 수는 없다. 많은 것이 압축되어 있기 때문이다. 광고 카피의 경우도 마찬가지다. 한두 문장이지만, 그걸 만들기 위해서 꽤 많은 사람들이 컨셉부터 시안까지, 굉장히 많은 작업을 한다. 한동안 이런 광고 카피를 만들던 전문가들이 한국의 정당 이름도 만들던 시절이 있었다. 새누리당, 열린우리당 같은 이름이 카피라이터들에게서 나왔다.

한 사람의 생각의 길이를 잴 수 있을까? 책에서 영화나 드라마까지, 혹은 3~4분 내외의 통상적인 곡에서 4악장짜리 교향곡에 이르기까지, 사람들이 만드는 많은 것들에는 길이의 차이가 있다. 보는 사람의 관점이 아니라 만드는 사람의 관점에서 본다면, 장편 소설이나 장편 영화를 만드는 것은 단순히 짧은 작품 몇 개를 기능적으로 더하는 것과는 질적으로 전혀 다르다. 그만큼을 동시에 생각하면서 만들어낼 수 있는 것은 재능만으로 되는 일이 아니다. 공동 작업을 하는 경우에도 기획자 혹은 감독과 같이 전체를 총괄하는 사람이 존재한다. 누군가는 그 정도 길이의 생각을 하게 된다. 그리고 그 사람이 길고 긴 공동 작업을 끌고 간다.

    사람은 생각의 길이를 늘리기 위해서 복잡한 교육 과정을 거친다. 우리가 학교에서 배우는 많은 지식들이 몇 개의 직업군을 제외하면 실제 현장에서 크게 도움이 되지는 않는다. 고등교육일수록 더욱 그렇다. 그렇지만 그 교육 과정에서 실제로 기대하는 것은 내용 자체가 아니라 생각의 길이가 늘어나는 것이다. 그리고 가장 효과적으로 생각의 길이를 늘리는 방법은 여전히 독서다. 책은 형식이나 내용과는 상관없이 결국은 하나의 생각이다. 여러 사람이 같이 쓰는 공저의 책 역시 마찬가지다. 옴니버스 형식이라도 일관된 하나의 얘기를 분야나 방향을 바꿔가면서 만드는, 결국은 하나의 얘기다. 책을 읽는 사람들에게 책이 주는 가장 큰 축복은 정보량 자체를 늘리는 것이 아니라 생각의 길이 자체를 길게 늘려주는 것이다. 사실 책에 있는 정보 자체는 중요한 것이 아닐 수도 있다. 시대가 변하고 상황이 변하면 고전에 있는 많은 이야기들이 현실에서는 잘 맞지 않을 수 있다. 또 그런 옛날 정보가 지금은 별로 필요하지 않을 수도 있다. 하지만 그런 과정을 통해서 개인이 습득할 수 있는 정보량만 늘어나는 것이 아니라 정보 처리 능력 자체가 발달하게 된다. 그 척도 중의 하나를 길이라고 하면, 얼마나 긴 얘기를 이해하고 소화할 수 있느냐가 결국은 얼마나 긴 얘기를 만들 수 있느냐의 능력과 관련된다.

자녀가 숏폼만 보고 있으면 부모들이 질색한다. 그게 새로운 세대의 문화를 이해하지 못하는 편견 때문일 수도 있지만 경험적으로 봤을 때, 생각의 길이가 결국은 교육 과정에서의 성과는 물론이고 직업 세계에서의 성과와도 관련된다는 것을 직관적으로 알고 있기 때문일 것이다. 요즘 아이들의 놀이 문화나 휴식 방식에 대해 폄하하려는 건 아니다. 하지만 직업의 세계에서도 결국은 길게 생각할 수 있는 사람들이 확률적으로 높은 성과를 올리게 된다. 거기에서 맨 위로 올라가면, 각 분야의 긴 정보들을 짧은 몇 마디 혹은 한두 개의 문장으로 정리할 수 있는 압축 능력이 필요해진다. 길이가 전부는 아니다.

한 인간이 성장하는 과정에서 길이의 다음 과정에 오는 것이 속도와 다양성이다. 그다음 단계로 넘어가기 위해서 인간들이 가장 전통적으로 많이 쓰는 방법은 쌓아놓고 읽기다. 미국이나 유럽의 중고등학생들은 과제를 하기 위해 도서관에서 관련된 책을 쌓아놓고 제한된 시간 안에 내용을 소화하면서 압축하는 과정을 거치게 된다. 이건 단순한 길이와는 조금 다른 차원의 훈련이다. 물론 이걸 인터넷 검색으로 대체할 수도 있지만, 그렇게 해서는 학교에서 좋은 점수를 받기가 어렵다. 이런 과정을 평가하는 데 능숙한 교수나 교사들은 기능적으로 검색해서 얻은 내용들을 정리한 것인지, 아니면 실제로 읽고 자기가 느낀 내용들이 에세이 형태의 과제에 녹아 있는지 구분하는 데에 도가 통한 사람들이다. 대학에 가면 더하다. AI가 이 과정을 용이하게 도와주는 것 같지만, 사실 AI는 과제를 처리하기 위해서 필요한 책의 전체 텍스트에 접근하지 못하는 경우가 많다. AI는 인터넷에 있는 누군가가 정리한 텍스트의 요약본이나 감상문을 다시 요약하는 것이다. 여러 권을 처리한다고 해도, 요약본의 요약본만 반복해서 만들어지는 셈이다. 교사는 그런 일을 몇십 년 동안 반복해서 처리한 사람이라서, 한 단락만 빠르게 읽고서도 학생이 어떠한 과정을 거쳐서 이런 보고서를 쓰게 되었는지 뻔히 알게 된다. 반복이 주는 숙달을 초보가 넘어서기는 어렵다.

교육 과정 혹은 성장 과정에서 책을 쌓아놓고 읽기를 시도하는 것은 특정 직업을 가지기 위해 지식을 축적하려는 목적만은 아니다. 생각의 길이를 확보하고, 여기에 속도와 다양성 등 길이 외에 필요한 부차적 능력을 만들기 위해 이런 훈련이 생겨난 것이다. 엄청나게 대단한 사람으로 만들기 위한 것이 아니라 정상적인 노동자를 만들기 위한 과정일 뿐이다. 자본주의 시스템에서 좋은 사회는 이런 정상적인 과정을 평균적으로 수행한 사람이 중산층 수준의 삶을 살 수 있게 되는 것이다. 물론 한국 사회에서 이런 얘기는 지나치게 이상적일지 모르지만, 미국이나 영국 등 유럽 국가들 심지어는 일본의 청소년들도 이렇게 도서관에서 중고등학교 시절의 많은 시간을 보낸다. 그 기간을 사교육으로 버티고 버텨도 중산층으로 살아남기 힘든 한국이 상당히 기이한 사회이기는 하다.

길게 읽기의 다음 단계인 쌓아놓고 읽기를 하기 위해서는 도서관의 도움이 꼭 필요하다. 그냥 책을 사면 안 되나? 이미 절판되어서 구할 수 없는 책도 많아서 사는 것만으로는 안 된다. 게다가 과제 마감 시간이 정해져 있기 때문에 과제를 위해 무슨 책을 읽어야 하는지 찾아내는 것 자체가 포괄적으로 보면 과제의 과정이기도 하다. AI의 도움을 받아서 결과를 만들 수도 있겠지만, 그렇게 하면 개인의 생각의 길이를 비롯해 원래의 교육 과정에서 의도한 목표에 도달할 수 없다. 이런 걸 출제 의도라고 부르지 않는가? 우리는 자본주의 사회에서 결과만을 가지고 평가하는 데 너무 익숙해져 있다. 그렇지만 사유에 대한 교육은 과정이 결과보다 훨씬 중요하다. 정답이 있는 것도 아니다. 당연한 말이다. 교육이란 원래 그런 것이다.

알고리즘상 AI가 학습하는 것과 사람이 학습하는 것은 결과물에서 형식적으로 크게 다르지 않을 수 있다. 결정적으로 다른 것은 감정이다. 책은 저자가 있고, 텍스트 안에 저자의 숨결이 담겨 있어서, 차분히 읽다 보면 독자에게 감정이 생겨나게 된다. 물론 모든 저자에게 감동해서 우호적인 감정만 생기는 것은 아니다. 때로는 싫거나 지겨운 저자도 생긴다. 그런 반복된 감정들이 자신의 선호를 만들고, 그게 취향이 되고, 결국은 자신의 철학이 된다. 이 행위가 반복되면서 마침내 자신만의 고유한 시각이 생긴다. 이것은 AI로 학습하는 정보와 논리로는 만들어지기 어렵다. 독서는 정보 습득 과정만이 아니라, 먼저 살아본 사람의 감정을 체감하는 과정이기도 하다. 아무리 논리적인 책이라도 그 속에는 자연스럽게 저자가 좋아하는 것, 싫어하는 것, 되고 싶은 것, 혐오하는 것, 질색하는 것 등의 감정이 묻어나게 되는데, 이런 건 AI가 찾아내거나 요약해 주지 않는다. 사람은 정보 처리만으로 성인이 되지 않는다. 그리고 기능적인 훈련만으로 전문가가 되지 않는다. 그런 누적된 감정의 경험들이 모여서 한 사람의 개성을 만든다. 자본주의는 그런 다양한 개성들이 존재할 때 더 효율적이게 되고 더 강해진다. 경제학의 아버지라고 불리는 애덤 스미스는 〈국부론〉에서 분업을 통해 이런 다양성의 중요성을 얘기한 바 있다. '사회학'이라는 이름은 오귀스트 꽁트가 만들었다. 그렇지만 사회학을 독립적인 하나의 학문으로 많은 사람들이 인정하게 만든 사람은 에밀 뒤르케임이다. 그는 분업을 통해서 잘 만들어진 사회를 '유기적 연대'라는 개념으로 불렀다. 서로 잘 아는 사람들끼리 잘해주자는 '기계적 연대'에 비해서 유기적 연대가 사회적으로 더 좋은 거라는 얘기도 했다.

생각의 길이에, 속도와 다양성을 더해서, 결국 만들어내는 것은 깊이다. 학교 도서관이나 지역 도서관 혹은 작은 자료실 같은 곳들이 이 과정에 결정적으로 도움을 준다. 도서관의 흘러넘치기 효과가 가까운 미래에도 여전히 작동하게 된다. AI가 하는 일을 왜 사람이 해야 하는가? 그건 교육 훈련 과정이라서 그렇다. 그리고 이런 과정을 거친 사람들이 결국 AI에게 일을 시키는 사람이 된다. AI 시대에도 시스템을 설계하고 기획하는 일과 이 일을 하는 사람들은 끝까지 남을 것인데, 당연하게도 생각의 길이가 긴 사람들이 그런 일을 하게 된다.

한국 학교에서 누군가 시키지 않았는데도 쌓아놓고 읽기를 한다면, 그건 사교육에서 많이 쓰는 '자기주도형 학습'이라고 할 수 있다. 중등교육의 목표 자체가 일정 수준 이상의 생각의 길이를 만드는 것이다. 나중에 대학원에서 석사 논문이나 박사 논문을 쓰는 과정도 원칙적으로는 같은 작업이다. 다만 다루는 책과 정보의 난이도가 높아지고, 봐야 할 책과 자료의 분량도 많아진다. 깊이와 난이도가 몇 단계 올라가는 대신, 범위는 확 줄어든다. 박사 논문을 '테제thesis'라고 하는데, 결국 아무도 얘기하지 않은 한 문장을 만드는 것이 박사 졸업의 조건이라는 뜻이다. 물론 그 한 문장을 다른 사람에게 설득시키기 위해서는 좀 길게 설명을 하거나 증명을 해야 한다. '불가능성 정리'는 케네스 애로우의 박사 논문이었는데, 그는 그걸 좀 더 발전시켜서 결국 51세에 노벨경제학상을 받았다. 그의 박사 논문은 몇 페이지 안 되었다고 한다. 이건 불가능한 거야, 자, 증명 끝! 그의 지도교수들은 애로우가 한 얘기니까 맞겠지, 그렇게 심사 끝!

인류 역사를 잠시 돌아보자. 최고 지도자의 위치에 종교인이 간 적도 있고 군인이 간 적도 있다. 전문 정치인 가문을 만들어서 자식들에게 세습을 하던 시기도 있었다. 그들을 왕이라고 불렀다. 왕에게는 좋든 싫든 강제로 책을 읽혔다. 싫다고 해도 죽어라고 읽혔다. 책만 본 사람이 지도자가 되는 일은 별로 없지만, 책을 읽은 사람들이 힘 있는 사람을 도와서 통치하는 방식은 오랫동안 지속되었다. 대중들이 폭넓게 책을 보는 대중 독서의 시대는 19세기 후반에 시작되어서 20세기에 만들어진 매우 특별한 현상이다. 1945년 이후의 장기 경제 호황을 '영광의 30년'이라고 부른다. 이 시기에 선진국 노동자들이 인류 역사상 한 번도 누려보지 못한 생산 계급의 번영기를 누렸다. 노동자들이 광범위하게 독서를 하는 시기는 이렇게 만들어졌다. 그 시기를 책의 전성기라고 볼 수 있다.

지금 우리가 살고 있는 시기는, 다시 보편적 독서에서 특수 집단의 독서로 돌아가는 시기가 아니겠는가? 꼭 엘리트가 되기 위해서나 권력을 갖기 위해서 책을 보는 것은 아니다. 그렇지만 통치 계급의 한 축은 언제나 책을 보는 사람들이었다. AI 시대, 결국은 뭔가 기획하거나 시스템을 디자인하거나 새로운 생각을 만들어내는 사람들이 세상을 지배하게 된다. 분명 이런 현상이 좋은 건 아니다. 초기 자본주의는 생산 수단을 가진 사람들과 그렇지 않은 사람들로 나뉘어졌었다. 생산 수단을 가지지 않은 사람들이 전체적으로 생산 수단을 공유하는 사회주의로 갈 것이라고 많은 사람들이 예상했지만, 자본주의 역사는 그렇게 전개되지 않았다. 복지와 인권을 비롯한 많은 요소들이 자본주의 시스템 안으로 들어왔고, 원시 자본주의의 야만적 모습을 조금씩 극복하면서 수정 자본주의가 된 것이 지금까지의 자본주의가 흘러온 역사다. 그렇지만 집중하고, 독점하고, 착취하려는 자본의 속성 자체가 근본적으로 변하지는 않았다. 언제든지 폭력적이고 차별적인 초기 단계로 돌아가려는 본성이 존재한다. 관세와 관련된 트럼프의 행태를 보면, 자본주의 초기로 회귀하려는 본능이 자본주의 자체에 아직 존재한다는 생각이 들기도 한다.

AI의 전면화와 함께 우리는 AI에게 일을 시키는 사람과 AI가 일을 시키는 사람으로 나뉘어지는 새로운 계급 분화의 시대로 갈 확률이 매우 높다. 역시나 맨 위에는 돈을 많이 가진 사람들이 존재할 것이다. 그리고 그들 옆에서 복합적이고 포괄적인 문제를 담당하는 사람들이 존재할 것이고, 이들은 책을 읽을 것이다. 역사적으로 대체로 그래 왔다. 그리고 그 외 많은 사람들이 책을 읽지 않게 될 가능성이 크다. 지금 추세대로라면 언젠가는 대중 독서의 시대가 종료하고, 인류사가 오랫동안 그랬던 것처럼 어떤 이유로든 소수의 사람들만이 책을 보는 시대가 다시 시작될지도 모른다. 물론 좀 먼 미래의 가능성일 뿐이다. 우리 앞에는 기후 위기를 비롯해서 자원 위기와 국지전 그리고 또 다른 팬데믹과 점점 더 위급해지는 빈곤 문제 등 시급한 인류의 위기들이 많이 놓여 있다. AI 계급 사회는 그 많은 위기의 하나일 뿐이고, 이 위기들 중 가장 나중에 심각해질 위기일 수도 있다. 그렇지만 그게 과연 좋은 것일까, 그런 질문을 하지 않을 수 없다.

   소수만 책을 읽고, 다수는 AI가 시키는 일만 하게 되는 사회로 가는 것은 어쨌든 유쾌한 일은 아니다. 더 많은 대중이 책을 읽고, 수많은 사람들이 '길게 생각하기'를 할 수 있는 상태를 유지하는 것이 가능한 나라와 그렇지 않은 나라들 사이에서 산업 경쟁력 등 경제적 차이가 한동안 발생할 것이다. 자본주의의 현실은 냉정하다. 수많은 경쟁 요소들과 함께 대중들이 독서할 수 있는 공공 도서관 시스템을 얼마나 오래 유지할 것인가, 그것이 다시 한번 국가 경쟁력을 좌우할 순간이 왔다.

   19세기에는 미국이 먼저 공공 도서관의 역사를 열었고, 영국과 유럽 국가들이 그 뒤를 따랐다. 20세기에는 선진국 대부분이 죽어라고 도서관을 만들었고, 뒤늦게 일부 개도국들이 그 대열에 합류했다. 한국은 도서관과 경제의 관계는 몰랐지만, 어쨌든 공공 도서관 시대의 대열에 합류했다. 한국의 도서관이 경제 발전에 어떤 역할을 했는지에 주목한 사람은 별로 없었다. 그렇지만 도서관을 중심으로 보면 실제 현실은 그렇게 왔다. 그리고 인터넷과 AI가 전면화되면서, 책 문명이 근본적으로 흔들리고 도서관의 미래가 위협받는 시대가 되었다. 그렇다면 19세기에 도서관 시대를 주도했던 미국은 이 흐름에 어떻게 대처할까? 아마 가장 적극적으로 지금의 공공 도서관 시스템을 유지할 나라가 미국일 것이다. 벤저민 프랭클린에서 강철왕 카네기까지 이르는 시대적 흐름이 그랬다. 프랭클린은 건국의 아버지가 되었고, 비록 헌법에 나오는 내용은 아니지만 도서관은 미국의 건국 정신이 되었다.

한국의 중고등학교 교육 과정에는 도서관을 활용하는 교육이 거의 없지만, 미국은 지금도 도서관 없는 중등교육은 상상하기 어려울 만큼 교육의 기본으로 자리 잡았다. 간단하게 얘기하면, 도서관은 미국 경제의 근간이고 그걸 여전히 잘 사용한다. 일종의 집단 지식이다. 그런 사회이기 때문에 많은 사람들이 성공하면 도서관에 기부를 한다. 한국은 그런 역사적 지식이 없기 때문에 성공한 사람이 도서관에 기부를 하지는 않는다. 자신이 성공해도 도서관 덕분이라고 생각하는 사람은 한국에 거의 없다.

사람들이 책을 집단적으로 좋아해서 결국 도서관이 생겨난 것일까? 현실에서 도서관의 역사가 그렇게 전개되지는 않았다. 왕의 시대에는 권력이 모여서 책을 수집하고 보관하게 되었다. 자본주의 사회에서는 책이 중요하다고 생각한 사람들이 도서관을 먼저 만들었고, 그 과정을 통해서 도서관 시민이 폭넓게 형성되었다. 그리고 맨 마지막에 정부가 여기에 참여하면서 공공 도서관 시스템이 만들어지게 되었다. 도서관 없이 20세기에 책의 전성기가 열렸다고 보기는 어렵다. 그건 앞으로도 마찬가지일 가능성이 높다. 도서관이 있으니까 대중이 책을 읽게 되고, 그런 문화가 만들어졌다고 보는 게 순서상으로도 맞을 것이다. 19세기의 도서관 경제는 먼저 움직이는 사람이 이겼는데, 지금부터의 도서관 경제는 늦게 움직이는 쪽이 이길 것이다. 일종의 '도서관 매직' 현상이 존재한다. 그리고 이 승부는 도서관 시민을 20세기 역사 속에서 누가 얼마나 많이 형성했는지가 가름할 것이다. 민주주의가 많이 진행되었고, 정부가 대중의 의사와 무관하게 독단적으로 무언가를 결정할 여지가 많이 줄었기 때문이다. 책이 만들어주는 길게 생각하기, 다시 말해, 얼마나 집단적이고 대중적으로 길게 생각할 수 있는 사람을 많이 만드느냐, 이게 앞으로 펼쳐질 또 다른 지식경제의 전선이 될 것이다.

이것은 곧, 흔히 문사철이라는 학문과 인류학 같은, 당장 돈이 되지 않는 학문을 누가 얼마나 오래 포기하지 않느냐가 결국 국가의 경제력을 좌우하게 될 거라는 말과 같다. 철학과 사학이 당장 돈이 되느냐? 물론 안 된다. 이런 학문들은 폭넓은 도서관 체계가 존재하고, 좀 더 길고 복잡하고 어렵게 생각하는 것을 즐거움이라고 생각하는 사람들이 있어야 버틸 수가 있다. 미국은 도서관만 세계 1위인 것이 아니라, 우리가 내팽개치고 가는 문사철과 인류학 같은 기초 인문학에서도 세계 최고다. 미국이 실용정신을 강조하면서 돈 되는 것만 할 것 같지만, 현실은 그렇지 않다. 직접적으로 돈이 안 되는 분야를 가장 잘하는 나라 중의 하나도 여전히 미국이다. 길게 보면 그게 결국은 실용적이기는 하다. 이런 간접적 경제

지식의 후방에 튼튼한 도서관 시스템이 버티고 있기 때문에 문사철이 미국에서는 여전히 힘을 쓰고 있다. 마지막까지 AI가 대체할 수 없는 분야가 문사철 아니겠는가? 헤겔의 복잡한 변증법적 사유 체계는 AI도 제대로 해독하지 못한다. 그런데 그런 생각이 근대와 20세기를 만들어낸 힘이다. 경제학자들이 잘 이해하지 못하는 도서관의 근본적 기능, 그걸 미국은 이해하고 있다. 우리는 미국과 일본의 흉내는 내면서 행위는 비슷하게 했는데, 그게 무슨 의미가 있는지 이해하고 있지는 못하다.

어떤 '야한 소설'의 가치와 도서관의 가치

한강의 〈채식주의자〉는 노벨문학상 수상에도 불구하고 격론이 있는 책이다. 이 책에 실린 〈몽고반점〉은 이상문학상 수상작인데, 예전에 한강의 이상문학상 수상 기사를 보았을 때 나는 제목만 보고는 무슨 중국집에서 벌어지는 일인가 보다 하고 생각했다. 내 동생들이 어렸을 때 파란 몽고반점을 본 기억이 있다. 우리 집 어린이들도 아기 때에는 몽고반점이 있었는데 커 가면서 없어졌다. 책을 읽으면서 몽고반점이라는 제목에서 중국집을 떠올렸던 것이 부끄러웠다.

〈채식주의자〉를 읽고 나서 내가 가장 크게 느꼈던 것은 한강의 용기였다. 많은 창작자들이 스토리를 끌고 가다가 터트려야 할 장면에서 움찔하게 된다. 그걸 끝까지 밀고 가는 사람이 있고, 중간에 세우는 사람이 있다. 천만 영화 「왕의 남자」는 제목 그대로 왕의 동성애를 둘러싼 얘기고, 거기에 삼각관계까지 들어 있다. 이 영화는 15세 이상 관람가다. 중학생에서 고등학생 그 언저리에서 무난하게 볼 수 있는 영화다. 「왕의 남자」 촬영 중에 섹스 장면을 넣을지 말지, 제작자들 사이에서 격론이 벌어졌다는 말을 건네 들은 적이 있다. 결국은 상업적인 이유로 한 톤 낮추게 되었다. 감독 이준익은 한 톤 낮추었지만, 상업소설이 아닌 그야말로 순소설을 쓰는 한강은 창작의 에너지와 번민을 보여주는 장면에서 고통스러운 순간을 그냥 밀고 갔다.

이 장면에서 또 하나 생각난 것은, 독일에서 백남준에게 배우기 위해 찾아갔던 한 학생이 백남준에게 들었다는 말이다. "한국 사람은 안 받습니다, 안 받아요." 신고 있던 슬리퍼를 손바닥으로 탁탁 털면서 백남준이 이렇게 말했다고 한다. 그러면서 한국에서 예술하기가 얼마나 힘들었는지, 잠시 지나간 얘기를 했다고 한다. 한강이 백남준을 〈몽고반점〉의 모티브로 삼았는지는 알 수 없지만, 어쨌든 소설은 비디오 아트에 대한 얘기다. 나는 자연스럽게 한국에서 백남준이 창작 과정에서 느꼈을 많은 편견과 부담스러움을 이 소설에서 되새길 수 있었다.

〈몽고반점〉은 그 자체로 독립된 하나의 소설이고, 두 사람의 고통스러운 삶에 대한 얘기다. 하나의 소설로 묶이기 이전에 '고통 3부작'이라는 별칭으로 불렸다고 한다. 특히 이건 창작의 고통과 번민에 대한 얘기다. 은유와 상징이 아주 많다. 여기에는 꽃과 나무에 대한 은유가 많다. 섹스는 다음 소설에 이어질 나무가 되어가는 과정에서 꽃이 피어나기 위한 나무의 자연스러운 생식 과정에 해당한다. 사실 섹스에 대한 한강의 묘사는 그 설정상, 에로티즘이라기보다는 고통의 흔적이 더 많다. 이걸 보면서 야하다고 생각하는 건 사실 좀 이해가 되지 않는다. 이 장면을 건너뛰면 다음 이야기에서 물구나무 선 나무를 이해하기 어렵다. 왜 주인공이 나무가 거꾸로 서 있다고 생각하는가? 꽃이 뭐고, 꽃이 어디에서 피어나는가, 이 얘기는 〈몽고반점〉의 섹스 장면이 없으면 느닷없어진다. 일본 영화 「리틀 포레스트」 초반에는 습한 날씨에 시달리며 논에서 농사를 짓던 주인공에게 아가미가 생기고 지느러미가 달려서 허공에서 헤엄치는 장면이 나온다. 환상적인 은유와 상징은 종종 사용되는 기법이다.

학교 도서관에 한강의 책들을 넣을 것인지 말 것인지, 격론이 일었다. 방송과 영화 같은 대중 매체에는 지나칠 정도로 엄격한 등급 심의가 있다. 책에는 그런 게 없다. 그렇다면 책에도 연령별 등급 심의를 해야 할 것 아니냐? 영상과 텍스트 사이에 근본적인 차이가 있어서, 책에 대해서는 심의를 하지 않는다. 텍스트의 특징을 가지고 있는 소설은 원래 야하다. 사실 인간이 극한에 가면 감정적으로 남는 것은 두 가지, 죽음과 섹스이다. 그래서 극한까지 스토리를 밀고 가면 결국 남는 모티브는 죽음과 섹스다. 잔혹해질 것이냐, 야해질 것이냐, 두 양 극단에서 창작자들이 고통을 받는다. 한강의 〈몽고반점〉에 나오는 섹스는 그 자체가 목적이 아니라 도구적이다. 예술가인 남성에게는 가볼 수 없는 또 다른 예술로 한 단계 넘어가는 과정이고, 여성에게는 나무로 되어가는 과정에서 넘어야 하는 또 다른 과정이다. 그래서 야하지는 않다. 그냥 필요에 의해서 그 장면이 삽입되어 있을 뿐이다.

자, 그럼 이런 텍스트에서의 예술을 어느 단계부터 청소년들에게 허락할 것인가, 그런 질문이 남는다. 그냥 내 경우로 생각해보면, 내가 성인문학으로 넘어온 것이 초등학교 6학년 후반, 책방에서 황순원의 〈독 짓는 늙은이〉를 사서 처음 본 순간이다. 그 시절에 읽기를 권장하는 〈수레바퀴 아래서〉 같은 책도 아주 농밀한 사랑을 그리고 있다. 사실 고전소설 중에 안 그런 게 별로 없을 정도다. 〈춘향전〉에는 아주 수위가 높은 체위들이 많이 나온다. 공연 현장에서는 섹스를 직접 표현할 수 없으니까 "이리 오너라 업고 놀자", 이렇게 은유적으로 보여줬을 뿐이다. 조선시대에 판소리로 〈춘향전〉을 들은 사람들은 다 이 노래가 섹스에 관한 것임을 안다. 세계적으로 고전 중의 고전이 된 영화 「졸업」은 성인과 소년의 삼각관계를 축으로 하고 있다. 소년이 성년이 되어가는 과정의 고뇌를 그린 얘기로, 앞으로도 오랫동안 더스틴 호프만이 느꼈던 갈등을 겪을 때마다 많은 소년들이 보고 또 볼 것이다. 「졸업」을 야한 영화라고 하는 사람은 없다. 다만 어린 아들들과 같이 보기가 좀 민망할 뿐이다. TV 시리즈 「스타트렉」도 엄청 야하다. 결국은 디즈니로 가게 된 「스타워즈」와는 달리, 「스타트렉」은 초등학생 자녀와 같이 보기에는 많이 민망하다. 「스타워즈」는 부모들이 극장으로 기꺼이 데리고 가는 데 비해, 「스타트렉」은 가족 드라마로는 좀 그렇다. 세 번째 TV 시리즈인 「보이저」는 시청률 하락으로 고민이 많았다. 결국 초반을 지나고 나서 스타트렉 최고의 섹스 코드가 된 여성 캐릭터 세븐을 전격 등장시켰다. 그 후 수많은 사랑과 섹스가 등장하고, 시청률은 시리즈를 끝까지 촬영할 수 있을 정도로 회복되었다. 그렇게 「스타트렉」의 명장면으로 남게 된 AI 닥터의 세븐에 대한 짝사랑 씬이 만들어졌다. 물론 「보이저」에는 섹스 코드만 있는 건 아니었다. 시리즈 최초로 여성 선장이 주인공으로 등장했고, 「스타트렉」 시리즈 중에서 페미니즘 요소가 가장 많은 시리즈로 평가받고 있다.

어린이 단계를 지나 청소년이 되면 이제 성의 세계에 눈뜨게 된다. 청소년 단계에서 보는 권장 소설들은 섹스 얘기를 빼면 시체일 정도다. 그럼 그걸 다 금지해야 하느냐? 그렇게 되지가 않는다. 여자 어린이는 모르겠는데, 남자 어린이들은 대체적으로 초등학교 5학년이 지나면 "늦은 밤의 이모", 이런 류의 다양한 광고에 노출되기 시작한다. 그걸 막을 수 있느냐? 못 막는다. 초등학교 앞 구석진 곳 중에서 와이파이가 되는 구역에 하교 중이던 남자 어린이들이 옹기종기 모여서 핸드폰 하나를 같이 보고 있는 장면을 종종 목도한다. 이걸 막을 수 있느냐? 못 막는다. 포르노와 예술의 경계가 애매한 경우도 있지만, 고전이 된 소설의 경우는 명확하다. 자체적인 스토리를 끌고 나가면서 섹스가 수단으로 사용된 것 중 성공한 얘기가 고전이 된다. 포르노는 스토리가 수단이고 섹스가 목적인 경우다.

 도서관에서 야한 소설들을 밀어내고 나면 청소년들은 포르노로 직행한다. 10대들의 그 불타는 호기심을 막을 방법을 인류는 알아내지 못했다. 그래서 그 대안으로 야한 예술을 권장하는 것이다. 그야말로 인류의 지혜에 해당한다. 그 호기심이 만약 한강의 〈채식주의자〉로 충족될 수 있다면, 그야말로 '생큐'다. 그렇지만 아마 대부분의 청소년에게 그 소설이 포르노로 느껴지지는 않을 것이다. 그건 그냥 예술이라서 그렇다. 어린이에서 청소년으로 넘어가면서 첫 섹스, 아니 첫 섹스 이야기가 충격을 주는 순간이 있다. 그게 포르노가 아니길 바라는 것은 그냥 어른들의 희망사항일 뿐이다. 학교 도서관에 한강의 〈채식주의자〉가 들어가지 않길 희망하는 어른들의 마음은 알겠지만, 아마 의도치 않게 한강의 경제 활동을 돕는 결과만 발생할 것이다. 학교 도서관에 없다고 청소년들이 그 책을 안 읽는 것은 아니다.

도서관과 관련한 작가들의 희망은 두 가지로 나뉜다. 도서관에 자기 책이 들어가기를 희망하는 작가와, 자기 책이 들어가지 않기를 바라는 작가. 베스트셀러 작가냐 아니냐, 그게 도서관에 대한 작가들의 입장 차이로 갈린다. 일본에서는 베스트셀러 작가들이 도서관에다 자기 책을 너무 많이 사지 말라고 요구하는 경우가 있다. 도서관에 들어간 책과 실제 판매량 사이의 관계에 대한 추정을 하는 논문들이 있을 정도다. 반면에 베스트셀러 작가가 아닌 사람들은 도서관에서 사주는 책이 초판을 해소하는 중요한 수단이기 때문에 도서관 권장도서가 되는 것이 그야말로 목숨줄과도 같다. 2016년 한강은 〈몽고반점〉이 포함된 고통 3부작 〈채식주의자〉로 맨부커상을 수상했다. 그 이후 한강은 도서관이 책을 사주지 않으면 경제적으로는 오히려 도움이 되는 작가가 되었다. 학교 도서관이 안 사주면, 역설적으로 인세 수입은 늘어난다. 작가에게는 전혀 문제될 것이 없다. 남는 것은 "우리 도서관에는 볼 책이 없어", 이렇게 돌아서는 학생들의 실망이다. 포르노의 세계와 예술의 세계라는 애매모호한 경계선에서 도서관에 비치할 책을 고르는 사서들만 가슴앓이를 할 뿐이다.

도서관의 세계에서 공공 도서관의 수치는 그 자체로 의미를 갖고 있지 않지만, 책의 세계에서는 그것이 절대 수치다. 미국 9,238개, 독일 6,780개, 일본 3,310개, 한국은 2023년 기준 1,271개다. 공공 도서관에 들어갈 정도의 소위 '양서'를 기준으로 하면, 이 수치가 책 출간 시 1쇄를 찍는 부수에 대한 기준점이 된다. 일반적으로 책 나올 때 처음 찍는 1쇄가 책의 손익분기점이다. 도서관에서 사줄 만한 정도의 좋은 책이라면 일본은 3천 부 정도, 한국은 천 부 정도라고 할 수 있다. 한동안 책 시장 사정이 좋았을 때 한국도 3천 부를 1쇄로 찍었던 적도 있었지만, 최근에는 천 부 정도로 줄었다. 그게 실제 손익분기점이라서가 아니라, 그 이상의 판매를 기대하기가 어렵기 때문에 현실적으로 초판 인쇄본을 줄여서 손실을 줄이려는 것이다. 손실을 볼 것을 예상하면서 신제품을 출시하는 경우는 일상적이지 않지만, 대부분의 책은 그렇게 만들어진다. 책을 일종의 산업이라고 보면, 이 산업은 도서관이 후방 산업으로 존재해야 정상적으로 작동하게 된다. 자본주의가 공공 도서관을 만들었고, 공공 도서관을 비롯한 전체 도서관이 책 산업이 형성되도록 만든 것이 20세기 모델이다. 그 모델은 지식경제 시대에도 여전히 유효하다. 지식의 수단으로서 책이 깊이와 다양성을 사회적으로 유지하게 만든 것이 바로 도서관이다. 그리고 여기에는 국가 간 경쟁이 존재한다.

공공 도서관의 규모 면에서 한국이 일본을 따라가기는 어렵다. 인구 규모가 정해져 있기 때문에 한국만 공공 도서관이 더 많이 늘어나기는 어렵다. 게다가 한국어와 일본어는 고립된 언어이기 때문에 해외 시장의 규모도 상대적으로 제한적이다. 스위스는 인구수 900만 명 정도의 작은 국가인데, 독일어권과 불어권 그리고 이탈리아권으로 나뉘어져 있다. 비록 나라는 작지만, 여기에서 성공한 책들은 그 배후에 있는 프랑스나 독일이라는 큰 시장을 갖게 된다. 캐나다 불어권과 벨기에 불어권에서 출간되는 책들도 마찬가지다. 이런 배후 시장이 있는 나라들과 달리, 스위스와 인구 수가 비슷한 스웨덴은 국가도 작고 스위스처럼 배후 언어권도 존재하지 않는다. 이런 경우 문학은 물론이고 자국 출간 시장이 존재하기 어렵지 않을까? 그러니 도서관도 죽어라고 만들고, 사람들도 죽어라고 책을 읽는 수밖에 없다. 세계 최고 수준의 도서관이 스웨덴에 있는 것은 우연이 아니다.

스웨덴 출신 작가 중 최초로 노벨문학상을 받은 이는 1909년 문학 부문 여성 최초 수상자인 셀마 라게를뢰프였다. 〈닐스의 모험〉이라는 소설로 받았는데, 이후 1916년에 베르네르 폰 헤이덴스탐이 시와 소설로 수상했고, 한동안 수상자가 없다가 1931년 스웨덴어로 시를 쓴 에리크 악셀 카를펠트가 받았다. 전쟁이 끝난 후 1951년에 페르 라게르크비스트가 시, 소설, 희곡으로 받았으며, 21세기로 들어와서는 2011년에 토마스 트란스트뢰메르가 시와 소설로 수상했고, 이후 아직까지는 수상자가 더 나오지 않았다. 스웨덴보다 더 작은 국가인 노르웨이 등 북구 국가들 역시 노벨상 단골 수상국이다. 이런 나라들은 국민들이 평소에 정말 죽어라고 자국어로 된 문학을 읽는다고 볼 수밖에 없다. 희극 〈고도를 기다리며〉로 유명해진 사무엘 베케트는 아일랜드 출신이지만, 30대 이후에는 프랑스에서 활동하면서 불어로 출간을 했다. 베케트처럼 모국어가 아닌 언어로 활동하면서 노벨상을 타는 경우가 없지는 않지만, 아주 예외적이다. 대부분의 작가는 모국어로 작품 활동을 하면서 자국 시장에서 먼저 데뷔한다. 경제적으로 볼 때 문학은 시장 규모와 독자 규모의 영향을 많이 받는다. 인구 수가 많지 않은 작은 언어권 국가에서 문학을 지키는 것은 국가 입장에서 엄청나게 중요한 일이다.

한국의 상황은 어떨까? 공공 도서관만 놓고 보면 일본의 절반도 안 된다. 그렇다고 국민들이 책을 많이 읽는 것도 아니다. 책을 읽는 사람들은 빠른 속도로 줄고 있고, 열정적인 문학 팬들이 충분하게 형성되어 있는 것도 아니다. 물론 자국 문학을 미처 형성시키지 못한 일부 개발도상국들보다는 형편이 낫기는 하다. 그러나 지금의 독서 문화와 도서관의 위기, 저출생의 여파를 고려해보면 우리의 미래가 밝다고 말하기는 어렵다. 한강의 노벨문학상 수상으로 생겨난 독서 열풍은 건강할 때 먹는 보약이라기보다는, 과로가 누적되어서 큰 병이 나기 직전 병원에 가면 처방해주는 수액 주사에 가깝다고 할 수 있다.

책 산업은 '산업'이라고 부르기에 민망하게도 규모가 크지는 않다. 2022년 기준 출판 사업체 매출액은 약 4.6조 원이었다. 여기서 교과서와 학습지를 빼고 순수하게 우리가 책이라고 부르는 단행본만 보면 1.1조 원에 불과하다. 아동서는 1,400억 원 정도다. 그러나 이 대단히 크지는 않은 규모의 산업이 지식경제라는 틀을 통해서 산업 전반은 물론 국민경제에 미치는 영향은 아주 크다. 도서관은 책 산업의 후방 산업인데, 역시 일반적인 산업과는 작동 방식이 많이 다르다. 일부 경제 부처에서는 도서관을 사업소 방식으로 접근하는데, 도서관은 서비스를 무료로 제공하기 때문에 요금을 내는 또 다른 공공재인 전기나 가스와 달라서 사업소 개념이 잘 안 맞는다. 굳이 비유하자면 도서관은 예전의 동사무소에 해당하는 주민센터에 조금 더 가깝다. 도서관이나 주민센터는 모두 매출액이라는 개념으로 그 활동을 계측할 수 없다는 면에서 같다. 그렇지만 도서관은 책 산업이라는 독자적인 부가가치를 만드는 산업과 밀접한 관계를 가지고 있다. 전방 산업에 대한 후방 산업이며, 동시에 교육 서비스의 후방 산업이기도 하다. 그 나라의 '국가지식시스템'이 책 산업에 얼마만큼의 가치를 두는가 혹은 교육에 대해서 얼마만큼의 가치를 두는가에 따라서 도서관은 주민센터와는 국민경제에서의 역할이 전혀 다르다.

도서관, 특히 정부의 재정이 투입되는 공공 도서관의 도서구입비는 도서관 서비스를 위해서 지출되는 돈이지만, 간접적으로는 책 산업에 대한 보조금의 성격도 갖는다. 국가 도서관 두 곳의 의무 납본을 제외한 나머지 도서관에서의 도서 구입비는 결국 출판사 매출이 되고, 단행본 매출액 통계에 포함된다. 공공 도서관 수가 우리보다 3배 가까이 더 많은 일본은 그만큼 도서관 재정 지출에 의한 출판 매출이 늘어나게 된다.

책의 가치에 대한 사회적 선호는 결국 책의 가치에 대한 정책적 결정이 된다. 그리고 이 결정은 공공 도서관의 도서구입비로 수치화된다. 이걸 공공 도서관에만 국한한다고 해도 지갑이 열리는 곳은 각각 좀 다르다. 중앙정부가 직접 재정을 지원하는 국가 도서관이 있고, 각 시도교육청이 지원하는 교육청 도서관이 있다. 그리고 대부분의 공공 도서관은 현재 각 지자체가 관할한다. 2023년 기준으로 공공 도서관의 자료구입비는 1,157억 원이다. 한편 민간과 공공이 혼재된 작은도서관 6,875개의 자료구입비는 177억 원이다. 이 수치는 단행본뿐만 아니라 각종 시청각 자료와 전산 자료가 포함된 액수라서, 바로 책 산업의 보조금으로 계산할 수 있는 것은 아니다.

도서관 운영비에서 자료구입비가 차지하는 비중을 비교해보면, 2021년 기준으로 일본은 18.7%, 미국은 10.5%이고, 한국은 8.9%다. 대부분의 국가가 10%가 넘는 데 비해, 한국은 9% 정도로 평균적으로는 자료를 덜 사는 편이다. 특히 일본 공공 도서관은 한국 공공 도서관의 2배가 넘는 비율로 자료를 많이 산다(2023년 대한출판문화협회 보고서, '도서관 자료구입비 적정성 산출 및 증액 방안 연구').

한국 공공 도서관의 경우는 금액 자체도 부족하지만, 도서구입비의 법적 기준이 정해지지 않은 것이 더 큰 문제다. 미국은 각 주의 공공도서관위원회에서 다양한 방식으로 최소 기준을 정해 놓고 있다. 플로리다주는 8~12%, 일리노이주는 10~15%, 조지아주는 10%, 루이지애나주는 20%로 각자의 사정에 맞게 규정하고 있다. 우리나라도 기준이 있기는 하지만, 한국도서관협회 차원에서 제시한 '한국도서관 기준'은 권고 조항이라서 실제로 지키는 곳은 없다. 법적 기준이 명확하지 않다 보니, 특히 지자체 도서관의 경우는 단체장 기분에 따라서 자료구입비를 깎는 일이 종종 벌어지게 된다. 도서관에 우호적인 단체장은 도서관 예산을 넉넉하게 잡아주지만, "그게 꼭 필요해?", 이렇게 생각하는 곳에서는 가차없이 예산이 깎여나간다. 지자체만 그런 것은 아니다. 정권에 따라서도 다른데, 도서관에 좀 더 적극적인 정권에서는 예산 확보가 상대적으로 용이하지만, 그렇지 않은 경우 도서구입비 확보가 아주 만만치 않은 일이다. 특히 윤석열 정부에서 많은 공공 부문과 복지 예산 확보가 어려워진 것과 마찬가지로 도서관 예산, 특히 자료구입비는 집중적인 타겟이 되어 매우 큰 어려움을 겪게 되었다. 현상 유지라도 하기 위해서는 도서관의 자료구입비와 도서구입비에 대한 법적 기준을 정비하는 것이 시급하다.

도서관의 자료구입비 중 도서구입비는 책 산업에 대한 도서관의 기여로 볼 수 있다. 미국처럼 도서관 기부가 활성화되지 않은 한국에서 공공 도서관의 도서구입비는 책 산업에 대한 보조금과 교육에 대한 지원금 성격을 갖는다. 일본과 경쟁 중인 상황에서 숫자만 놓고 냉정하게 따져보면, 이 보조금을 어떻게 해야 할지 방향은 명확해진다. 최근 경기도와 서울시가 각각 광역 대표 도서관을 만드는 중이다. 경기도의 경우 1,200억 원 이상이 들어가는데, 운영비로 추정해보면 자료구입비는 연간 7억 원 내외다. 이건 광역 대표 도서관이라서 일반적인 공공 도서관과 규모 자체가 다르지만, 건설비와 운영비의 비율은 비슷할 것이다. 건설비에 대한 자료구입비 비율은 0.58%다. 기계적으로 계산하면, 도서관 건설 비용은 자료구입비 172년치에 해당한다. 서울시의 경우 경기도보다 41% 더 많은 예산을 써서 건설비가 1,647억 원이다. 예산이라는 시각으로만 보면, 하드웨어에 들어가는 돈을 조금만 줄여도 소프트웨어에 해당하는 자료구입비를 2배 이상 늘릴 재정적 여지는 충분하다. 물론 현실이 그렇게 간단하지는 않다. 도서관 건설은 시장이나 도지사의 치적이 되지만, 자료구입비 증액은 정치적으로 그렇게 감격적인 일이 아니기 때문이다. 그렇지만 일본과의 경쟁이라는 좁은 눈으로 보면, 당장 도서관 개수를 수십 개 늘리는 것보다는 자료구입비를 몇 배 늘리는 편이 더 효율적이고 현실적이다. 이런 걸 보면 강철왕 카네기의 공공 도서관 기부가 얼마나 계산적이면서도 효과적인 방식이었는지 다시 한번 놀라게 된다. 건물은 내가 줄 테니까, 책과 사서는 지역에서 알아서 하시길 바랍니다!

공공 도서관 외에 규모로서 중요한 역할을 하는 곳은 대학 도서관이다. 2021년 기준 한국의 대학 도서관은 2,388억 원을 자료 구입비로 지출했다. 한국도서관협회 기준에 의하면 대학 도서관은 총경상비에 대비해서 4년제는 2~2.5%, 전문대는 1%를 자료구입비에 쓰도록 제시하고 있다. 이것 역시 전혀 지켜지지 않고 0.8%만을 지출하고 있다. 전체 금액도 문제지만, 현실적인 문제는 이 중 해외 전자 저널의 구입비가 70.1%에 육박한다는 점이다. 해외 논문을 볼 수 있는 전자 DB 구입비는 우리나라뿐만 아니라 전 세계적으로 부족하다고 난리이기는 하다. 개인이 가입하기에는 너무 비싸고, 저널 중심으로 진행되는 전문가 평가가 보편화되어서 안 볼 수도 없다. 한국의 391개 대학에서 전자 자료가 아닌 기타 자료 구입비는 한 해에 297억 원이다. 재학생 1인당 자료구입비는 10만 원 정도인데, 그나마도 점차 줄어드는 추세다. 단행본으로 좁혀보면 3만 원이 채 되지 않는다. 물론 이건 평균치이기 때문에, 전형적인 부익부 빈익빈 현상이 여기서도 발생한다고 할 수 있다. 대학 중에서 자료구입비가 가장 많이 책정되어 있는 대학은 2024년 기준 서울대로 1인당 40만 원이 넘는다. 상위 15개 대학교 평균의 2배가 넘는 금액이다(대학알리미, '장서 보유 및 도서관 예산 현황'). 학생들의 교육권이라는 관점에서 보면, 학교별 편차가 너무 커서 누구나 등록금을 내지만 충분한 독서 지원을 받지 못한다는 점을 지적할 수 있다. 이게 문제라고 생각을 하지 않아서 그렇지, 문제라고 생각하면 풀 수 있는 정책 디자인이 없는 것은 아니다.

지금은 사망한 정치인 정두언이 발의한 대학도서관진흥법은, 교육부 장관이 대학도서관진흥종합계획을 만들고 재원을 확보할 것을 규정하고 있다. 시행령을 통해서 전문대학은 학생 1인당 1권, 기타 대학은 학생 1인당 2권을 매년 확보하라고 했다. 이건 최소 기준이다. 현행 제도에서도 국공립 대학만이 아니라 민간 대학을 포함한 모든 대학에 자료구입비를 지원하는 것은 얼마든지 할 수 있다. 지원 기준이나 지원 규모를 결정하는 메커니즘이 단순하지는 않겠지만, 목표를 설정하고 인센티브 방식을 디자인하면 얼마든지 가능하다. 물론 도서구입비와 관련된 국가 차원의 기금을 만들면 문제를 푸는 것이 훨씬 쉬울 것이다.

상황이 이렇게 어렵다 보니까, 대선이 벌어질 때면 종종 도서관계에서 후보들에게 도서관 정책에 관해 건의하는 일이 벌어진다. 2017년 3월, 19대 대선 직전에 '책 읽는 대통령, 책이 문화정책의 기본인 나라' 성명서가 발표된다. 그중 공공 도서관 예산에 대한 얘기가 들어가 있었다.

공공 도서관의 도서구입비도 선진국 대비 1/3 수준에 불과하다. 도서관을 도서관답게 만들어야 한다. 도서구입비를 연간 3천억 원 수준으로 확보하고, 도서관마다 전문인력을 확충하여 도서관 서비스의 질을 개선해야 한다.

2017년에 공공 도서관 도서구입비로 3천억 원을 얘기했었는데, 아직까지 천억 원이 조금 넘는 수준이다. 도서관 예산 집행에는 중앙정부와 지방정부, 교육청 그리고 민간까지 워낙 다양한 주체들이 존재하기 때문에 일괄적으로 중앙정부가 책임지는 것이 쉽지만은 않다. 도서관 운영비와 인건비와 자료구입비 등이 하나의 회계로 움직이므로 자료구입비만 딱 떼어서 별도 예산으로 운용하는 것도 간단한 일은 아니다. 아동 도서관이나 전문 도서관처럼 대상이나 분야가 정해진 책이 아니라 보편적인 책을 구매하는 공공 도서관과 대학 도서관의 도서구입비 지원을 기금으로 만드는 것이 불가능하지는 않다. 도서관의 종류도 많고, 예산의 원천도 다양하지만, 범위를 좁히고 목적을 명확히 하면 도서관 도서구입기금으로 운용할 수 있다. 공공 도서관은 훨씬 용이하고, 민간 대학에 대해서도 어차피 많은 지원을 해주고 있기 때문에 기금 설계는 가능하다. 1단계로 공공 도서관과 대학 도서관에 대한 기금이 성공적으로 작동되면, 추가적으로 작은도서관 등 다른 분야로 지원 범위를 넓혀나갈 수 있을 것이다. 굳이 지금 도서관에 도서구입기금이 필요하냐고?

군사정권 이래로 우리가 도서관을 만드는 데는 아주 강했지만, 적절한 운영비용을 확보하는 데는 그렇게 강했던 나라가 아니다. 군인들은 사서의 중요성도 잘 몰랐고, 신간이 도서관을 늘 새롭게 만들어준다는 사실도 잘 몰랐다. 그 후 60년이 흘렀는데, 지금도 한국은 도서관에 대해서는 군사정권 시절과 크게 다르지 않다. 크고 멋진 도서관에는 지금도 수천억 원씩 넣는 데 전혀 아까워하지 않지만, 기본적인 소프트웨어에 돈을 쓰는 것은 여전히 아까워한다. 그 결과 책이 위기에 빠지고, 도서관이 위기에 빠지고, 청소년이 문해력 위기에 빠지게 되었다. 이건 아날로그 문명의 위기가 아니라 하드웨어의 매력을 소프트웨어의 매력으로 넘어서지 못한 '건물주의'가 초래한 위기일 뿐이다. 단체장의 성향에 따라서, 대학의 경영 성향에 따라서 자료구입비가 뭉텅뭉텅 잘리는 지금 이 순간, 기금 같은 형식의 특별재원이 그 어느 때보다 더 중요해졌다고 할 수 있다. 강력한 도서관 없이 선진국이 된 나라가 있는가? 도서관 네트워크를 튼튼하게 만들지 않고 선진국의 지위를 유지한 나라가 있는가?

도서관의 경제적 가치를 논하는 것은 누군가는 '야한 소설'로 폄하하는 〈채식주의자〉의 경제적 가치를 논하는 것과 마찬가지다. 근친 섹스가 단란했던 가족을 파국으로 몰고 가는 데 결정적인 작용을 하지만, 이 '야한 소설'에서 그것은 사건을 극한으로 몰고 가는 격발 장치, 즉 도구일 뿐이다. 이 '야한 소설'이 노벨문학상을 수상하게 되는 과정에서 결정적이었던 것은 이 얘기를 고상한 방식으로 즐기고 사랑해준 독자들이다. 작가 혼자 그것을 이해하고 즐겨주는 독자 없이 앞으로 마구 질주하지는 못한다. 그 폭넓은 독자들을 한 국가 내에서 형성시키는 두 축은 도서관과 서점이다. 오죽하면 한강이 매달 적자를 보면서도 다양하지만 잘 알려지지 않은 작가들의 책을 소개하기 위해 직접 서점을 운영했겠는가? 만약 그런 개인이 도서관에서 일할 수 있는 여지가 있었으면, 한강이 도서관에서 일했을 가능성도 있었을 것이다. 자, 이 모든 것들의 가치는? 그건 노벨상 상금이나 노벨상을 통한 한국의 홍보비용 등과 같은 것보다 몇 배는 크다. 단기적으로 청소년들의 문해력을 높이고, 어느 '야한 소설'을 고상하지만 이해할 수 있는 청소년 수십만 명을 만들어낼 것이다. 그리고 이런 경로를 따라, 우리나라의 지식 수준과 함께 기술 수준이 높아지게 될 것이다. 2000년대에 구글은 인류학 등 인문학 전공자들을 대거 채용했다. 그래서 어떤 일이 벌어졌는가? 10여 년쯤 지나서 알파고와 이세돌의 이벤트가 벌어졌다. 이 사건이 인공지능의 역사를 한 번에 바꾸었다. 이 변화의 저변에는 미국의 튼튼한 도서관 시스템이 숨어 있다. 랩lab과 도서관, 한 사회가 지식을 만들어내는 공식적인 두 가지 축이다. 어느 '야한 소설'의 경제적 가치는, 덩치만 선진국이 된 한국이 지적이고 문화적인 실질적 선진국이 되는 것의 경제적 가치와 같다. 우리는 이제야말로 도서관 관련된 경제적 장치들을 정비해야 할 시간이 되었다. 단체장 기분에 따라서 도서관에 돈을 넣었다 뺐다 하는 상황은 좀 이상하다. 선진국답지 않다. 한국의 도서관, 다시 한번 점프할 필요가 있다. 그래야 한국 경제가 더 오래간다.

너희가 사서를 아느냐?

지금 베를린예술종합대학 도서관에서 일하고 있어요. 독일에서는 전문직인데, 한국에서는 사서라는 직업에 대한 인식이 좀 낮은 것 같아요. 송 교수 면회 갔을 때 직업을 사서라고 썼더니, 같이 간 교수분이 대학교 교직원이라고 쓰라고 하시더군요. 사서가 뭔지 모른다면서요. 제가 일하는 학교가 예술대학이기 때문에 다른 종합대학에 비해 좀 특이한 분위기가 있어요. 예술이라는 게 창조하는 일이다 보니까 까다롭고 힘든 사람도 있지만, 저는 그 분위기가 참 좋아요.

독일에 사는 정정희가 2004년 4월 29일, 월간지 〈참여사회〉와 한 인터뷰다. 그녀에게 주변 사람들이 사서라고 하지 말고 대학교 교직원이라고 하라고 했다는 조언이 눈에 띈다. 나는 그녀의 남편과 파리에서 식사를 한 적이 있는데, 정작 그녀는 만난 적이 없다. 그렇지만 그녀가 사서라는 것은 알고 있었다.

독일 사회에 남편 문제에 대한 여론을 확산시키고, 석방운동 등 캠페인을 전개할 생각입니다. 그리고 우선 직장 문제를 해결해야죠. 학교에서 많은 배려를 해줘서 지금까지도 적을 두고 있지만, 남편이 힘들 때 곁을 지켜주고 싶다는 생각이 들어서 최악의 경우 휴직을 고민 중입니다.

철학자 송두율은 소통이론으로 유명한 독일 철학자 위르겐 하버마스의 제자다. 2003년에 한국을 방문했다가 간첩죄로 전격 체포되었다. 두 편의 다큐가 그 사건을 다루었다. 그가 실제 북한을 방문한 것도 사실이고, 북한에서 돈을 받은 것도 사실이고, 노동당 당원 가입도 사실이다. 그렇지만 간첩은 아니었다. 많은 사람들이 그의 구명에 나섰는데, 결국 독일 정부가 탄원서를 냈다. 그리고 그 과정에서 사서였던 그의 부인을 도운 많은 독일 사서들이 있었다고 들었다. 역사가 어떻게 평가할지는 모르겠지만, 철학자 송두율이 감옥에서 나오게 된 것은 사서 네트워크의 힘이라고 나는 이해하고 있다.

자본주의 사회에는 수많은 전문직 직업군이 있고, 그 직업 고유의 네트워크가 존재한다. 그중 유명한 것은 뱅커, 은행가들이다. 영국에서 이러한 문화가 형성되었다. 뱅커들은 그들 고유의 문화를 가지고 있고 서로 돕는다. 변호사와 교수들도 그렇다. 이런 전문직 직군 중에서 가장 네트워크가 강력한 것이 사서라고 알고 있다. 박사 과정 때 그렇게 배웠다.

외국 작가들의 책 서문에는 사서들의 이름이 종종 나온다. 자료 구하는 과정에서 도움을 준 사람들이라서 특별히 고맙다고 명기한 것이다. 박사 논문 쓸 때 나도 학교 사서들의 도움을 많이 받았다. 장 밥티스트 세이와 같이 오래된 고전을 봐야 했을 때 결국 사서들이 도움을 주었다. 나는 자료를 구하러 런던으로 향했고, 그때 사서들이 편지를 써주었다. 굳이 편지가 없어도 되기야 했겠지만, 어쨌든 그 편지를 가지고 가면 훨씬 편하다. 내가 누구인지, 왜 왔는지, 얼마나 사정이 급한지, 긴 설명 과정을 단축할 수 있다. 그리고 원스톱 서비스 같은 것도 받을 수 있다. 런던에 머물 수 있는 시간이 짧았기 때문에 큰 도움이 되었다. 내가 논문 쓰던 시절에는 아직 인터넷이 없었고, 이메일이 막 시험운전하던 시기였다. 일반적으로 프랑스나 영국, 독일, 스위스 같은 곳에서 사서는 아주 높은 신분의 사람이다. 이해하기 쉽게 말하자면, 월급 등 많은 측면에서 교수와 동급이라고 보면 된다. 실제로 박사들이 많고 경력도 화려하다. 개인 신분만 높은 게 아니라 사회적 영향력도 크다. 특정 정책에 대해서 사서들이 어떠한 생각을 가지고 있는가, 이런 것에 대해서 사람들이 궁금해한다. 전쟁과 인권 등 다양한 분야에서 사서들이 직접 성명서를 내기도 한다. 도서관의 정치적 중립에 대한 아주 길고 끈적끈적한 논쟁도 존재했다(이상복, 〈진보 도서관학 운동〉). 우리나라에서는 가끔 교수들이 대통령 퇴진과 같은 시국선언을 하는데, 사서들의 목소리에 크게 귀를 기울이는 분위기가 아니니까 사서들은 시국선언을 못한다. 그들의 의견에 대해서 별로 궁금해하지 않는다.

미국 대학에서 사서를 뽑을 때는 지원자의 비행기표와 호텔 숙박 등 일체의 비용을 학교에서 부담한다. 그리고 지원자 한 명당 하루 이상 소요되고, 전체적인 검증 기간은 6개월에 걸쳐서 진행된다. 이런 과정은 교수들 뽑는 것과 같은 절차다.

사서 한 사람을 채용하기 위해 6개월에서 1년 정도 공을 들이기에 대부분 유경험자들이 지원하고 또 대부분 경력자들이 채용된다. 나는 UCLA, 버클리대학, 스탠퍼드대학에서 한국학 전문사서를 거쳐 지금은 하버드대학 하버드옌칭도서관에서 한국관을 총괄하고 있다. 그렇다 보니 다른 한국학 사서에 비해 인터뷰 경험이 많은 편이다.

〈사서가 말하는 사서〉 | 강미경 외 20인 공저 | 부키 | 2012

우리는 안 쓰는 말이지만, 이런 '주제전문사서'들을 특별히 '장서개발자bibliographer'라고 부른다. 진짜 신분이 높은 사람이다. 단순 비교를 위해 말하자면, 하버드대학의 교수가 되는 것보다 하버드대학도서관의 사서가 되는 게 더 어렵다. 결원이 생겨야 뽑는데, 교수는 한 분야에 여러 명을 뽑기도 하지만, 전문사서는 그렇게 복수로 뽑지 않기 때문이다.

이런 건 미국이나 유럽에 해당하는 얘기다. 우리가 아는 도서관은 자본주의의 산물이라서, 처음부터 누군가 설계하고 질서를 갖춰 만들어진 제도가 아니다. 한국은 공간으로서의 도서관은 이해를 했고, 도서관에 채워넣는 책에 대해서도 어느 정도는 이해를 했다. 그렇지만 도서관의 3대 요소 중 하나인 사서에 대해서는 아직 이해를 못하고 있다. 일본도 사서를 제대로 이해하지 못했으니 크게 이상한 것도 아니다. 그러니까 송두율의 아내에게 감옥에 면회갈 때 사서라고 쓰지 말고 대학교 교직원이라고 쓰라고 현실적인 조언을 해주는 일이 벌어지게 된 것이다. 아직 우리는 사서가 무엇인지 이해를 못하고 있다.

　사서를 경영전문대학원인 MBA와 같은 것이라고 생각하면 이해하기가 쉽다. 미국을 비롯한 많은 나라에서 경영학은 학부과정에는 없다. 문과나 이과나 각자 자기 전공을 공부하고, 회사에 가고 싶은 사람들이 회사를 이해하기 위해서 대학원 과정에서 경영전문대학원에 간다. 학부를 경영학과를 나왔다면, 이미 충분히 회사에 대해서 배웠으니까 굳이 MBA에 갈 필요가 없다. 그러나 현실에서는 미국 유학을 위해서 경영학과를 나온 뒤 다시 경영전문대학원에 가는 일이 벌어지기도 한다. 사서도 마찬가지다. 학부에서는 각자의 전공대로 공부를 하다가, 도서관에서 일하고 싶어지면 문헌정보학 대학원으로 진학을 하게 된다. 사서라는 직업은 기본적으로 대학원 과정을 이수한 사람이기 때문에, 사서가 전문직이냐고 물어보는 건 진짜 이상한 얘기다. 그렇지만 한국에서는 사서가 전문직이라는 사실도 잘 이해가 되어 있지 않고, 사회적으로도 외국처럼 그렇게 높은 지위가 아니다. 9급 공무원, 그렇게 생각하는 사람들이 많다. 국회도서관에서 일하면 국회직 2급 이사관까지 올라갈 수 있다. 물론 희귀한 경우이긴 하다.

　한국에서 사서를 뽑기 시작한 것은 조선총독부에서 1937년 사서 자격 검정시험을 도입한 때부터다. 당연히 한국인을 뽑으려고 만든 제도는 아니고 일본인 사서를 뽑으려고 했던 것이다. 이 시험에서 1937년과 1939년에 한국인이 한 명씩 뽑혔다. 두 번째 뽑힌 사서 박봉석은 한국식 도서분류체계를 만드는 등 '한국 도서관의 아버지'라고 불리게 된다. 조선총독부에서 일한 사서는 총 36

명이고, 조선인은 박봉석을 비롯해 4명이었다(2019년 8월 22일자 오마이뉴스 기사, 백창민·이혜숙 글, '대한민국 사서 자격증 1호 취득자의 현재'). 이후 도서관학과가 대학에 개설되면서, 현대식 도서관 교육이 시작된다. 도서관학과에서 문헌정보학으로 이름이 바뀌었지만, 어쨌든 한국은 대학 학부에서 사서를 교육하는 방식으로 설계되어 있다.

현재 사서는 3단계로 구분된다. 1급 정사서는 박사급이다. 학부를 문헌정보학으로 나왔으면 꼭 문헌정보학이 아니라 다른 전공으로 박사학위를 받아도 1급 정사서가 된다. 문헌정보학 학부를 졸업하면 2급 정사서가 된다. 2급 정사서로 도서관에서 9년을 근무하면 1급으로 올라갈 수 있다. 부전공을 했거나 전문대학을 졸업하면 준사서 자격을 가지게 된다. 사서교육원에서 3학점 1년 과정을 통해서도 준사서가 될 수 있다. 이와는 별도로 사서교사라는 또 다른 자격이 있는데, 사서와 교사의 자격을 동시에 가지고 있어야 한다. 좀 더 복잡하다. 예외적으로 국립공주대학교 사범학과에서 문헌정보학을 전공하면, 사범학교라서 한 번에 사서교사 자격증을 가질 수 있다.

자격증이 있다고 바로 사서가 되는 것은 아니다. 한국의 많은 공공 도서관이 정부가 직접 운영하는 것이다. 공무원이 되기 위해서는 공무원 시험을 봐야 한다. 준사서는 9급, 2급 정사서는 7급부터 시작한다. 공무원 세계의 위계 관계에서는 직급이 많은 것을 대표한다. 사회적 위계는 그렇게 결정이 된다. 자본주의에서는 도서관 자체가 미리 누군가 설계하고 만든 것이 아니라서 애초에 질서정연한 체계 같은 것은 없다. 도서관을 운영하는 정부 부처에 따라서 공무원 사서 체계도 복잡해졌다. 지자체에서 국회까지, 각각 뽑는다. 대학 도서관 등 민간 도서관은 당연히 공무원과는 상관이 없다. 군대에도 도서관이 있다. 병영 도서관의 사서는 군무원으로 분류된다. 병원에도 병원 도서관이 존재한다. 여기에는 아직 사서와 같은 전문인력은 없다. 회사에서도 도서관을 운영하는데, 일반 직원과 마찬가지로 그냥 사원으로 뽑는다. 하는 일은 같지만, 설치 기관의 성격에 따라서 사서의 신분이 변동한다. 도서관법에서는 병영 도서관, 병원 도서관과 함께 교도소 도서관을 특수 도서관으로 분류하고 있다. 행정적으로는 잘 관리되지 않는다.

공무원에서 군무원까지, 이런 기본적인 도서관들에 근무하는 해당 사서들에게는 평생 직장이다. 이렇게 '정규직' 사서가 되는 비율은 대략 문헌정보학과 전체 졸업생의 20% 정도로 알고 있다. 그렇다면 다른 사람들은? IMF 이후 만들어진 공공 도서관들에서 정부가 직접 관리하지 않고 위탁을 주는 일들이 벌어지기 시작했다. 종교기관을 비롯해서 다양한 종류의 기관들이 정부에게 위탁을 받아 공공 도서관을 운영하면서 수많은 변형이 일어났다. 그렇다면 이건 민영화냐? 도서관은 수익이 발생하지 않으니까 애당초 민영화 형태가 되기 어렵다. 토지와 건물 등 자산은 존재하지만, 자본이 존재하지 않는 특수한 기관이다. 우리가 생각하는 자본주의의 대부분의 기관은 주식회사 아니면 재단법인 혹은 사단법인이다. 법적으로 도서관은 그냥 도서관법에서 규정하는 시설이고, 일반적인 법인 격에 의해서 분류되지는 않는다. 회사가 되기 어려운 것은 수익이 존재하지 않기 때문이다. 사서들이 노동은 하는데, 그 노동의 결과물이 부가가치를 만들지 않는 매우 특수한 노동이다. IMF 이후 경제적 이득과 부가가치가 개혁이라고 생각하는 시대를 만나게 되었는데, 사서는 그런 기준으로는 매출액이 0원인 직업이다. 그야말로 전형적인 공공 서비스다. 역사적으로, 정부가 도서관을 주도적으로 만든 게 아니라서 민간과 공공이 공존한다. 그게 나쁜 것은 아니고, 자연스러운 일이다. 민간이 운영하더라도 대중들에게 자유롭게 공개되면 그것도 공공 도서관이다.

    IMF를 겪으면서 많은 공공 서비스가 민영화의 대상이 된 것과 유사한 일이 도서관에도 벌어졌고, 이걸 위탁운영 혹은 위탁경영이라고 부른다. 정부가 시설은 그대로 가지고 있고, 운영하는 돈도 다 대주지만, 관리의 주체가 되지는 않는 경우를 말한다. 여기에는 아무 법칙이 없다. 특히 이명박 정부 때 강화된 '작은 정부' 시절에 이런 흐름이 강했다. 정부 입장에서 생겨나는 유일한 장점은 공무원 수를 늘리지 않아도 좋다는 점이었다. 민간위탁으로 넘어가면 위탁받은 곳에서 스스로 예산을 정하기가 어려우니까, 적당히 예산을 깎아도 크게 반발하기 어렵다. 일종의 편법인데, 도서관계의 민영화 정도로 이해해도 크게 다르지는 않을 것이다. 공무원 사서와 달리 위탁경영인 사서들의 신분은 매우 불안하다. 비정규직과 기간제 등 온갖 편법이 동원되기 시작했기 때문이다. 원래도 한국은 사서에 대한 존경심이 별로 없는 사회였는데, 더더욱 사서에 대한 시선이 악화되었다.

　물론 모든 지역이 동일하게 이런 위탁이 진행된 것은 아니다. 이걸 설명하기 위해서는 도서관 시민이라는 개념의 도움이 필요하다. 수도권의 두 축인 서울과 경기도는 많은 것이 비슷하지만, 도서관 외부 위탁에서는 완전히 상반되는 길을 걸어왔다. 경기도는 11% 정도가 위탁운영되는데, 서울은 거꾸로 87%가 위탁운영이다. 단체장의 정치적인 성향 차이일까? 꼭 그렇지도 않다. 서울과 경기도 모두 보수 단체장이 있었던 기간이 유사한데, 11%와 87%라는 큰 차이가 발생할 요소가 된다고 보기는 어렵다. 인천은 43.5%이고, 전국적으로는 25% 정도이다. 다른 조건이 모두 비슷하기 때문에 도서관 시민이 얼마나 더 많이 형성되어 있는가, 이런 게 부분적으로는 서울과 경기도의 민간 위탁 비율 차이를 설명하는 한 요소가 될 수 있다. 서울은 도서관을 위탁한다고 해도 큰 저항이 없지만, 경기도는 도서관 시민이 서울보다는 더 광범위하고 뿌리 깊다고 할 수 있다. 풀뿌리 시민이라는 관점으로는 지자체 단위에서 시민 자치는 경기도가 서울보다 더 강하다.

　최근 광역 대표 도서관을 만들면서 경기도의 위탁운영이 큰 사회적 논란이 된 적이 있었다. 광역 대표 도서관은 지역의 도서관 정책 기능을 갖기 때문에 경기도에서 위탁을 하는 것은 법 취지에 맞지 않는 일이다. 그러나 법적으로 그렇게 하지 말라고 딱 규정을 하고 있는 것은 아니라서, 외부 위탁 쪽으로 도에서 방향을 잡았다. 이후 서명운동이 벌어지면서 그야말로 강력한 도서관 시민의 저항을 만나게 되었다. 결국 도의회가 나서게 되었다. 경기도서관 운영을 두고 한동한 진행되던 힘겨루기가 직영 쪽으로 방향을 잡게 되었다. 광역 대표 도서관을 민간위탁으로 운영하려는 흐름은 경기도에서만 벌어지는 것은 아니다. 여기에 특별한 도서관 자체의 논리나 지역적 구조가 존재하는 것은 아니다. 그걸 순순히 받아들이는 지역과, 경기도처럼 "그런 건 절대 안 된다"고 시민들이 저항하는 차이가 있을 뿐이다.

도서관 자체의 논리로만 보면, 아주 건실한 재단 같은 곳이 아니라면 그냥 정부에서 하는 게 더 낫다. 책을 관리하고 주민들을 만나는 많은 일들은 전문용어로 '암묵지 tacit knowlodge'에 해당하는 일이다. 좁은 공간에 많은 책을 보관하기 위해서는 수많은 노하우가 필요하고, 때로는 근육 없이는 일할 수 없는 중노동도 하게 된다. 도서관과 관련된 많은 지식들은 숙련이 필요하고, 이런 지식들은 결국 사서에게 쌓인다. 매뉴얼을 만들고 루틴으로 정할 수 있을 것 같지만, 새로 나오는 책들은 과거의 분류체계에 의해서는 잘 파악되지 않게 된다. 지식도 변하고, 학문도 변하고, 책도 변한다. 사서가 비정규직으로 일해도 괜찮다는 생각은 도서관에 대한 기본 이해 부족 때문에 나오는 발상이다.

이런 흐름을 단순화시키면, 그 뿌리에는 공무원 정원이라는 작은 정부론이 숨어 있다. 우리가 지금 돈이 없는 건 아니고, 정부 예산이 도서관을 운영하지 못할 정도로 적은 것도 아니다. 그렇지만 공무원을 늘리는 것을 싫어하는 국민들도 적지 않고, 또 그걸 모토로 정치를 하는 정당도 있다. 새로 도서관을 만들면 제일 행정적으로 처리하기 어려운 것이 늘어난 도서관을 관리할 사서만큼의 공무원 숫자를 확보하는 일이다. 이건 돈으로도 처리하기 어렵다.

노련하고 유능한 사서들이 없으면, 도서관은 그냥 거대한 책장으로 변해버린다. 모든 책을 살 수는 없으니까, 새로운 책들을 고르고 분류하고 적절한 자리를 찾아야 도서관이 유기체로 작동하는 것이지, 시대의 흐름을 못 따라가면 금방 책 창고로 전락한다. 잘 관리되지 않은 도서관은 책들이 제자리에 있지 않게 된다. 개가식 도서관 관리는 폐가식 도서관 관리보다 몇 배는 힘들다. 도서관에서 지켜야 하는 예절은 조용히 하는 게 중요한 게 아니고, 보고 나서 원래 자리에 꽂고 오는 일이다. 1~2년에 한 번은 장서 점검이라는 걸 한다. 일주일 정도 걸리는 중노동의 시간인데, 사서들이 디지털과 아날로그의 접점에서 몸을 쓰게 된다.

하지만 이 기간에는 평소 조용하기만 하던 도서관에 신나는 음악이 흐르고 사서끼리 열심히 수다를 떨어도 뭐라고 할 사람이 없습니다. 이사하는 날처럼 책의 숲 한가운데 배달음식을 시켜놓고 옹기종기 모여앉아 먹기도 하죠. 틈틈이 간식도 빼먹지 않습니다. 몸은 힘들지만 이런 경험은 사서만이 누릴 수 있는 즐거움일 것입니다.

〈나는 도서관 사서입니다〉 | 홍은자 지음 | 푸른들녘 | 2021

한국에서 도서관 시스템이 복잡해진 원인의 중심에는 민간위탁이 있고, 그로 인해 직업으로서의 사서도 불안해지게 되었다. 공무원 숫자는 한국에서 워낙 엄격하게 관리되고 있는데, 그 벽을 지자체 특히 기초 지자체 공무원들이 넘어서기는 쉽지 않다. 기술적 해법은 두 가지가 있을 수 있다. 하나는 공단 형식의 전문기관을 설립해서 공단 소속으로 하는 방법이다. 장점은 인력관리가 상대적으로 용이하다는 점인데, 통상적으로 사서들은 도서관 소속이기 때문에 특정 도서관과의 관계가 사라진다는 단점이 있다. 또 다른 방법은 일반적인 정무직공무원과 분리하여 사서직을 전문 별정직으로 만드는 것이다. 현행 도서관법에서 규정을 해서 시스템을 정비할 수 있다. 지금까지의 사서는 그대로 두고, 새로 뽑는 사서부터 별정직으로 뽑으면 큰 충돌 없이 점차적으로 문제를 해소해나갈 수 있을 것이다. 이건 사회적으로 아주 큰 결정인데, 지금과 같이 이상한 방식으로 계속 도서관을 운영할 수는 없다. 그건 국가적으로 매우 큰 손실이다.

국가지식시스템을 구성하는 많은 요소들이 책과 관련되어 있다. 책과 관련된 사람들은 어느 사회에서든 대부분 존경을 받거나 최소한 존중은 받는다. 가난한 작가들도 많지만, 그들도 존경은 받는다. 학자들은 욕은 많이 먹지만, 그래도 앞에서 대놓고 무시하지는 않는다. 현대식 지식이 만들어지면서 가장 큰 공을 세운 것은 역시 도서관인데, 그런 역사적 과정을 밟은 나라들에서 사서는 존경받는 사람이다. 지역의 작은 도서관을 관리하는 사람들은 지역 유지급이다. 미국에서 사서는 아주 높은 사람이고, 전문성에 따라서 매우 높은 연봉을 받기도 한다. 우리는 사서에 대한 존경은커녕 사서가 뭐하는 사람인지도 잘 모른다. 그게 한국 경제에서 도서관이 무슨 역할을 했는지 이해하지 못해서 그렇다. 지식경제라는 관점에서, 경제 부처에서 사서들에게 감사장도 주고, 장관상도 주고, 뭔가 고마움을 표시하는 일을 하면 좋을 것 같다. 경제의 최종단에 있는 수출만 한국 경제에 기여하는 것은 아니다. 도서관을 경제 장치로 보는 시각이 필요하다. 상 주는 데 큰돈 드는 것도 아니다. 조금씩 한국 도서관 시스템을 정비하다 보면 언젠가 한국이 지식 측면에서도 선진국 위치에 안착하게 될 것이다. 그때가 되면 한국도 사서를 존경하는 나라가 되어 있을 가능성이 높다.

4장

힘내라, 도서관!

도서관은 누구하고 놀아?

지금은 중학생이 된 큰애가 어린이집 다니던 시절부터 토요일은 두 어린이를 데리고 어린이 도서관에 가는 게 일종의 주말 루틴 중 하나가 되었다. 공휴일에도 어린이 도서관을 가고 싶다고 해서 그날은 도서관이 논다고 얘기해주었다. 그때 큰애가 물었다. "도서관은 누구하고 놀아?" 이 얘기를 듣고, 처음에는 무슨 말인지 못 알아들었다. 노는 날에 도서관도 논다는 얘기를 듣고 우리는 그냥 휴관한다는 말로 알아듣는데, 아이들의 시각은 달랐다. 글쎄, 노는 날 도서관은 누구하고 놀까? 그렇게 어린이 도서관에서 주말 시간을 보내던 큰애는 중학교에 들어갔고, 어린이 도서관에서 성인들이 가는 도서관으로 옮겨갔다. 지금은 혼자 도서관에 가고, 인근 분식집에서 김밥을 사 먹고, 오후에는 근처 구청에서 운영하는 스포츠 센터에 간다. 이렇게만 보면 아주 모범적으로 어린이 시절을 보내는 것 같지만, 일부분만 그렇다. 얼마 전에는 지나치게 게임만 하다가 아내에게 컴퓨터 코드를 압수당했다. 그 또래의 어린이 키우는 부모들은 유튜브와 게임 그리고 책 사이에서 아이들과 전쟁을 치른다. 도서관에서 노는 어린이는 부모들의 로망이다. 책은 게임과의 전쟁에서 대부분 진다. 우리 집도 사정은 다르지 않다.

우리가 가는 어린이 도서관은 나에게는 작은 사연이 있는 곳이다. 내가 초등학교 6학년 때, 학교에서 단체로 도서관 견학을 시켜

주어서 당시 새로 생긴 어린이 도서관에 가볼 기회가 있었다. 나는 그때 천국에 왔다는 느낌이 들었다. 〈어깨동무〉, 〈신세계〉 같은 어린이 만화 잡지가 빼곡히 꽂혀 있는 신간 안내대를 보고 "이거지!", 그런 생각이 들었다. 매일 가고 싶었는데, 집에서 멀어서 그렇게 자주 가지는 못했다. 어린이였던 시기도 금방 끝났다. 나중에 두 아이의 아빠가 되어서 그곳에 다시 갔는데, 어렸을 때 황홀하게 보았던 만화 잡지칸은 사라지고 없었다. 시간이 흘러서, 만화 잡지 자체가 사라진 시대가 되었다. 〈과학 동아〉 같은 잡지들이 겨우겨우 추억을 연결시켜줄 뿐이다. 어렸을 때에는 굉장히 크고 신기하게 보였던 그 건물이 이제는 더 이상 커보이지 않았다. 예전에 못 보았던 건물이 옆에 있었는데, 거기에는 신발을 벗고 들어가 집에서 책 보는 것처럼 그림책을 볼 수 있게 되어 있었다. 강화도에서, 비슷하지만 훨씬 더 고급스러운 어린이 열람실을 본 적도 있다. 그렇게 두 아들을 데리고 다녔던 어린이 도서관이 지금 존재하는 어린이 도서관 중 최초로 생긴 것이라는 사실은 나중에 알았다. 우리 집 어린이들 키우는 동안에도 이 어린이 도서관이 문 닫을 뻔한 위기가 한 번 있었다. 한국의 도서관 중 결정적인 사연 한두 개 없는 곳이 없다.

우리나라 최초의 어린이 도서관은 서울대학교병원 인근 연건동에 위치한 명진소년회라는 곳에서 1924년에 만든 '아동도서관'이다. 도서관 부지를 제공한 사람은 간송과 이름이 같은 전형필이지만, 그 간송이 우리가 아는 간송인지는 확실하지 않다고 한다 (2020년 1월 23일자 오마이뉴스 기사, 백창민·이혜숙 글, '어린이 도서관에 들어온 수상한 세입자의 정체'). 최초의 어린이 도서관이 있었던 것은 확실하지만 언제 문을 닫았는지는 기록을 찾기 어렵다.

  1978년 시립아동병원이 대치동으로 이전하면서 서울시 소유의 건물 하나가 비게 되었다. 마침 1979년이 세계 아동의 해였기 때문에 서울시에서 이 건물을 어린이 전문 도서관으로 만드는 결정이 내려졌다. 종로도서관의 어린이 열람실을 비우고, 그곳의 책들을 옮겨서 지금의 서울특별시교육청 어린이도서관이 생겨나게 되었다. 내가 가본 곳이 바로 이 도서관이다.

  전두환 시절에 군인들은 이 어린이도서관 건물을 경찰 비밀조직의 본부로 활용하였다. 1982년부터 어린이도서관 옆에 새로 3층 건물을 만들고 이곳에 들어온 경찰들을 '사직동 팀'이라고 불렀다. 특수1대가 어린이도서관에 온 사직동 팀이고, 특수2대는 신길동 팀이 되었다. 박종철 사건 때 그 수사를 맡아서 은폐 공작을 주도한 곳이 바로 이 신길동 팀이다. 그 사건 이후로 신길동 팀은 결국 해체되었다. '영등포청소년문화의집'이 당시 신길동 팀의 본부였다고 한다. 사직동 팀은 많은 논란에도 불구하고 김대중 때까지 계속 맹활약을 했다. 결국 옷 로비 사건이 터지면서, 청와대 별동대처럼 움직였던 사직동 팀도 해체되었다. 그 사직동 팀의 역할을 승계받은 곳이 청와대 민정수석실이다. 이렇게 비밀경찰 조직이 사라지면서 결국 그들이 사용하던 건물도 어린이도서관이 사용하게 되었다. 사직동에 위치한 이 어린이도서관은 그 자체로 굴곡진 현대사의 문화재적 가치를 가지게 되었다.

  2000년에 어린이도서관 건물을 여경 기숙사로 쓰려던 움직임이 있었는데, 반대하는 여론이 워낙 높아져서 결국 무산되었다. 2005년에는 이 자리에 여경 자녀들을 위한 보육시설을 만들면서 어린이도서관을 축소하려는 시도가 생겨났다. 이때 도서관을 이용하는 어머니들이 어린이도서관지키기운동을 전격적으로 벌이게 되었다. 한국에서 시민들의 어린이도서관지키기운동은 이게 최초다. 이명박이 서울시장 재임 중에 일어난 일이다.

> 사회관에 대한 사회적 인식 부족은 이 건물이 그동안 겪어온 일만 봐도 알 수 있지요. 군사정권 시절 본관과 문화관 사이에 벽을 쌓고 경찰청 '사직동 팀'이 사용했죠. 아이들이 책을 읽는 바로 옆 공간에 범죄를 다루는 수사본부가 위치했었다는 게 말이 되나요. (김지완)
>
> 2005년 10월 28일자 여성신문 기사, "'교육이 미래다' 어린이 도서관을 지켜낸 엄마들"

우여곡절 끝에 지금의 모습이 된 어린이도서관은 2014년 사직단에 대한 복원정비계획과 함께 다시 한번 폐관 위기를 겪게 된다. 이번에는 박근혜 시절의 일이다. 하여간 어린이도서관이 제 모양으로 있는 꼴을 못 본다. 사직단을 유네스코 문화유산으로 등재하자는 의견이 강해지면서, 조선조 원래의 모습대로 사직단을 정비하자는 행정 결정이 내려졌다. 종로도서관과 어린이도서관이 동시에 철거될 위기를 맞게 되었다.

외형상으로는 문화재와 문화재가 맞붙어 있고, 어떤 것이 더 가

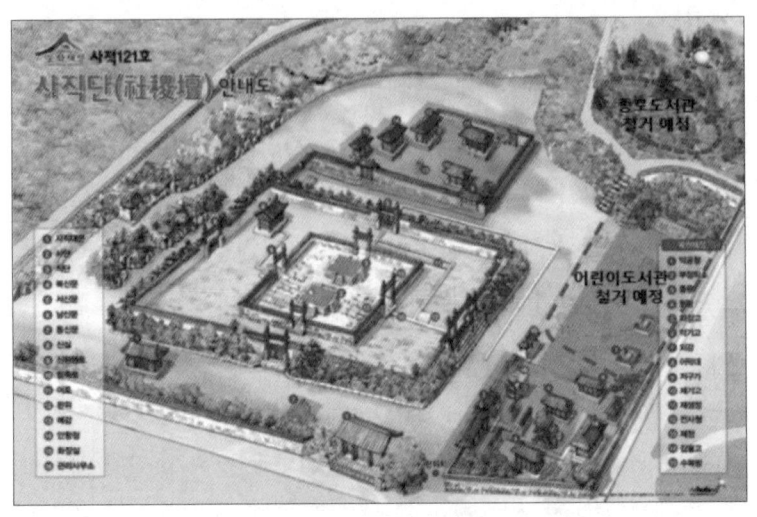

치 있느냐는 경제적 가치 판단의 문제였다. 현실은 박근혜가 유네스코 문화유산이라는 정권 치적 사업을 추진하면서 역사적인 도서관 두 개를 없애는 것이었다. 정부는 도서관 폐관 쪽 의견이 강했다. 종로도서관과 어린이도서관을 유지하고 싶었던 것은 시민들이었다. 결국 '서울시립어린이도서관지키기 3차 시민운동'이 벌어졌다. 대대적인 서명운동과 격론 끝에 두 개의 도서관을 보존하는 것으로 마무리되었다. 행정적으로 이미 국회에서 사직단 복원 촉구 결의안이 채택되었을 때 도서관 폐관은 되돌리기 어려울 것으로 보였지만, 도서관지키기 시민운동이 결국에는 보존 쪽으로 행정 방향을 바꾸게 만들었다.

　이제 이 모든 일들이 해피엔딩으로 끝날 것인가? 그렇지는 않다. 여러 도서관들이 위기 국면인데, 그중 가장 먼저 위기를 맞는 곳은 어린이 도서관이다. 출산율이 줄면서 어린이 도서관의 존재에 대해서 의문을 제기하는 단체장들이 늘어났다. 어린이집을 없애고 그 자리에 보다 경제성이 높은 노인센터를 만드는 것이 유행인 것과 같은 이유다.

2010년 관악구에 만들어졌던 작은도서관 '책이랑놀이랑도서관'은 2023년 관악구청의 결정으로 결국 폐관되었다. 특히 이 도서관은 키즈 카페랑 같이 운영되면서 아주 인기가 있었던 곳이다. 구청에서 내건 이유는 CCTV 관제센터 확장이었다. 관악구는 워낙 크고 시설물도 많은 곳인데, 굳이 잘 운영되고 있는 어린이 도서관을 없애면서 CCTV 시설물을 확충해야 한다는 것이 쉽게 이해가 되지는 않는다. 관악구 한 곳만을 보면 매우 특이한 현상으로 보이지만, 사실 이런 일은 최근 전국적으로 벌어지고 있다. 이용할 어린이들이 줄어들고 있는데, 과연 어린이 도서관을 계속 유지해야 하느냐는 질문이 책이랑놀이랑도서관 사태의 본질이다. 더 큰 문제는, 어린이 도서관뿐만 아니라 도서관 자체를 싫어하는 정치인들이 늘고 있다는 것이다.

서울시 구로구청은 관내 어린이 인구가 2010년 대비 66%가량 줄었다며, 지역 최초의 구립 도서관이었던 '구로꿈나무어린이도서관'을 폐관하기로 결정했었다. 그 자리에는 복지 용구를 대여하는 '다름센터'와 수어통역센터 등이 들어가게 되었다. 어린이 인구가 줄어드니까 어린이 도서관을 없애는 게 맞는가, 아니면 그럴수록 더욱더 육아 환경을 개선하기 위해 어린이 도서관이 필요하게 되는 것인가? 도서관 폐관 때 발생하는 큰 특징 중 하나가 주민공

청회 같은 의견 수렴 없이 일방적으로 통보식 결정이 일어난다는 점이다. 왜 안 물어볼까? 물어보면 "꼭 필요하다"는 대답이 나올 게 뻔하기 때문이다. 도서관을 없애고 싶은 주민은 별로 없다. 결국 현실에서는 주민들에게 안 물어보고 단체장이 일방적으로 결정하게 된다. 구로구의 꿈나무어린이도서관은 문체부의 도서관 운영평가 결과가 최하위였다. 사실 도서관의 운영평가를 하는 행정적 이유는 도서관을 없애기 위해서가 아니라 도서관의 품질 관리를 하기 위해서다. 운영평가의 목적은 명확한데, 단체장들은 행정가 이전에 정치인이기도 하다. 단체장은 도서관 평가의 성적을 올리기보다는 최하위가 나온 시설물 자체를 없애고 싶어한다.

구로구의 경우는 국민의힘 구의원 6명이 구로구청장을 면담하는 형식으로 중재에 나섰다. 결국 건물을 리모델링하면서 도서관을 축소하고, 다른 시설들을 같이 유치하는 것으로 방향을 바꾸게 되었다. 규모가 줄어들기는 해도 어쨌든 살아남게 되었다. 구로구는 원만한 합의가 이루어졌지만, 전국의 모든 어린이 도서관이 이런 타협점을 찾게 될지는 미지수다. 전국의 어린이 도서관들이 더 많이 문을 닫거나 축소될 위기에 놓이게 될 것이다.

전국적으로 어린이 도서관 폐관을 막을 방법은 없는가? 현재로서는 많은 공공 어린이 도서관이 단체장 소관이라서 어린이도서관특별법을 별도로 제정하고, 중앙정부에서 어린이 도서관에 대한 재정적 지원을 결정하지 않는 한 막을 방법이 없다. 단체장의 정치적 성향과 어린이 도서관 폐관이 관련되어 있을까? 이미 폐관된 관악구의 경우는 민주당 지역이다. 정치적인 영향을 엄청나게 받는다고 말하기도 어렵다. 그냥 도서관, 특히 어린이 도서관에 대한 지역 행정이 그다지 우호적이지 않다고 보여진다.

　행정적인 방법이 아주 없지는 않다. 저출생 극복이라는 또 다른 행정적 차원에서 이 문제를 다루면 된다. 국가적 과제인 저출생 정책에서 지역에 유지해야 하는 시설물의 일환으로 어린이 도서관이라는 범주를 설정하고 통합관리를 하면 된다. 문재인 정부 때 도서관을 지역균형발전의 주요 시설로 행정 처리한 적이 있다. 지금까지 저출생 문제에서 공공 육아와 어린이집 정도까지는 중요 대책으로 생각했지만, 어린이 도서관을 다루지는 않았다. 개별 지자체에서 생각하는 예산의 우선 순위와 국가 차원에서의 우선 순위가 일치하지는 않는다. 어린이 도서관보다 시급한 행정적 요소들이 지역에 존재할 수 있지만, 전국 차원에서는 저출생이 우선 순위가 매우 높은 정책이고, 좀 더 많은 예산을 배정할 수 있는 근거가 된다.

　행정적 차원에서 다른 접근이 생겨나지 않는다면, 전국의 많은 어린이 도서관들이 개별적으로 저항하다가 결국에는 문을 닫는 과정을 밟게 될 것이다. 느낌상 어린이 도서관이 행정적으로 특별 대우를 받을 것 같지만, 현실 행정에서는 특별 푸대접을 받는다. 도서관 행정에서 어린이 도서관은 분류코드가 없어서 별도로 집계되지도 않는다. 좋은 도서관이 있으면 되지, 어린이 도서관이 별도로 필요한가? 아주 좋은 철학적 질문이기는 하다. 여기에는 역사적으로 대답을 하는 수밖에 없다. 한국에 어린이 도서관이 지금처럼 생겨난 것, 그건 기적적인 일들이 계속 벌어졌기 때문이다. 어린이 도서관이 이 지역에 꼭 필요하다고 생각한 사람들이 있었고, 그들이 재정적인 일부터 많은 행정적 절차들을 기적적으로 잘 수행했기 때문에 어린이 도서관이 생겨난 것이다. 기적을 철학적으로 설명할 수 있을까?

기적의도서관과 작은도서관

지금 와서 돌아보면, 내가 책에 관해서 들었던 가장 인상적이고 감동적인 얘기는 노무현 사후 권양숙 여사에게 들었던 말이다. 살다 보니 높은 사람도 꽤 많이 만났고, 높은 사람 가족들도 꽤 만났었다. 그런 높은 사람과 만나는 자리에서 도서관 얘기가 나오는 경우는 거의 없다. 최근에 읽은 인상적인 책 얘기는 높으신 분들이 단골 주제로 삼지만 도서관까지 언급하는 경우는 드물다.

2010년 김해도서관의 초청으로 청소년 독서교실에 갔던 적이 있다. 1박 2일 일정이었는데, 둘째 날 공식 프로그램이 끝나고, 권양숙 여사 면담이 있다는 얘기를 들었다. 굳이 안 간다고 할 이유는 없어서, 별 생각 없이 사람들을 따라갔다. 그날 도서관 얘기를 많이 들었다. 그리고 이 책을 써야겠다고 마음을 굳혔다.

노무현의 죽음은 누구에게나 급작스러웠을 것이다. 배우자의 심정은 말할 필요가 없다. 그때 충격이 워낙 커서 그런지, 한동안 기억 자체가 잘 나지 않았다고 한다. 자주 보던 사람이 찾아왔는데, 누구인지 기억을 못하는 일도 벌어졌다고 했다. 이해가 가는 일이다. 그래서 한동안 사람을 잘 만나지 않았단다. 그렇게 혼자 지내던 시절, 도서관을 비롯한 많은 기관에서 여전히 책을 계속 보내주었다고 한다. 누군가 보내준 책이니까, 고마운 마음에 그냥 책을 읽었다고 했다. 그렇게 그냥 책만 읽다 보니까 기억도 좀 돌아오고, 나중에는 사람도 만날 수 있게 되었단다. 마침 집 근처에 있는 김해 도서관에 그 얘기를 했더니, 도서관에 행사 있을 때 차 한잔 마시는 가벼운 자리를 주선해 주어서 나를 비롯한 여러 사람들을 만나게 된 것이라고 했다. 이 얘기를 그냥 묵묵히 들었는데, 다음 대목이 감동적이었다. "평생 제일 잘한 것은 도서관 도와준 거 같아요. 덕분에 계속 책 선물을 받았어요. 이게 제일 고마웠어요."

나는 그날 그 집에서 계속 살면 안 될 거라는 얘기를 했다. 남편이 죽은 집에서 그 집을 지키고 있으라고 하는 노무현 측근들이 좀 이상하다는 생각을 했다. 아무리 거기가 소중한 장소라도 그렇지, 어떻게 산 사람이 죽음을 매일 회상하면서 살아갈 수 있겠는가? 산 사람은 살아야 할 것 아니냐, 이사부터 하시면 좋겠다, 그런 얘기를 했었다. 그것 때문인지 아닌지, 하여간 얼마 후 권양숙 여사는 실제로 이사를 갔다. 마음이 좀 놓였다.

'영부인 관심사업'이라고 부르는 일들이 있다. 공식 행정 용어는 아니지만, 박정희 때부터 시작된 전통이기는 하다. 노무현 때에는 도서관 진흥이 영부인 관심사업이었다. 그때는 소문이 별로 나지 않아서 나도 잘 몰랐다. 좀 더 요란하게 하던 시절도 있다. 제일 잘 알려진 것은 이명박 시절의 한식 세계화 사업이다. 좋은 건지 나쁜 건지 모르겠지만, 어쨌든 육영수 여사 이후로 영부인들이 나름 정책에 관심사업이라는 이름으로 개입을 했다. 권양숙의 경우는 그게 도서관이었다.

한국에서 공공 도서관이 질적으로 새로운 단계로 넘어간 것은 노무현 시절의 일이다. 이걸 꼭 정부가 주도했다고만 보기는 어렵다. MBC와 책읽는사회문화재단 공동으로 방송 코너 하나를 진행했었다. 「느낌표」라는 프로그램 속 유재석과 김용만이 진행하는 '책!책!책!책을 읽읍시다!'라는 작은 코너에서 매주 공동으로 같이 읽을 책을 선정했다.

"먼저 2003년 초강력 특급 프로젝트를 국민 여러분께 소개합니다. 국민 여러분의 절대적 참여가 있어야만 성공할 수 있는 초강력 특급 프로젝트, 그 프로젝트를 국민 여러분께 소개합니다."

2003년 신년 특집으로 진행된 「느낌표」 51화에서 유재석과 김용만이 대형 플래카드를 펼쳤을 때 화려하게 등장한 글자는 '기적의도서관'이었다. 한국에서 어린이 도서관은 이렇게 TV의 힘을 통해서 본격적으로 출발하게 되었다. 코너에서 매회 책을 한 권 선정하고, 그렇게 판매된 책의 수익금이 어린이와 청소년을 위한 도서관을 만들기 위한 자금이 되었다. 전라남도 순천에 1호 기적의도서관이 만들어졌다. 그렇게 시작된 기적의도서관은 방송이 끝난 후에도 계속해서 만들어져서, 2024년 부산 진구에 만들어진 것까지 총 18개가 만들어졌다.

기적의도서관이 갖는 의미는 단순히 새롭게 만들어진 도서관의 숫자에 있는 것이 아니다. 한국의 도서관은 일부 뜻있는 사람 혹은 정부가 만드는 것이었는데, 기적의도서관은 시민들이 힘을 모아 만드는 도서관이었다. 이처럼 방송이 주도하는 캠페인을 통해 도서관 만드는 게 남의 일이 아니라고 생각하는 도서관 시민이 폭넓게 확산되었다. 한 나라에 도서관이 몇 개가 필요할까? 책을 보관하기 위해서는 중앙에 대형 도서관 한 개, 그리고 예비용 도서관 몇 개가 있으면 된다. 〈조선왕조실록〉을 보관하는 춘추관사고가 그런 시스템으로 운용되었다. 학술적으로 대학 도서관 몇 개가 그걸 보완하면 그만이다. 그렇지만 보관이 아니라 진짜로 책을 읽고 빌려주기 위해서는 생활지역 단위마다 도서관이 필요하다. 이런 도서관은 꼭 클 필요도 없고, 모든 책을 잘 갖춰놓고 있을 필요도 없다. 빌 게이츠가 얘기한 '마을 도서관'이 한국에서 비로소 하나의 사회적 존재로 인지되기 시작한 것은 21세기 들어 시작된 일이다. 마을문고가 있었지만, 많은 사람들이 그건 '시골' 얘기라고 생각했었다.

한국에 작은도서관으로 등록된 도서관은 2023년 기준으로 6,875개다. 제일 오래된 작은도서관은 전남 담양군의 강의새마을문고, 경북 영주시의 새마을문고 영주시지부, 부산 온천1동새마을문고 등 1980년에 만들어진 새마을문고들이다. 21세기가 된 후 가장 먼저 만들어진 것은 서울 대방동의 작은도서관인 대방동마을문고와 대전의 대화동작은도서관이다. 6천 개가 넘는 작은도서관의 이름들을 차분하게 하나씩 읽어 나가면, 한국이 어떻게 경제를 만들고, 어떻게 지역을 만들어나갔는지에 대한 작은 역사가 보인다.

작은도서관 사업은 예전에 새마을문고로 만들어진 마을 도서관 등 기존의 소형 도서관들을 행정적으로 지원하게 되었다. 노무현 정부 때 지역 도서관 건립이 주요 국정 기조가 되면서, 2004년 경부터 지역에 많이 만들어지기 시작했다. 「느낌표」이후로 만들어진 기적의도서관도 크게 보면 작은도서관 건립 흐름 안에 있다고 할 수 있다. 2012년 작은도서관진흥법이 만들어지면서 제도적 정비가 되었다. 중앙정부의 지원을 받는 경우, 저소득층 밀집지역이 우선 선정 대상이다. 큰 규모의 공공 도서관은 사람이 많은 곳에 주로 만들어진다. 결국 잘사는 동네가 우선적인 혜택을 받게 된다. 그렇지만 작은도서관은 대형 도서관과는 반대의 논리로 만들어진다. 재분배 효과가 아주 강한 제도이고, 어렵고 힘든 곳에 우선적으로 정부 지원이 가게 되어 있다. 도서관 행정과 관련해서, 국가중앙도서관(국중) 욕하는 얘기를 심심찮게 듣게 된다. 그래도 국중이 정말 잘한 게 있다면, 작은도서관을 저소득층 밀집지역에 우선적으로 만들게 한 일이라고 할 수 있다. 국중이 도서관 행정을 처리하던 시절이 잠깐 있었는데, 그때 마침 작은도서관 행정을 처리하게 되었다. 그때 국중이 아니라 그냥 문화부의 일반 공무원들이 그 일을 했더라면, 좀 더 티나고 때깔 나는 방식으로 했을지는 몰라도 '저소득층 우선'과 같은 실효성 있는 방식으로 진행되지는 않았을 것 같다.

또 다른 중요한 계기가 발생한 것은 2014년의 일이다. 주택건설기준이 변경되면서 500세대 이상의 공동주택 즉 아파트를 지을 때 작은도서관을 의무적으로 설치하게 되었다. 서울의 경우는 조례에 의해서 300세대 이상으로 기준을 더 강화했다. 의도는 좋은데, 관련된 예산과 운영에 관한 제도적 정비가 충분치 않아서, 종종 주민들 사이에 싸움이 벌어지게 되었다. 책을 읽는 주민에게 도서관은 필수 시설이지만, 모든 사람이 책을 보는 것은 아니다. 책과 상관없이 살아가는 사람들이 도서관 운영에 자신들의 관리비가 들어가는 것을 반기지 않을 수 있다. 도서관이 아니라 그냥 책을 읽을 수 있는 독서실로 운영해달라는 민원이 발생하기도 한다.

작은도서관은 그야말로 한국 경제의 최종 결과물이며 동시에 새마을운동부터 지역 자치를 위한 시민운동이자, 국토균형발전은 물론 '아파트 공화국' 등 한국이 걸어온 역사가 이 존재에 녹아 있다. GDP와 같은 국민계정이나 수출 통계 같은 무역수지 등의 수치만 들여다보면 한국이 어떻게 경제 발전을 시작했고, 어떻게 개도국 단계를 지나 선진국이 되었는지 잘 보이지 않는다. 군사정권 시절을 거치면서 한국은 대형 공공 도서관들을 만들었고, 21세기가 되면서 기적의도서관을 위한 시민운동과 함께 작은도서관을 본격적으로 만들기 시작했다. 그렇게 한국이 국민소득 3만 달러를 넘어서게 되었고, 외형적으로뿐만 아니라 실제로 선진국의 형태를 갖춰가게 되었다.

도서관이 자신의 존재 이유를 경제적으로 설명하기 어려운 딜레마는 작은도서관에서도 존재한다. 도서관이 어떻게 경제에 기여하는가? 흘러넘치기 효과로 설명은 할 수 있지만, 계량적으로 딱 보여주기가 어렵다. 작은도서관도 마찬가지다. 분명히 지역에 경제적으로나 문화적으로 기여한 게 있지만, 그걸 수치화하기는 매우 어렵다. 작은도서관은 대형 도서관과 달리 소득재분배 효과와 소외 지역에 대한 지원 효과가 더욱 크지만, 눈에 잘 보이지 않고 수치로 나타내기에는 더욱 어렵다. 특히 소규모 도서관은 외국에서도 잘 관리가 되지 않는 경우가 많기 때문에 국제적인 비교는 더 어렵다. "그냥 좋은 거야", 그렇게 만들고, 또 최선을 다해서 유지하는 수밖에 없다. 꼭 수치가 필요하면, 도서관 이용자들에게 주기적으로 만족도 조사를 할 수 있고, 그걸 모아두면 일종의 데이터 해석이 가능하기는 하다. 그렇지만 큰 도서관에서도 하기 어려운 만족도 평가를 이런 작은도서관에 요구하는 건 좀 이상하다.

작은도서관은 사설 도서관인가? 개인 혹은 민간이 만드는 경우도 있지만, 정부가 직접 만드는 경우도 많다. 그리고 누가 만들었든 간에, 공공에게 개방되는 도서관은 모두 공공 도서관이다. 작은도서관도 도서관법에 의해서 규정되는 엄연한 공공 도서관이다. 다른 분야에서 민간/사설을 구분하는 기준과는 다르다. 설령 아파트를 지을 때 의무적으로 만든 도서관이라도 엄연히 아파트의 사설 시설이 아니라 공공 도서관이다.

현재로서는 기초 지자체가 작은도서관의 운영비를 담당하는 경우가 많기 때문에, 현실에서는 그냥 단체장 마음이라고 볼 수 있다. 돈을 줘도 되고 안 줘도 된다. 도서관을 새로 만들 때에는 시민들의 요구가 있었고, 또 그 행정을 담당한 단체장에게는 굉장히 중요한 사업이 된다. 그렇지만 시간이 오래 지나면 이런 역사를 잘 모르는 단체장이 오게 된다. "내가 왜 이런 데 돈을 써야 해?" 당연히 생겨나게 되는 질문이다. 도서관이 뭔지 좀 알고, 지역 특히 작은 지역에서 도서관의 역할을 이해하는 단체장이라면 하지 않을 질문이다. 그렇지만 모든 단체장이 이런 문화와 경제에 대한 소양이 있을 것이라고 기대하기는 어렵다.

	투입 예산	하루 평균 대출 권수	하루 평균 이용자수
2022년(17개소)	9억9224만	44권	24명
2023년(16개소)	8억292만4000원	48.4권	30명 내외

자료: 고양시 도서관센터

2023년 10월 24일자 고양신문 기사, '고양시 작은도서관 보조금 10분의 1로 감소'

    고양시에서 2023년 관내의 5개 공립 작은도서관에 보낸 공문은 지금 한국의 작은도서관들이 부딪히게 될 문제를 상징적이고 압축적으로 잘 보여준다. 결론만 얘기하면, 2024년부터 보조금 지원을 1/10로 줄일 테니까, 그걸로 어떻게든 버티든지 아니면 문을 닫으라는 것이다. 왜? 이유가 좀 웃기기는 하다. 아파트에 의무설치된 도서관에는 정부 지원이 일절 없는데, 너희들은 정부 돈을 받으니까 형평성 문제가 생겼다는 것이다. 정상적인 정책 논리로는, 지원이 없는 아파트 작은도서관에 지원을 하거나 인센티브를 줄 수 있는 방법을 생각하는 게 맞는데, 그냥 다 같이 공평하게 안 받는 게 맞다, 그런 소리를 하고 있는 것이다. 시립 도서관을 잘 정비해놨으니까 거기로 가면 될 거 아냐? 그냥 문 닫아! 그런 말이다. 그리고 단체장 성향과 취향에 따라서 일방통행인 지방 행정이 종종 그렇듯이, 공문 하나 달랑 보내서 통보하는 방식으로 진행이 되었다. 앞서 말했듯 도서관을 폐관할 때 주민들한테 물어보는 경우는 거의 없다.

    사실 지금의 예산 지원 방식에도 문제는 있다. 작은도서관들끼리 평가를 해서 평가 순위와 예산 지원을 연동시키는 경우가 많은데, 국립 도서관에서 작은도서관에 대한 지원 정책을 처음 설계할 때의 철학과 현 상황이 맞지 않는다. 가난한 지역, 소외된 지역일수록 작은도서관을 우선적으로 만들었는데, 당연하게도 그런 곳일수록 운영에 여러 가지 어려움이 많이 생긴다. 전체의 눈으로 보면, 잘 운영되지 않고 어려움이 있는 도서관일수록 더 많은 행정적 지원이 필요하다. 그래야 지역별 소득재분배 효과가 생기고, 문화와 교육이 소외된 지역에 대한 지원 효과가 발생할 수 있다. 작은도서관은 공장이 아니다. 잘 돌아가지 않는 공장 문을 닫는 것과는 다른 접근 방식이 필요하다. 도서관 운영이 원활하지 않아서 평가 수치가 좋지 않은 곳은 예산을 깎는 게 아니라 특별한 행정 지원이 필요하다. 그야말로 컨설팅이 절실하게 필요한 곳이다. 하지만 이건 원칙이 그렇다는 말이고, 한국의 현실에서는 정반대로 진행된다. 잘되는 곳은 예산을 더 받고, 잘 안 되는 곳은 예산을 적게 받는다. 그러면 어떤 일이 벌어지는가? 도서관이 그렇게 좋으면 도서관 좋은 데로 이사가면 될 거 아냐? 그렇게 움직이다 보니까 서울이 제일 살기 좋은 데가 되었다. 이미 대형 공공 도서관이 존재하는 곳에 우리는 왜 굳이 작은도서관을 또 만드는가?「느낌표」에서 기적의도서관을 만들자고 한 것은 쓸데없는 헛짓을 한 것인가? 지역에 이미 큰 도서관이 있는데, 왜 별도로 작은도서관을 또 만들어야 했을까?

나. 시립 도서관 인프라 확충에 따른 공립 작은도서관과 서비스 범위 중복, 이용률 감소 및 예산의 효율적 사용 필요 등

위 공문의 나항이 딱 이 얘기를 하고 있다. 시립 도서관을 잘 정비했으니까 거기 가면 될 거 아냐? 너네 작은도서관, 요즘 이용하는 사람도 별로 없고, 뭐 하는지 잘 모르겠어. 그냥 그 돈 아까우니까, 문 닫는 쪽으로 잘 생각해보삼!

이처럼 지방정부, 중앙정부, 주민 들의 삶이 겹쳐서 풀기 어려운 문제를 풀라고 제도적으로 만들어놓은 곳이 국가도서관위원회다. 무려 대통령실 소속의 위원회다. 대통령이 직접 도서관을 챙기겠다고 도서관위원회를 만든 것이 2006년 노무현 시절의 일이다. 여기에서 도서관발전종합계획이라는 것을 만들었고, 새로운 문제가 발생하면 종합계획에서 대처하는 게 현재 제도의 취지다. 총독부 시절, 조선 땅에 도서관은 안 만들어, 그런 무도서관 정책에서부터 출발해, 결국 대통령이 도서관을 직접 챙기는 새로운 시대가 2007년에 열렸다. 열리긴 열렸는데, 아주 잠깐 열렸다. 국가도서관위원회의 맹점은 대통령이 도서관에 관심이 없으면 있으나 마나 한 제도가 된다는 점이다. 기존에는 문체부에 도서관정책기획단이 있었는데, 이걸 2006년에 대통령 소속 도서관정보정책위원회로 바꾸면서 격상시켰다. 도서관에 관심이 있던 노무현 시절에는 딱 맞는 제도였겠지만, 그 뒤의 대통령들은 그렇게 도서관에 관심 있는 사람들이 아니었다. 차라리 무관심한 게 더 낫다. 한국도 도서관 역사가 이제는 좀 누적이 되었고 그냥 돌아가는 대로만 해도 기본은 할 수 있는 나라가 되었다. 내버려만 둬도 시스템이 한꺼번에 무너지지는 않는다.

박근혜는 도서관에 별 관심이 없었던 것 같고, 이명박은 도서관을 싫어했다. 도서관 예산을 깎고, 문 닫게 하려는 시도가 없었던 것은 아니지만, 도서관을 지키려는 사람들이 그때는 그야말로 대동단결했다. 게다가 이명박은 도서관 문제와는 비교도 할 수 없이 크고 많은 문제들을 해결해야 하는 상황이었다. 아마 이명박 시절, 그가 다른 문제들을 처리하느라고 바쁘지 않았다면 도서관의 역사가 지금과는 좀 다른 방식으로 흘러왔을지도 모른다. 2008년 촛불집회 이후로 그는 너무 바빠서 도서관을 직접 줄이거나 없애지는 못했다. 그래도 당시 새로 만든 제도였던 사서교사를 채용하지 않는 그런 쫀쫀한 짓은 했다. 학교 도서관 정책은 이때 치명적인 상처를 입었다. 이명박은 당시 국가도서관위원회인 도서관정책위원회 자체를 폐지하려고 추진했는데, 도서관계의 강력한 반대에 부딪혀 실제로 없애지는 못했다.

문민정부 시절, 문화부의 도서관 정책과를 박물관과에 통합시켜 도서관박물관과를 만든 적이 있다. 김대중 이후로 한국의 도서관 정책은 다시 격상되어서 노무현 시절에는 드디어 대통령이 직접 해야 하는 일이 되었다. 그 후, 집무실을 청와대에서 용산으로 옮긴 윤석열의 시대에 와서 객관적으로 발생한 일들이 국가도서관위원회 격하, 대통령을 통한 도서관 기준 약화 및 무력화, 도서관 예산 축소 등이다. 아마 윤석열의 시간이 좀 더 길었다면 작은도서관이 계속 문을 닫게 되고, 공공 도서관도 예산을 제대로 확보하기 어려워서 제대로 기능하지 못하게 되었을 것이다. 현장에서 도서관 운동을 계속해 온 어느 사서에게 이 문제에 대해서 다음과 같은 대답을 들었다.

"도서관 입장에서 이 시대를 어떻게 보냐고요? 조선총독부 시절의 무도서관 원칙이 다시 돌아온 것 같네요."

윤석열의 시간이 더 오래 지속되었다면, 한국에서 경제적으로 소외된 지역이나 주변부 지역의 작은도서관들은 상당한 타격을 받았을 것이다. 하마터면 한국이 지금까지 어떻게든 끌고 온 위대한 도서관 서사가 끝날 뻔했다. 미국이 아직 도서관으로부터 전면적인 철수를 하지 않았는데, 한국이 먼저 그렇게 할 이유는 없다. 지금부터 전부 새로 만들자고 하면 큰 부담이 될 수도 있지만, 지금 상황은 그런 것도 아니다. 있는 걸 잘 가꾸고, 좀 더 효율적이고 효과적으로 운용하면 되는 일이다. 대통령이 도서관을 싫어한다고 해서 도서관 시스템을 행정적으로 격하시키거나 기준을 너무 낮춰 버려서 제대로 기능하기 어렵고 도서관이 쉽게 문 닫게 하는 일은 이제 그만 벌어지면 좋겠다.

학도 격차

1

중학교에 들어간 큰애가 어느 날 〈자본론〉 2권을 들고 집에 왔다. 가끔 경제 시사에 대해서 물어보면 알려준 적은 있지만, 〈국부론〉이나 〈자본론〉에 대해서 얘기한 적은 한 번도 없다. 학교 도서관에서 독서 마라톤이라는 걸 하면서 책은 도서관에 있는 책을 빌린 것으로만 읽어야 한단다. 원래는 좀 세 보이려고 〈국부론〉을 읽을 생각이었는데, 그건 자리에 없어서, 그 옆에 있는 걸 대신 집어왔단다. 태어나서 〈자본론〉을 2권부터 읽는 사람은 처음 보았다. 하루에 50페이지씩 읽어야 하는데, 책 대출 기간인 15일 후, 대출 연장을 하지 않고 아들은 포기했다. 중학교 1학년 때 〈자본론〉 2권에 도전했다가 실패한 게, 이 소년의 인생에 어떠한 영향을 미칠 것인가? 지금은 알 수 없다.

이때까지는 책을 쓸 때 앞에서부터 순서대로 써나갔는데, 이번에는 학교 도서관 문제가 너무 어려워서 절반 정도 쓰고 그냥 그 뒤로 넘어갔다. 50권 남짓한 책을 쓰면서 처음 겪은 일이다. 맺는 말까지 마무리하고, 학교 도서관은 그냥 빼고 가기로 했다. 너무 복잡하고, 당사자들도 감정이 너무 복잡했다. 별로 관심 가질 만한 사람도 없는데, 관련된 사람들에게 섭섭하다는 얘기를 듣기 딱 좋은 주제다. 어려운 주제 앞에서 피해간 적은 아직 없었는데 이번에는 그렇게 하기로 마음먹었다. 도서관 관계자들도 학교 도서관은 신경을 안 썼고, 교육계 사람들도 도서관 문제에는 크게 관심을 갖지 않았다. 사서교사에 대한 사람들의 반감도 많았다. 학교 교사들도 싫은데, 굳이 사서교사가 학교에 있어야 하는지에 대해서 진짜로 의문을 갖는 사람을 많이 만났다. 교사들도 사서교사에 대해 긍정적이지 않았다. 구조상 학교에 정규직이 늘면, 다른 분야의 인력이 줄어들게 된다. 안 그래도 상담교사나 영양사 등 새롭게 확충해야 하는 자리들이 늘어나는 중이라서, 사서교사가 꼭 필요하다고 말하는 교사들은 별로 없었다. 지금까지 학교 도서관을 버텨온 사람들도 사서교사라는 새로운 제도에 대해서 안 좋은 기억들을 가지고 있었다. 어느 국어 선생님이 "저는 더 이상 학교 도서관과 관련된 사람이 아니에요", 이렇게 냉랭하게 말하는 걸 들으면서 해법을 찾기가 쉽지 않겠다는 생각이 들었다. 지금까지 학교 도서관을 열성적으로 지켜온 사서 공무원들도 섭섭한 마음을 감추지 않았다. 처음부터 제도를 잘 정비하지 않고 일단 학교 도서관부터 만들었던 지나온 역사가 만든 흔적이 보였다. 내 능력으로는 이 복잡한 문제를 일목요연하게 풀어낼 수 없을 것 같았다. 그래서 포기했다.

그사이 윤석열 내란 사건이 벌어졌다. 책을 전체적으로 톤 조정을 좀 했는데, 여전히 학교 도서관은 빠진 상태였다. 초등학생이었던 큰애는 중학생이 되었고, 그러다 보니 자연스럽게 겸사겸사 비싸고 유명한 특목고들의 학교 도서관에 대해서도 살펴보게 되었다. 그런데 의외로 사서교사가 없는 곳이 많았다. 국회의 도움을 받아서 좀 더 자세히 알아봤다. 지방에 있는 특목고들은 사서교사를 확보한 곳들이 좀 있었지만, 서울이나 수도권에는 그렇지 않은 곳이 많았다. 내가 생각할 때, 학생이 스스로 노력해서 훌륭한 인재로 자라날 수 있도록 하겠다는 학교라면 사서교사가 몇 명씩 있고 좀 더 전문화된 도서관 프로그램을 운영할 것 같았는데, 현실은 그렇지 않았다. 대학교 등록금보다 비싼 고등학교 등록금을 받아서 다 어디다 쓰는겨? 이 책으로 인해 돈 걱정 없는 특목고 몇 곳만이라도 전문적인 사서교사가 채용될 수 있게 된다면 학교 도서관에 관한 글을 쓰는 것이 의미가 있을 거라는 생각이 들었다.

전문적인 사서교사가 없는 특목고 사례는 좀 충격적이다. 〈나 홀로 볼링〉으로 록스타급의 명성을 누렸던 로버트 퍼트넘이 미국 학교에 대해 정리한 명저가 〈우리 아이들〉이다. 빈곤과 교육이 큰 주제인데, 가난한 지역과 그렇지 않은 지역에 사는 학생들의 차이에 대한 세밀한 분석이 가득하다. 퍼트넘 본인이 그렇게 잘사는 지역이 아닌 곳에서 살았어도 무난하게 학자가 되었던 경험이 앞부분에 나온다. 자신의 시대에는 그게 가능했는데 왜 지금은 그렇지 않은가, 이게 큰 질문이다. 우리의 경우도 대체적으로 이 책의 분석과 비슷하다. 서울의 잘사는 곳들은 아주 좋은 학교 도서관을 갖추고 있다. 사서교사도 잘 배치되어 있다. 그러나 이런 잘사는 곳을 벗어나면 상황은 좀 다르다.

그냥 지금 상태로 가면 좀 잘사는 지역 혹은 유달리 성실하고도 도서관이 중요하다고 생각하는 교장이 있는 학교는 매우 우수하고 괜찮은 프로그램을 경험할 기회가 생겨난다. 장서도 훌륭하지만, 상황에 맞는 다양한 사람들이 학교 도서관 강연에 초청된다. 많은 스타 작가들이 학교 도서관이라고 하면 사명과 보람을 가지고 기꺼이 방문한다. 그럼 그렇지 않은 학교는 어떻게 될까? 코로나 시절에 사서교사가 없어서 아무 프로그램을 마련할 수 없었던 부모들의 인터뷰를 읽었다.

여건이 좋은 지역, 큰 학교는 학교 도서관도 멋지고, 사서교사도 배치되어 있는데 외곽지, 작은 학교는 학교 도서관 문이 내내 닫혀 있어요. 대도시에 사서교사가 있는 큰 학교에 다니는 아이의 집에는 코로나19 상황이 지속될 때 재택 독서 교육 키트가 배달되는 것을 보고 너무 부러웠어요. 도서관에서 책도 읽고 풍부한 정보를 활용하는 습관을 들이면, 실용적 문해력도, 충동성을 억제하고 한발 한발 나아가는 힘도 길러주어 인성 교육에도 큰 영향을 준다는 것을 누구나 알아요. 하지만 가정에서의 노력만으로는 아이의 정보 활용 습관을 체계적으로 길러주기가 힘들어요. 우리 아이 학교에도 사서교사가 빨리 배치되었으면 해요.

'사서교사 정원 확보를 위한 공동연대'에서 배포한 2022년 8월 2일자 보도자료

강화도의 정원 100명 미만의 한 초등학교 자녀의 어머니가 했던 인터뷰 내용이다. 최근 학교 도서관의 책은 늘어가고 있고, 예산도 미약하게나마 증가하는 중이다. 사교육은 2000년대 들어서 20년째 기승인데, 정작 청소년의 문해력은 특히 코로나 기간을 경계로 심각하다는 진단이 곳곳에서 나온다. 핸드폰과 유튜브 같은 동

영상에서 그 원인을 찾으려는 경향이 있지만, 그건 다른 나라에서도 마찬가지다. 책의 영향이 줄어들고, 틱톡과 같은 단문형 메신저가 미국이나 유럽에서도 국가 정책이 개입할 정도로 난리다. 숏폼 중독이 사회적 주제가 된 것은 우리나라만 그런 것도 아니다. 그런데 왜 우리나라에서는 유독 이런 일들이 벌어지는 걸까?

퍼트넘이 생각한 빈곤과 학교라는 주제는 21세기에는 많은 나라에서의 보편적인 질문이다. 한국의 학교 도서관 얘기는 여기에 약간의 반전이 있다. 교육청이 직접 관리하는 일반 학교들은 점차적으로 사서교사를 확충해나가는 중인데, 그보다 훨씬 비싸고 부유한 특목고에는 오히려 학교 도서관이 부실한 경우가 많고, 전문 사서교사가 배치되어 있지 않은 경우가 많다. 이게 왜 그럴까? 아직까지도 한국 사회가, 도서관은 이해를 했지만 학교 도서관은 사회적으로 이해를 못하고 있고, 사서교사에 대해서는 들어본 적도 없는 경우가 많을 것이라고 설명하는 게 가장 부드러운 해석이다. 이상할 것 없다. 1990년대까지는 일본도 그랬다.

2

도서관에는 여러 종류가 있다. 공공 도서관만을 중심으로 보면, 한국은 세계적으로도 유례를 찾아보기 어려울 정도로 큰 성장을 만들어낸 훌륭한 나라다. 국가를 장악한 정치 군인들도 그 정도는 이해를 했고, 박정희 이래로 열심히 도서관을 확충했다. 병원에 있는 병원 도서관, 군인들이 보는 진중 도서관, 이런 것도 도서관사에서는 중요한 축들인데, 한국도 어느 정도는 만들어냈다. 한국의 진중 도서관은 검열 문제로 종종 사회적 이슈가 되기도 했다. 전문 도서관 체계가 덜 발달되어서 다양성과 깊이에서 약점을 가지고는 있지만, 대학 도서관이 어느 정도는 전문성의 결함을 보완하고 있어 그 자체로 엄청난 문제라고 보진 않는다. 한국 도서관의 진짜 문제는 초등과 중등 과정의 학교 도서관, 이른바 '학도'다.

해방 이후 한국은 학교도 이해를 했고, 도서관도 이해를 했다. 죽을힘을 다해서 학교도 만들고, 도서관도 만들었다. 그렇지만 두 개의 영역이 겹치는 공통분모인 '학교 도서관'에 대해서는 이 사회 자체가 이해를 하지 못했고, 공무원들도 이해를 못했다. 군인들은 더 이해를 못했다. 21세기로 넘어온 지도 20년이 넘었지만, 여전히 우리 사회가 이해를 못하고 있는 것이 바로 학교 도서관이다. 가톨릭에서 운영하는 프랑스의 아주 유명한 학교에서 수녀들이 그 학교에서 제일 중요한 시설이 도서관이라고 소개하는 걸 보면서, 도대체 어디에서부터 이런 차이가 생겼을까, 그런 궁금증이 들기도 했다. 한국의 종교인들이 학교 도서관이 중요하다고 말하는 건 본 적이 없는 것 같다.

역사적으로 보면, 우리가 출발점부터 학교 도서관을 이해하지 못했던 것은 아니다. 6·25전쟁이 한창이던 1952년 진주여자고등학교에 현대식 체계를 가진 반개가식 학교 도서관이 문을 열었다. 많은 사람들이 감격했다. 그 시절의 학교도서관운동이 맺은 첫 번째 결실이었다. 어쩌면 두고두고 역사적 기념물이 되었을 이 건물은 1957년 화재로 전소되었다. 상대적으로 전쟁의 피해가 적었던 경상도 지역의 교사들 사이에서 학교도서관운동이 뜨겁게 전개되었다. 1954년에는 마산여자고등학교에 학교 도서관이 만들어졌는데, 1956년 11월에 이곳에서 연구발표회 하나가 열렸다. 이 순간을 60년대까지 계속된 도서관운동의 사회적 시발점으로 볼 수 있다. 그 후 학교에 도서관을 만드는 흐름이 뜨겁게 생겨났다. 그러나 이 흐름은 시간이 지나면서 수면 아래로 가라앉았고, 1997년 IMF 경제 위기 이후로 다시 학교도서관운동이 시작될 때까지 긴 암흑기가 흐른다. 박정희는 공립 도서관이 필요하다는 것까지는 이해를 한 것 같은데, 학교 도서관에 대해서는 이해한 흔적이 별로 없다. 교장 등 간부급 교사 중심으로 전개되었던 60년대의 학교도서관운동은 사회 전역으로 퍼져나가지 못했고, 결국 명맥이 끊어졌다.

미국은 1958년에 학교 도서관에 예산을 지원하는 연방 법률이 만들어졌다. 같은 해, 한국도서관협회가 한국도 미국처럼 학교 도서관에 국고보조가 필요하다는 요구를 했고, 이를 반영한 도서관 법안이 그해 11월, 민주당 국회의원 민장식의 주도로 발의되었다.

> 학교 도서관 전문직원은 사서교사라 칭하고, 사서교사는 해당 학교의 교사 자격자로서 사서교사의 강습을 받은 자(28조)로 하며, 국가는 학교 도서관을 설치·운영하는 학교에 대하여 예산의 범위 내에서 보조금을 교부할 수 있다(29조).

의안번호 040099, 도서관 법안/2019년 5월 13일자 한국비블리아학회지, 이재원 글, '1960년대 정부 지원 정책 부재로 인한 우리나라 학교 도서관의 정체에 관한 고찰'

이때 이미 사서교사에 관한 명확한 별도 규정은 물론 정부의 지원까지 법에 규정되어 있었다. 그러나 도서관 법안은 정치적으로 매우 복잡했던 1958년에 결국 통과되지 못했다. 민장식은 같은 법안을 이듬해 다시 상정했다. 3·15 부정 선거와 함께 격동의 시기가 왔고, 이미 미국 수준의 선진적인 학교 도서관 규정을 담아 놓았던 법안은 불발되었다. 5·16이 벌어지고 1963년 도서관법이 비로소 만들어졌지만, 학교 도서관 규정은 민장식 법안에 비해서 많이 후퇴하였다. 사서교사 규정은 '사서교사 또는 사서의 직무를 담당할 교사'로 변했다. 21세기에 한국이 휘말린 학교 도서관 현장에서의 온갖 갈등이 이 조항에서 출발한다. 그리고 정부의 지원 조항이 빠졌다. 학교는 무슨 돈으로 도서관을 만들고 운영해야 하는가?

어쨌거나 1960년대에 학교 도서관 자체는 많이 늘어났다. 1964년에는 950개가 있었는데, 1968년에는 3,322개로 늘어났다. 그러나 도서관법과 도서관법시행령에 예산 지원 근거를 마련하지 않으면서 학교들은 고민에 빠지게 된다. 게다가 5·16 직후, 학교에서 벌어진 사친회비 부정 등 학교 관련된 비리 사건들을 엄단하면서 공납금을 제외한 일체의 '잡부금' 징수를 모두 금지하였다. 이 상황에서 학교는 도서관 운영비를 마련할 방법이 없고, 학부모들은 그래도 도서관을 원했다. 결국은 학부모들이 돈을 내기는 했는데, 이걸 몰래 내야 하는 기이한 일이 벌어졌고, 만들어놓은 학교 도서관들이 점점 더 질이 떨어지는 상황이 발생했다. 경기여자고등학교에서 도서관 신축을 위해 특별회비 4천만 원 징수를 결정했다가 교육부로부터 시정 명령을 받기도 했다(1967년 9월 21일자 동아일보 기사).

새롭게 만들어진 도서관법이 학교 도서관 설치를 의무화했는데 학교는 그 돈을 마련할 방법이 없는 곤란한 상황이 만들어졌다. 해법을 찾기 어렵게 된 학교는 폐품수집 혹은 이삭줍기 같은 방식으로 도서관 운영비용을 마련했고, 박정희가 절대 금지한 잡부금을 몰래 받을 수밖에 없었다. 이처럼 곤란한 처지 속에서 박정희 정권과 이후 전두환 정권까지 학교 도서관은 그야말로 학교에서 애물단지가 되었다. 학교 도서관을 소규모인 학급 문고로 대치하려는 분위기도 생겨났다.

학교 도서관을 되살리자는 흐름은 결국 1990년대 중후반 한국에 시민운동이 등장하면서 다시 시작되었다. 풀뿌리 민주주의 차원에서 학교 도서관과 관련된 시민운동이 경기도에서 먼저 생겨났다. 같은 시기 대구 지역에서는 장학사와 교장 등이 주도한 학교 도서관활성화운동이 생겨나기도 했다. 이 흐름이 결국 노무현 정부 시절인 2007년 학교도서관진흥법으로 연결된다. 법안 그대로 행정이 진행되었더라면 학교 도서관 문제는 지금쯤 어느 정도 해소가 되었겠지만, 그 후에 도서관과는 별로 어울리지 않는 이명박 정부가 들어섰다. 대통령이 위원장인 국가도서관위원회 자체를 폐지하려던 그의 시도는 불발되었지만, 아주 쫀쫀하게 사서교사 채용에 급브레이크를 걸었다. 이명박식 뒤끝 작렬이다.

1952년 전쟁 한가운데에 학교 도서관에 대한 논의가 시작되어 이승만 말기부터 60년대 내내 학교 도서관 붐이 일었지만, 박정희는 학교 도서관을 잘 이해하지 못했고 결국 70년대부터 전두환 시절을 거쳐 IMF 경제 위기까지 한국의 학교 도서관은 처참한 수준으로 몰락하게 되었다. 이후 노무현 정권 때 학교 도서관에 대한 제도 정비가 어느 정도 이루어져 그때부터는 잘 되었다면 그래도 나름대로 행복한 결론이 되었을 테지만 학도의 역사가 그렇게 흘러가지는 못했다. 그 상처가 아직도 남아 있다.

한국의 도서관은 현재 미국의 1958년 수준 혹은 일본의 1990년대 수준이다. 가장 결정적인 장면은 1958년 민장식의 법안이 통과되지 못한 것이고, 또 하나의 인상적인 장면은 노무현 정부의 몰락이다. 정치적인 것과는 상관없이 학교 도서관의 눈으로만 본다면 이명박 정부는 치명적이었다. 임기 내내 사서교사를 거의 안 뽑았다. 그건 박근혜 정권에서도 마찬가지였다. 학교 도서관이 이렇게 어려운 시간을 겪고 있는 동안, 한국의 사교육은 클라이맥스를 향해 달려가고 있었다. 학원 다니느라 도서관에 안 가는 학생, 특목고의 부실한 도서관과 사서교사 부재는 이런 분위기를 그대로 반영하고 있는 것 아닐까? 기숙학교로 사교육 안 해도 좋은 학교를 지향한다는 특목고의 학교 도서관 상황을 보고 잘 이해가 안 됐다. 외국의 유명한 고등학교들은 하나같이 좋은 학교 도서관 시스템을 가지고 있다.

3

학생들의 독서 활동을 지도하는 것은 사서의 영역이다. 또한 학생들의 과제를 위한 자료 조사에 있어서 사서는 안내자이자 친구이다. 학생들이 도서관을 이용하는 방법에 대해 배우지 않고 학업을 마친다면, 그것은 사서인 나의 잘못이다. 학교에서 교과를 통해 배우는 것은 삶에 필요한 지식 전체에서 매우 적은 양이다. 따라서 학생들이 독서와 과제를 위한 자료 조사를 자립적으로 할 수 있는 능력을 갖도록 사서인 우리가 도와준다면, 우리는 그들의 삶에 필요한 '살아 있는' 지식을 제공하게 되는 것이다.

2016년도 한국도서관·정보학회지, 이제환 글, '학교도서관정책의 추이와 과제' 중, 미국 도서관협회 회장 마이클 고먼의 말 인용

학교 도서관에 대한 국가별 평가는 어렵다. 다른 경제 자료와 달리 도서관 특히 초등과 중등에 있는 도서관들은 명칭도 다양하고, 일괄적으로 정리된 자료가 별로 없다. 그래서 나도 매우 제한된 자료들만 볼 수 있었다. 듬성듬성 살펴본 바, 미국과 프랑스의 학교 도서관이 인상적이었는데, 운영 현황도 안정적으로 보였다. 프랑스에서는 가톨릭 계열의 고등학교에서 수녀들이 학교의 자랑으로 내세우는 것이 학교 도서관과 사서교사이다. 프랑스와 미국은 일반 교사보다 사서교사의 학력을 한 단계 더 높였다. 미국은 학부 졸업으로 교사가 될 수 있는데, 사서교사는 대학

원도 졸업해야 한다. 프랑스도 마찬가지다. 대표적 전문직인 교사와 사서의 두 가지 자격을 갖추기 위해서는 추가적인 교육이 필요하다고 생각했던 것 같다.

학교 도서관에서 사서교사의 역할을 잘 이해하지 못한 것은 일본도 마찬가지였다. 법적 규정이 불안정해서 엉망이 된 것까지도 우리와 비슷하다. 일본의 학교도서관법은 1953년에 만들어졌지만, 사서교사 배치에 관한 규정이 정비된 것은 1997년의 일이다. 원래의 법에서는 사서 배치를 '당분간' 미루어둘 수 있게 되어 있었는데, 그 당분간이 40년이 되었다. 이 '당분간'이라는 단서 조항을 폐지하는 것이 법 개정의 핵심이었다. 그 이전에도 이 조항을 폐지하려는 시도가 몇 번 있었는데, 그때마다 예산 문제에 부딪혀서 번번이 부결되었다. 법이 개정된 이후 일본 학교의 모든 도서관에 사서 배치가 완료되었다. 일본도 전혀 문제가 없는 것은 아니다. 법에 전임과 전문성에 대한 규정이 없어서, 비전문 교사와 겸임도 허용된다. 그래서 이걸 강화하는 방향으로 일본도 계속해서 고민 중이다. '당분간'이라는 단서 조항이 이번에는 '겸임'이라는 또 다른 단서 조항을 만난 셈이다.

한국 내부의 학교도서관운동과 일본의 학교도서관법 개정 등 여러 흐름이 만나서 한국에서도 2007년에 학교도서관진흥법이 만들어지기는 했다. 그 후 도서관은 만들었는데, 사서교사 충원은 여전히 난제다.

구분	사서교사	보건교사	영양교사	전문 상담교사
2006	154	153	-	60
2007	104	92	-	210
2008	109	215	236	103
2009	9	156	73	12
2010	24	170	71	94
2011	0	121	42	10
2012	1	114	35	266
2013	0	108	47	40
2014	25	184	76	105
2015	21	261	83	110
2016	0	324	77	105
2017	26	272	94	131
2018	228	584	548	567
2019	163	532	412	575
2020	213	508	313	679
2021	233	929	451	652
2022	215	783	637	801
2023(예비)	(37)	(334)	(331)	(196)
계	1,525	5,506	3,195	4,520

2006~2022년 비교과 교사의 중등교사 임용시험 선발 인원(전문 상담교사는 2006년, 영양교사는 2008년에 자격 제도 신설 및 최초 선발)

노무현 정부 때 매년 100여 명씩 충원하던 사서교사를 이명박 정부에서는 거의 뽑지 않았다. 박근혜 정부에서도 마찬가지였다. 20여 명을 뽑은 해가 있기는 한데, 정책 기조에 변화가 있었던 것은 아니고 정년 등 자연결원에 의한 현상 유지일 뿐이다. 그러다가 문재인 정부 때 다시 200명 수준으로 올라갔다가 윤석열 정부 이후 다시 결원 보충 수준으로 내려갔다. 우리가 생각하는 것 이상으로 학교 도서관의 사서교사 임용은 정권의 판단과 매우 민감하게 관련되어 있다. 다른 비교과 교사의 임용 수치와 비교하면 더욱 명확해진다. 보건교사, 영양교사, 전문 상담교사의 임용은 이렇게 민감하게 반응하지는 않는다. 사서교사가 특별히 정치적 이슈가 될 이유는 없는데, 어쨌든 정권에서는 사서교사를 채용하는 것이 매우 민감한 이슈가 되었다. 윤석열도 대통령이 된 이후 사서교사 임용을 줄였다.

이런 상황이 계속되다 보니까 학교 도서관은 소리 없는 전쟁터가 되어버렸다. 지금은 '정규직 사서교사'를 정점으로, 기간제 사서 등 비정규직 사서 그리고 공무원 사서가 학교 도서관 현장에 혼재되어 있다. 그렇다고 이 사람들의 기여가 없느냐? 그렇지 않다. 학교에 사서가 없던 시절, 지방에서 몇 명의 공무원 사서들이 순번을 정해서 낙도 등 학교 도서관에 인력이 없던 곳을 돌아가면서 운영하였다. 공무원 사서들이 학교 도서관에서 버텨낸 눈물 없이 볼 수 없는 사연이 가득하다. 전담 인력 없는 곳이 아직도 절반이 넘어가기 때문에 현장에서는 어떻게든 그 빈 공간을 채우기 위해 아우성이다. 오랜 기간 학교 도서관을 지키고 발전시킨 사람들 중에는 국어 과목 교사도 많다. 그들도 사명감을 가지고 학교 도서관을 지켰는데, 그 노력에 대해서 제대로 평가받는 경우가 별로 없다. 그들이 나에게 섭섭함을 토로했을 때, 나는 할 말이 없었다. 부끄럽게도 나는 그런 문제가 있는지도 몰랐다.

학교 안은 원래도 갈등이 많은 곳이다. 이미 교과목 사이에서도 갈등이 많은데, 아직 프로그램이 정착되지 않은 도서관 관련 수업을 교사 자격증이 없는 사람이 진행할 방법이 별로 없다. 도서관에 관한 교육 혹은 도서관과 연계해서 도서관에서 하는 수업은 아직은 일부 학교에서나 가능한 시범사업 수준이다. 우리도 일본처럼 사서교사 배치에 40년 공백을 겪지 않으려면 사서교사를 꾸준히 뽑고, 점차적으로 전담 사서교사로 바꾸어 가야 하는 게 현실이다. 그렇지만 대통령에 따라 이걸 싫어하는 정권에서는 아예 안 뽑아버린다. 법률은 계속 정비했지만, 아직까지는 크게 효과가 있어 보이지 않는다. 학교와 교육청에서 아무리 뽑아달라고 해도 중앙정부인 교육부가 안 뽑아버리면 대책이 없다.

원칙적으로만 보면 학교 도서관은 도서관을 담당하는 문화부와 학교를 담당하는 교육부 두 부처 모두의 지원을 받을 수 있다. 물론 모든 상황이 잘 풀렸을 경우에 가능하다. 문화부는 자기 쪽 기관 아니라고 별 관심 없고, 교육부는 그냥 학교 부속 시설일 뿐이라고 사서교사 충원 문제까지는 별 관심을 갖지 않는다. 거기에다 초등교육과 중등교육의 전담 행정 기관은 교육청이다. 가끔 학교 도서관에 특별한 관심을 갖는 교육감이 나오기는 하지만, 사서교사를 충당할 방법이 없으니까 결국 다른 사서라도 투입하는 편법을 쓰게 된다. 이 정도로 엉키면 이제 정책의 신이 와도 손을 대기 어렵다. "어쩔거냐, 학교 도서관!"

1950년대, 미국을 비롯해서 많은 나라들이 학교 도서관에 대한 제도를 정비했고, 우리도 그때 뭔가 하려고 했었다. 이승만과 장면, 박정희를 넘어가면서 우리는 시기를 한 번 놓쳤다. 그리고 몇 번 더 시기를 놓쳤다. 일본의 '당분간'은 40년이었지만, 우리의 '당분간'은 영원할 가능성이 높다.

학교에서, 도서관에서 수업도 하고, 도서관과 다른 수업을 연계하는 프로그램을 진행하는 게 그렇게 어려운 일이냐? 지금은 21세기하고도 무려 24년이나 지났다. 그새 합계 출산율은 세계사에 유래가 없는 수준으로 낙하하는 중이고, 지방 학교는 학생이 없어서 문을 닫고 있다. 사교육으로 해마다 수조 원을 쓰고 있는데, 정작 학생들의 문해력에 대한 위기감은 절정으로 치닫고 있다. 70년이 넘게 제대로 된 학교 도서관을 갖지 못한 현실이 이 모든 일의 배후에 숨어 있다.

냉정하게 생각해보자. 학교 도서관 문제는 기본으로 돌아가지 않으면 풀 수 없다. 학교에 사서가 한 명만 있어야 하는 건 아니다. 특히 어려운 학교일수록, 작은 학교일수록, 기존의 인력에 추가로 사서교사를 배치하겠다는 정책적 결정 하나면 풀 수 있다. 지금도 서울의 큰 학교들은 별 문제 없이, 아니 매우 우수하게 학교 도서관이 잘 돌아간다. 팬데믹 기간에 사서교사가 없어서 매우 아쉬웠다는 강화도의 어느 학부모의 이 발언이 사실 이 문제를 풀어갈 단초다. 산골 지역에 있는 작은 학교라도 학교 도서관과 사서교사를 확보하여 원활하게 돌아갈 수 있으면 도서관 소외 문제가 해소될 수 있다. 학교 도서관 격차, 이게 지금 우리 시대의 시급한 과제다. 이승만이 손도 못 댄 문제지만, 지금 이 정도 문제도 못 풀 정도로 우리 사회가 돈이 없지는 않다. 지금, 뭔가 해야 한다.

의정부음악도서관, 전문 도서관의 세계

"사서들끼리 나누었던 얘기가 정말로 현실이 되었어요."

2019년에 의정부미술도서관이 문을 열었다. 이때 꽤 큰 화제가 되었다. 그리고 2021년에는 의정부음악도서관이 문을 열었다. 미술 전시도 하고 연주회도 하는 도서관이 생긴 것이다. 지방정부에서 운영하는 도서관이라서 공공 도서관이며 동시에 전문 도서관이기도 하다. 행정적으로는 그냥 공공 도서관이다.

의정부미술도서관의 최대 강점은 전시회 도록이다. 전시회를 할 때 화가의 특징과 주요 작품들 그리고 해석을 담은 작은 도록을 만든다. 이 도록을 구하기 위해 일부러 전시회를 보러 오는 사람도 있다. 의정부미술도서관에서는 이런 전시회 도록을 다양하게 볼 수 있다. 미술 책들은 색상이 중요해서 종이도 좋은 걸 써야 하기 때문에 보통 책보다는 비싸다. 게다가 대중적으로 인기 있는 책들이 아니라서 쉽게 절판되기 때문에 시중에서 구하기가 쉽지 않다. 취미로 이런 책들을 다 사서 보기는 어렵다. 많은 국민들이 미술에 대해서 상당한 식견을 가지고 있는 나라가 선진국이다.

그나저나 의정부에 왜 이런 도서관이? 한국 추상회화의 선구자 중 한 명인 백영수가 살았던 곳이 의정부였다. 화풍은 신사실파였고, 도서관에는 관련된 전시실이 별도로 운영되고 있다. 한

편 음악도서관은 이 지역에 있었던 미군 부대의 흔적을 담고 있다. 그 영향으로 재즈, 블루스, R&B가 특히 의정부에서 강했고, 이 음악도서관도 그런 장르에 특화되어 있다. 이곳에서는 음악을 좋은 오디오로 직접 들을 수도 있고 연주회도 열린다.

선진국이 되면 나타나는 특징이 국민들의 문화 지출비가 늘어난다는 점이다. 이건 일반적인 경우가 그렇고, 우리나라의 경우는 별로 그렇지 않다. 한때 카메라 구입비가 전체 문화 지출을 주도하던 시절도 있었지만, 핸드폰 카메라의 품질이 좋아지면서 디지털 카메라 시장도 한국에서는 축소되는 추세다. 개와 고양이 등 반려동물에 관한 지출은 계속해서 높아지고 있지만, 반려동물에 대한 지출을 문화 지출로 볼지는 좀 의문의 여지가 있다. 거시적으로만 보면 한국이 충분한 문화경제를 만들고 있다고 보기는 어렵다.

선진국이 갖는 또 다른 특징이 전문성이다. 경제 발전의 역사가 누적되면서 분야별로 다양성이 생기고 전문가들도 많이 배출된다. 한국도 그럴까? 도서관 역사로만 보면, 그렇지는 않다. 군사 정권 시절 공공 도서관을 워낙 많이 확충해서 기본적인 공공 도서관 네트워크는 한국도 어느 정도는 만들어졌다고 볼 수 있지만 전문 도서관들이 충분히 있는지를 살폈을 때 그렇다고 말하기는 어렵다.

의정부의 미술도서관과 음악도서관은 누가 봐도 전문 도서관이다. 음악과 미술만 한 전문 영역이 또 있겠는가? 그리고 당연히 이곳에서는 미술과 음악에 전문성을 가진 사서들을 별도로 채용했다.

2000년대로 넘어오면서 한국에서도 주제전문사서에 대한 폭넓은 논의가 있었다. 책과 도서관이 아닌 별도로 자신의 전공을 가진 사람을 전문사서라고 보면 된다. 도서관학과 혹은 문헌정보학과를 졸업하지 않은 사람들이 사서로 일하게 되면, 이 사람들은 자신의 전문 분야를 가진 주제전문사서가 된다. 도서관이 전문성을 갖기 위해서는 사서도 전문성을 가져야 한다.

만약 내가 경제학자를 사서로 뽑는 도서관을 만날 수 있었다면, 아마도 평생을 도서관에서 살았을 가능성이 높다. 살아온 인생을 보면, 한국의 경제학자 중에서 내가 가장 도서관을 사랑하는지는 모르겠지만, 가장 한국의 도서관을 존경하는 것 같기는 하다. 도서관의 경제학 전문사서로 살 수 있는 기회가 나에게는 없었다.

전문사서를 처음 만났던 것은 스위스 취리히 연방공과대학의 도서관에서였다. 아이 둘을 키우면서 소득은 조금 포기하고 일주일에 사흘만 출근하는 사람이었다. 그때 일주일에 사흘 일하는 주3일 노동을 처음 보았다. "카페에서 에스프레소를 좀 덜 마시면 돼요. 지금 너무 좋아요." 나는 그녀를 만나기 전에는 그런 세상이 있는 줄 몰랐다. 그녀는 석사학위를 가지고 있었는데, 도서관에서 일하는 것에 대해 매우 만족하고 있었다. 취리히 연방공과대학은 아인슈타인이 나왔던 학교다. 지금도 여전히 좋은 학교다. 수많은 전문사서들이 도서관에서 일하고 있다는 것을 그때 처음 알았다.

2000년대로 들어오면서 한국에서도 전문사서에 대한 폭넓은 논의가 있었다. 그렇지만 행정적으로 쉽지가 않다. 의정부의 음악도서관이나 미술도서관 같은 전문 도서관이 생겨나면 자연스럽게 분야 전문가가 필요하게 된다. 그렇지만 이런 전문 도서관이 한국에서는 아직 자리를 잡지 못했다. 그런 제도가 없다 보니 의정부 미술도서관이 생겼을 때, 행정적으로 당황했다. 그래서 전문 도서관으로 분류하지 못하고, 그냥 지방정부에서 운영하는 공공 도서관으로 분류하게 되었다.

물론 한국에도 전문 도서관이라는 분류가 있기는 하다. 495개나 있다. 그럼 충분하게 있는 거 아닌가? 물론 행정적으로는 그렇지만 현실은 그냥 연구소나 정부 자료실들이다. 한국사회과학도서관이나 한국문화번역도서관과 같은 진짜 전문 도서관도 있다. 하지만 연구소나 기업 자료실 혹은 한국은행 자료실에 일반인이 갈 수 있을까? 하나은행 도서실과 같은 은행 자료실을 일반인이 갈 수 있는 전문 도서관이라고 생각하기는 어렵다. 삼성전자 자료실도 전문 도서관이기는 한데, 여기에 일반인이 들어갈 수 있을까? 전문 도서관으로 분류는 되어 있지만, 그냥 자체 자료실이다.

정부에서 전문 도서관으로 분류되어 있는 한 도서관의 관련 규정을 찾아보았다. 자체 임직원이 이용하게 되어 있고, '기타 자료 주관부서의 허가를 받은 자'라고 예외 규정을 가지고 있다. 꼭 가려고 하면 전혀 못 갈 것은 아닌데, "너는 누구니? 뭘 하려고 하니?", 이런 허가를 받는 과정을 거쳐야 한다. 소개를 받아서 자료 담당자와 통화를 해봤는데, 아직 외부인이 자료를 보러 온 적은 없다고 한다. 기업이나 연구소 자료실에도 정식 사서가 근무하는 경우가 많고, 자료 역시 체계적으로 분류하고 관리되는 경우가 많다. 그렇지만 시민의 접근성이 좋은 경우는 별로 없다.

전문 도서관 중에서 시민들의 접근성이 좋은 곳이 어딘지 알아 보니, 몇 사람이 세종시에 있는 노동연구원 얘기를 해주었다. 여기는 지식자원팀에서 별도로 자료 관리를 하고, 자료실 관리책임자도 팀장급인 전문위원이다. 이곳은 일반인에게 개방하고 있고, 연구 목적으로 자료실을 이용하는 사람이 적지 않다. 이런 곳은 진짜 전문 도서관이라고 할 수 있다. 이렇게 개방적인 연구소 도서관의 애로사항에 대해 물어보니까, 최근에 연구소 예산이 줄었고, 특히 자료구입비 예산이 많이 깎인 게 제일 어렵다는 말을 들었다. 운영 주체가 공공이든 민간이든, 시민 접근성을 확보하거나 개선한 전문 연구소에 대해서는 자료구입비나 인건비의 지원을 추가적으로 늘리는 방법을 생각해볼 수 있다. 현재로서는 이런 전문 도서관에 관한 정책이나 관리를 하는 명확한 주체가 없다. 선진국이 되는 과정에서 한 번쯤은 거쳤어야 하는 단계인데, 도서관의 전문성에 관해 미처 우리가 돌아볼 기회가 없었다. 한국노동연구원 쪽 사람과 자료실의 접근성에 대해서 얘기를 나누었는데, "그래도 노동 관련 자료는 우리가 제일 많으니까", 이런 마음으로 자료실을 개방한다는 설명을 들었다. 다른 자료실도 마찬가지다. 자료실을 가지고 있는 연구소나 전문 기관들은 그 분야에서 한국 최고의 위치에 있는 곳들이다. 그런 기관의 자료가 전문가들뿐만 아니라 진로 고민을 하는 청소년들에게 나름 결정적 역할을 할 수도 있다.

　한국은행에도 도서관이 있기는 한데, 현재는 전문 연구가들만 사전 예약을 거쳐서 이용할 수 있다. 중앙은행의 역할에 대해서 이해하는 것은 현대 자본주의를 이해하는 데 결정적이다. 조금 더 개방적이고 교육적인 역할을 염두에 두면 좋을 것 같다는 생각이 든다. 초등학생이나 중학생 때 한국은행 도서관에 갔던 적이 있는 학생은 그 경험 자체로 인생이 바뀔 수도 있다.

연구소나 전문 기관 외에도 우리가 도서관 네트워크로 활용하지 못하는 또 다른 잠재력을 가진 곳은 협회다. 산업분야별로 협회들이 있는데, 큰 데도 있고 작은 데도 있다. 마치 상공회의소가 민간 경제와 정부 정책이 만나는 접점에 존재하고 있는 것처럼, 여러 협회들도 개별 회사들과 해당 산업 정책 그리고 정부 사이에서 공익적인 기능을 한다. 한국이 경제 발전을 이루어나가는 과정에서 협회들의 기여와 역할에 대해서 우리가 간과하는 경우가 많다. 너무 큰일이라서 엄두가 안 나는 걸까? 한국은 5년마다 도서관 발전종합계획을 만들게 되어 있다. 지금은 '제4차 도서관발전종합계획(2024~2028)'이 진행되는 중이다. 한국 도서관들의 장기적 방향이 이렇게 틀을 잡게 되어 있다. 석유화학이나 조선 등 많은 협회들이 주로 현안에 묶여 있는 경우가 많지만, 산업의 미래에 대해서도 고민하고, 인재들의 교육에 대해서도 신경을 쓰는 게 맞다. 협회에서 전문 산업 도서관들을 만드는 것을 정부가 지원하면, 자연스럽게 전문사서 문제와 전문 도서관의 공백을 해결해나갈 수 있다. 그게 그렇게 엄청난 일도 아니고, 큰 예산이 들어가는 일도 아니다. 다만 지금의 행정 체계에서 경제 부처나 산업 부처가 도서관을 자신의 일이라고 생각하지 못할 뿐이다. 우리는 엄청난 고도 성장기를 거치면서 개발도상국에서 선진국이 되는 경험을 했다. 그동안 누적된 지식과 자료 노하우 같은 것들을 정리해서 다음 세대에게 전달해줄 도서관이 꼭 필요하기는 하다. 지금까지 이런 일을 못했던 것은 필요성이 없어서가 아니라 각 협회들이 대중과 소통하는 일에 익숙하지 않았기 때문이다. 이제는 미래 세대와의 소통을 통해 오래된 산업들이 새로운 대중적 기반을 만드는 일이 필요하게 되었다.

우리는 옷을 만들면서 세계적인 경제 대국으로 부상할 기반을 만들었다. 70년대에는 미싱사가 한국을 대표하는 기술 엘리트 노동자였다. 1970년에 "근로기준법을 준수하라"고 외쳤던 전태일은 한국 경제의 최전선에 있었다. 너무 빠르게 최정상으로 갔던 섬유 산업 등 옷 만드는 일은 여전히 중요한 산업이다. 이런 역사를 보존하고, 새롭게 다음 세대에게 넘겨줄 대중적이면서도 흥미로운 전문 도서관 하나 정도는 우리에게 꼭 필요하다고 생각한다. 옷의 역사, 텍스타일, 디자인 그리고 산업 구조 등 옷 만드는 것에도 재밌고 여전히 유효한 얘기들이 많이 있다. 모아두면 역사가 되고 지식이 되지만, 흩어지면 그냥 서류 뭉치고 종이 쪼가리다. 악보도 모으고 전시회 도록도 모아서 음악도서관과 미술도서관을 만들 정도로 우리의 문화 수준이 높아졌다. 이제는 각 기관과 협회에서도 좀 더 대중적이면서도 체계적인 전문 도서관들을 만들 때가 되었다. 다양성과 깊이를 동시에 만족시키기 위해서는 한국 경제의 여러 곳에서 멋지고 매력적인 전문 도서관들이 만들어지면 좋을 것 같다.

한국 경제의 특징 중 하나가 유머가 부족하다는 것 아닌가 싶다. 전문가의 세계로 오면 더 그렇다. 히로시마의 만화 도서관에 갔을 때, 오타쿠와 전문성의 차이가 뭔가, 그런 생각이 들었다. 호기심과 즐거움 그리고 전문성, 다양성의 경제에서는 이런 게 크게 구분이 가지는 않는다. 놀이와 즐거움, 깊이 있는 전문성, 그런 것이 결합되는 더 많은 전문 도서관들이 생겨났으면 좋겠다는 생각이 든다. 한국도 많이 발전해서 체험학습 프로그램이 학교마다 많이 있다. 좀 더 즐겁고 재밌는 도서관, 그러면서도 신기하고 의미 있는 도서관을 좀 더 많이 만들 수 있으면 좋지 않을까? 최근 해상풍력 발전이 여러 가지 측면에서 미래 한국 에너지의 대안으로 주목받고 있다. 해상풍력 도서관 같은 게 있으면, 어린이와 청소년들에게 좀 도움이 될 것이라는 생각이 든다. 즐거움, 유머, 그렇게 부드럽게 다음 세대와 전문 지식 사이에서 다리 역할을 해줄 수 있는 전문 도서관이 늘어나면 한국 경제의 미래가 더 희망찰 것이다.

국회도서관은 야당 몫?

짧은 시간, 민주당 혁신위원장이자 당시 국회도서관장이었던 원혜영과 함께 국회도서관의 미래에 대해서 진지하게 고민했던 적이 있다. 박근혜가 아직 힘이 좋았고, 대통령 취임식에서 불렸던 해바라기의 노래 '행복을 주는 사람'이 종종 라디오에서 나오던 시절이었다. 당시 국정 기조가 '국민행복시대'였다. 원혜영이 주장한 것은 야당 몫인 국회도서관 관장을 당에서 정치인들이 하지 말고, 도서관 관련 인사들에게 돌려주자는 것이었다. 그렇게 깊이 있는 논의를 하지는 못했고, 안건은 국회의원과 정당의 특권을 내려놓자는 것이었다. 그 결과 민주당이 야당이던 기간에는 국회도서관 관장을 도서관 전문가가 하게 되었다. 여러 번의 정권이 지난 이후, 다시 국회도서관을 살펴볼 기회가 있었다. 크게 변한 것은 없어 보였다. 국회도서관의 부산 이전 얘기가 잠시 있었는데, 결국은 부산에 국회도서관 분원을 내는 걸로 봉합되었다. 아마 그 사이에 행정수도 이전과 관련된 제도적 변화가 생겨서 국회가 전면적으로 세종시로 옮겨가는 일이 생겼더라면 지금쯤 국회도서관도 세종시에 있을 것이다. 결국 2004년에 관습 헌법으로 서울이 수도라고 했던 헌법재판소의 결정이 국회도서관에도 영향을 미치고 있는 셈이다.

우리나라에서 제일 중요한 도서관은 국립중앙도서관과 국회도서관이다. 이 두 도서관은 누군가 책을 내면 무조건 2부씩 제출해야 하는 납본 의무가 있는 납본 도서관이다. 책을 잘 보관해서 다음 세대에 넘겨주는 일, 그러니까 일반적인 라이브러리가 아니라 비블리오테카, 책장으로서의 기능을 하는 곳이다. 책의 보관이라는 전통적인 기능이 두 곳에 부여되어 있다. 국회도서관은 국민이 아니라 입법기관인 국회의원들이 법을 만드는 데 도움을 주는 것이 주업무라고 좁게 해석할 수도 있지만, 그렇게 간단한 문제는 아니다. 국중에 대해서 어떤 이유로든 불만이 생겨난 사람들에게서 대표 도서관 지위를 국회도서관에 넘겨야 한다는 얘기를 종종 듣게 된다. 국회도서관이 왜 우리나라를 대표해? 언뜻 이해가 안 될지도 모르지만, 현대 도서관의 역사는 그렇게 흘러왔다.

　가장 강력한 도서관 시스템을 가지고 있는 미국의 대표 도서관은 국회도서관이다. 미국 도서관 서열상 1위다. 일본의 경우도 마찬가지다. 일본 패망 후 도쿄에 있던 제국도서관을 국회도서관으로 바꾸었다. 일본 사람들이 원해서 그렇게 된 것은 아니고, 미군정이 그렇게 했다. 진주만 공습을 생각하면 일본의 제국도서관을 미국 사람들이 그 이름 그대로 둘 수 없던 것은 명확하다. 입헌군주제가 있던 유럽의 경우는 왕들이 세운 왕립 도서관이 대표 도서관인 경우가 많다. 그럴 때에는 국회도서관의 역할은 축소된다. 왕조 시절을 겪지 않은 미국은 왕의 권위를 국회가 대신하게 되었다. 한국의 경우는 1923년 총독부 시절에 만들어진 조선총독부도서관이 지금의 국립중앙도서관이 되었다. 소공동에 있다가 재개발 때 롯데호텔에 부지가 매각되면서 남산으로 옮겼다. 그러다가 전두환 때 이전을 결정하면서 법조단지 한 귀퉁이의 자투리땅으로 옮겨가게 되었다. 국립중앙도서관은 당연히 국회는 물론 정부보다 먼저 생겨났다. 그 과정에서 자연스럽게 총독부도서관이었던 국립중앙도서관이 한국의 대표 도서관이 되었다. 게다가 오랫동안 관행적으로 정치인이나 관료가 낙하산으로 관장 자리에 내려와서, 별로 전문성 없는 경영이 오랫동안 지속되었다. 윤석열 시대에는 적격자가 없다고 2년 가까이 관장 임명도 하지 않았다. 도서관계와 정부의 갈등이 오랫동안 지속되다가, 최근에야 비정치인으로 인선이 이루어졌다.

국회도서관은 국회가 만들어지고 나서 바로 만들어지지는 않았다. 아이러니하게도 한국의 많은 도서관이 6·25 때 생겨난 것처럼 국회도서관도 1952년 전쟁의 한가운데에서 만들어졌다. 맨 처음 부산 경남도청 안에 있었다가 서울 태평로의 구 국회의사당 별관 등에 있었는데, 1975년 국회가 여의도로 옮겨갈 때 같이 옮겨갔다. 그리고 1988년 처음으로 자기 건물을 갖게 되었다. 불행했던 한국 근현대사의 아픔이 국회도서관의 역사이기도 하다.

1987년 6월 항쟁으로 9차 개정헌법인 지금의 헌법이 만들어졌고, 제6공화국이 시작되었다. 지금의 국회 운영 방안도 이 제6공화국의 산물이다. 그때 국회 운영과 관련해서 여러 가지 큰 타협이 벌어졌다. 국회도서관 관장은 야당 몫으로 한다는 일종의 타협안이 이때 만들어졌다. 국회 사무총장 등 힘 있는 자리는 국회 1당이 차지하는 국회의장이 임명하도록 하였다. 그리고 최소한의 균형을 잡기 위해 국회도서관 관장은 야당 몫으로 한다는 타협을 봤다. 이런 게 법에 명시된 것은 아니다. 국회법에는 '도서관장은 의장이 국회운영위원회의 동의를 받아 임면한다'라고 짧게 되어 있다. 국회운영위원회는 또 뭐야? 국회 내 각 교섭단체 등이 포함된 28인으로 구성된다. 실질적으로는 국회도서관장은 여기에서 동의하게 되어 있는데, 이 위원회가 하는 많은 결정이 '관행'에 따르는 것이다. 그러니까 국회도서관장을 국회의원 등 정치인이 하거나 말거나, 혹은 전문가가 하거나 말거나, 그런 규정은 없다. 아무나 해도 된다. 진짜 관행적으로 한 거다. 그걸 야당에서 결정하게 해주겠다는 타협이 이루어졌다. 야당 내에서도 모두 같은 의견인 것은 아니니까, 가끔 서로 자기 편 시켜야겠다고 싸우는 일도 벌어진다. 이렇게 국회법 안에 국회도서관 관련된 규정이 정비되어 있으니까 그럼 된 거 아냐? 이게 그야말로 87년 6월 항쟁의 '쌍팔년도 갬성'이다. 1988년에 별도로 마련한 국회도서관법에는 '관장은 의장이 국회운영위원회의 동의를 받아 임면한다', 역시 같은 조항이 적혀 있다. 그 시절을 기억하는 사람들에게 물어보니까, 그래도 힘 있는 정치인이 관장이 되면, 예산을 확보하는 등 권한을 행사하는 데 조금 더 유리하지 않겠느냐고, 도서관계에서도 크게 반대하지 않는 분위기였다고 한다. 이렇게 국회도서관 관장은 야당 몫이라는 한국식 제도가 만들어졌다.

일본의 경우는 국회도서관법에 별도로 국회도서관 관장에 대한 사항들을 규정하고 있고, 미국은 국회법 안에 국회도서관에 대한 항목이 세세하게 들어가 있다. 미국 국회도서관장 리스트를 살펴보다가 정말로 깜짝 놀랐다. 두 가지에 놀랐는데, 제일 크게 놀란 건 도서관장의 명칭이다. Librarian of Congress, 우리말로 직역하면 '국회 사서'다. 국회에서 일하는 사서라는 의미인데, 보통은 Librarian이라고 줄여서 표기한다. 여기서 주목할 것은 첫 글자를 대문자로 쓴다는 점인데, 대문자로 표기함으로써 '사서 중의 사서'를 뜻하게 된다. 미국에서는 Librarian이 바로 미국 국회도서관 관장을 가리키는 말이다. 사서라는 말이 주는 사회적 권위가 그렇게 높지 않은 한국에서는 사서 앞에 국회도서관, 관장 같은 단어가 몇 개 더 붙어야 비로소 권위가 좀 있어 보인다. 또 한 가지 놀란 것은 15~20년씩 오랫동안 국회 사서를 한 사람들이 많다는 점이다. 미국에는 FBI 국장처럼 정권이 바뀌어도 잘 바뀌지 않는 직책들이 있는데, 국회도서관장도 그런 자리 중 하나다. 그만큼 국가 주요 기관으로 간주된다는 얘기다.

1802년에 초대 국회 사서가 임명되었는데, 그 후 220년이나 더 지난 지금까지 겨우 14명만이 국회 사서직을 거쳐갔다. 역대 도서관장들 이름과 이력사항을 읽다 보면, 링컨도 나온다. 직전 도서관장인 13대 관장은 1987년에 임명되어서 2015년까지, 무려 28년간이나 그 자리에 있었다. 한국에서는 상상도 하기 어려운 일이다. 레이건이 임명을 했다. 당연히 보수 인사이고, 냉전 체계에 대한 연구를 많이 했다. 그새 대통령이 많이 바뀌었어도, 그는 28년간 실제로 많은 업적을 쌓으면서 존경을 받았다. 최근까지 미국 국회도서관장이었던 카를라 헤이든은 2003년 미국도서관연합회 대표였고, 2016년 오바마의 임명으로 관장이 되었다. 그 뒤 트럼프와 바이든을 거쳐 다시 트럼프의 시대가 되어 해임되기 전인 올 5월까지 그녀는 미국 국회도서관장인 국회 사서였다. 미국은 상원의 동의를 얻어 대통령이 10년 임기인 국회 사서를 임명하게 된다. 연임하면 20년이다. 하따, 길게도 한다. 8대 국회 사서인 허버트 퍼트넘(재직 1899~1939년)은 공공 도서관 전문가였다. 이때부터 도서관과 관련된 인사들이 이 자리에 가게 되었다.

역대 미국 국회도서관장들 중에는 정치인도 있고, 학자도 있고, 도서관 사서 출신도 있다. 누굴 뽑을지는 대통령이 알아서 할 일이기는 하지만, 특별하게 교체될 사유가 생기지 않는 이상 새로운 대통령이 막 흔들지는 않는 분위기다. 우리나라의 경우 군사정권 시절에는 한 사람이 4~5년씩 국회도서관장을 하기도 했다. 1994년 이후로는 예외 없이 국회의장이 바뀌면 같이 바뀌어서, 계산하기 편하게 딱 2년간 활동하고 물러난다. 미국 국회도서관이 200년 넘는 기간 동안 14대까지 와 있는데, 한국은 1952년 이후로 50년 조금 넘는 동안 벌써 23대까지 왔다.

우리의 야당 몫 '갬성'에 비하면 미국 국회도서관은 관장에 대한 접근 방식 자체가 다르다. 한국의 국회도서관은 납본 의무가 있는 그냥 큰 도서관이고, 미국 국회도서관은 미국의 대표 도서관이라서 위상이 다를 수밖에 없기는 하다. 그렇다고 하더라도 정치인들끼리 서로 대충 관례라고 하면서 자기들끼리 결정하고, 아무도 관심 없는 지금 우리의 국회도서관의 모습은 좀 그렇다.

미국은 19세기 초반부터 국회도서관을 정비해가면서 지금의 모습을 만들었다. 우리도 국회도서관장 임기를 10년 정도로 길게 하면, 대통령이 바뀌거나 국회의장이 바뀌거나 혹은 집권당이 바뀔 때마다 정치적으로 크게 흔들리는 것을 방지할 수 있을 것이다.

국회에 있는 도서관은 공무원들이 관리하는 중앙도서관이 갖지 못한 행정적 장점을 가지고 있다. 어쨌든 공무원 구조상 행정부와 입법부는 별도의 시스템으로 움직인다. 국회도서관이 더 많은 예산을 쓰는 데 반대할 국회의원이 별로 없기 때문에, 행정부를 통해 올라오는 일반적인 도서관 예산과는 달리 국회 스스로 예산을 결정할 수 있다. 만약 국회도서관이 우리나라 도서관의 전문성을 높이기 위해서 더 많은 전문사서를 고용하고, 더 많은 돈을 쓴다고 해도 예산 당국이 크게 반대하지는 않을 것이다. 국회라는 조직이 갖는 예산 배정 과정에서의 특수성이 있다. 게다가 인력 운용에 대해서도 국회는 입법부로서 자율성을 가지고 있다. 다른 나라의 각종 정책과 제도를 국회 차원에서 좀 더 연구하고, 특히 소외된 사람들의 정책에 대해서 국회도서관이 좀 더 깊은 전문성을 갖겠다고 해서 뭐라고 할 사람은 아무도 없다. 한국의 국회도서관 관장이 좀 더 전문성을 갖는 게 중요하다고 생각하면, 1987년 이후로 유지된 '야당 몫'의 관행을 앞으로도 계속 유지할 필요는 없다. 지금의 흐름이라면 몇 년 내로 87년 체계, 제6공화국은 어떤 식으로든 변화해서 제7공화국이 올 것이다. 1987년 정치권은 국회도서관의 중요성 같은 건 생각하지도 못한 것 같다. 그냥 정당 내 권력의 균형 과정에서 야당에게 떼어줘도 아깝지 않은, 집권당이 양보할 수 있는 팻감 이상은 아니었다. 앞으로 생길 제7공화국에서의 국회도서관은 우리나라 도서관의 전문성을 선도하는 대표 전문 도서관이 되었으면 좋겠다. 미국이나 일본처럼 국회도서관이 국가를 대표하는 도서관이 될 필요까지는 없지만, 보관을 주목적으로 하는 국중이 하지 못하는 기능, 여기에서는 대표 기능을 가졌으면 좋겠다. 그게 내가 생각하는 한국 국회도서관의 미래 비전이다. 그렇게 한국의 위대한 도서관 서사가 국회에서 계속 이어지면 좋겠다.

3·1 운동 이전, 조선총독부는 조선에 도서관을 만들지 않는 무도서관 정책을 썼다. 도서관 하나하나가 우리에게 얼마나 귀했겠는가? 지금의 국회도서관은 1952년 전쟁 중에 국회도서실을 만든 것이 기원이 되었다. 그냥 야당 몫으로 챙겨주는 자리로 21세기에도 국회도서관을 운영하는 것은 좀 이상하다. 꼭 우리나라 대표 도서관이 아니더라도, 국회가 갖는 독특한 지위와 권한을 충분히 활용할 수 있도록 국회도서관 시스템과 제도를 정비할 때가 되었다.

부디 몇십 년 후, 누군가 한국 도서관의 상황과 정책에 대해서 다시 한번 정리할 기회가 생겼을 때, 새로 정비된 국회도서관의 맹활약에 대해서 신이 나서 "이게 우리의 역사다", 그렇게 말할 수 있었으면 좋겠다. 미국만큼은 아니더라도 일본 국회도서관보다 더 좋게 만드는 것은 충분히 할 수 있다고 생각한다. 일본이나 한국이나, 결국은 2차 세계대전 이후 미국 도서관 행정의 영향을 많이 받은 국가다. 일본도 한국처럼 그 전에는 도서관이 뭔지, 어떻게 해야 하는지 잘 몰랐다. 일본 국회도서관은 대표적으로 엄숙하고 보수적인 곳이다. 좀 더 개방적이고, 전문성의 한 축을 잘 살리는 국회도서관을 우리가 못 만들 이유는 없다. 국민들에게 "재밌고 즐거운 그리고 유익한" 도서관으로 국회도서관을 운영하지 못할 이유가 없다. 국회의원은 그냥 이유 없이 싫어도 국회도서관은 "아주 좋다"는 시대를 우리가 못 만들 이유가 없다. 예산과 인력을 묶어놓고 그렇게 하라면 어렵지만, 국회의장에게 그 정도 권한도 없는 건 아니다. 다른 건 몰라도, 도서관만큼은 우리가 일본한테 배운 게 많지 않다. 그냥 우리 스타일의 길을 지금부터라도 우리가 가면 된다. 야당 몫의 국회도서관 관장 자리에 대한 배려는 군사정권 시절, 군인들에 맞서는 민주세력의 최소한의 안전판으로 만들어놓은 것이다. 어쩌면 국회도서관만이 이 사회 자체가 민주화 이전 시절의 제도, 아니 '관행'에 갇혀 있는 것인지도 모른다. 이제는 한국식 국회도서관의 자체적이고 고유한 역할과 위상을 만들어나갈 때가 되었다.

꿈꾸는도서관, 공간을 장소로 바꾸는 도서관

영화 「티파니에서 아침을」 오프닝에서 오드리 헵번이 검은 색 드레스를 입고 보석 가게 티파니의 창문 앞에 서 있는 장면은 영화사에 남을 최고 명장면 중의 하나다. 이 한 장면으로 지방시가 세계 최고의 패션 디자이너 반열에 올랐다. 영화의 배경은 세계 최고의 부자 도시 뉴욕에서도 핵심이라 할 수 있는 맨해튼이다. 뉴욕과, 세계적 보석 가게인 티파니가 나오면 부자들의 얘기일 것 같지만, 영화의 포커스는 거의 인생 막장에 몰린 가난한 젊은 연인들에 관한 얘기다. 오드리 헵번은 이혼한 적이 있는 고급 콜걸이다. 그녀와 사랑하게 되는 남자는, 소설가이지만 그걸로는 생활이 안 돼서 부유한 여성 인테리어 디자이너의 애인으로 살아간다. 그야말로 막장에 몰린 젊은 두 남녀의 사랑 이야기다. 두 사람이 첫 데이트를 하면서 각자 하고 싶은 일을 하나씩 하기로 한다. 여자는 티파니에 가고 싶어했다. 그리고 티파니와 대조되는 또 다른 장소가 남자가 선택한 뉴욕 공공 도서관이다. 티파니도 영화에서 두 번 나오고, 뉴욕 도서관도 두 번 나온다. 두 사람이 결국 헤어지게 된다는 느낌을 주는 게 두 번째 도서관 신이다. 마주 보고 달리면서 서로 만날 수 없는 운명을 뒤엎는 것은 영화의 처음부터 양념처럼 등장했던 고양이다. 파국의 순간, 빗속으로 뛰쳐나간 고양이와 함께 영화는 해피엔딩으로 마무리된다. 티파니와 도서관, 그게 당시 맨해튼에서 극단적으로 대치되는 두 개의 상징이었다. 보석상과 도서관, 물론 영화 내에서 티파니 점원은 정말로 친절했고, 도서관 사서들은 더럽게 딱딱거렸고 불친절했다. 심지어 도서관에서 빌린 자기 소설책에 작가가 직접 서명을 하려고 하니까, "지금 공공 재산을 파손시키고 있어요", 이렇게 저지할 정도다. 이처럼 장소를 상징적으로 대조시킨 대표적인 한국 영화는 「미술관 옆 동물원」이다. 미술관에 가고 싶은 여자와 동물원에 가고 싶은 남자가 우연히 같은 집에서 살게 되면 어떤 일이 벌어질까? 그야말로 〈화성 남자와 금성 여자를 넘어서〉 같은 얘기다.

인류 역사상 대부분의 시간 동안 도서관은 일부 엘리트들만 갈 수 있는 공간이었다. 신숙주와 정인지, 이런 집현전의 젊은 관료들처럼 왕과 가까운 사람들 혹은 신과 가까운 사람들이 도서관의 주 이용자였다. 19세기 중후반에 걸쳐서 미국에서 공공 도서관을 전면적으로 조성하고 난 후에야 비로소 아무나 들어갈 수 있는 공간이 되었다. 물론 그 아무나가 진짜 아무나는 아니다. 최소한 영어는 읽을 수 있고, 대중 소설을 읽을 수 있는 정도의 문해력은 가지고 있어야 도서관이 의미가 있다.

엘리트와 그렇지 않은 사람들이 모두 공유하는 공공기관은 도서관이 유일할 것이다. 중요한 공공기관인 병원은 미국에서는 완전히 분리되어 있다. 비행기 좌석이 퍼스트 클래스, 비즈니스, 이코노미로 나뉘어져 있는 것과 같이 현실 자본주의는 부자와 엘리트, 그리고 그렇지 않은 사람들을 구분한다. 도서관도 그런 면이 있다. 사람마다 도서관을 이용하는 방법은 다르다. 교수들도 도서관을 이용하지만, 도서관에 직접 가는 일은 거의 없다. 조교한테 부탁하면 자기 연구실에 필요한 책들이 가지런히 놓이게 된다. 국회의원도 꼭 봐야 하는 책이 있으면 보좌관들이 국회도서관에서 알아서 구해준다. 그런 사람들은 대부분 한국 도서관이 형편없고 외국 도서관에 비해 "없는 책이 너무 많다"고 한다. 그 말도 틀린 말은 아니다. 한 분야에서 어느 정도 수준에 도달한 사람들이면 공공 도서관은 물론이고, 대학 도서관도 더 이상 그 눈높이를 맞춰줄 수 없게 된다. 이런 엘리트들에게는 정말 세계 최고의 전문 도서관이 필요한데, 불행히도 한국은 전문 도서관의 체계가 아직 제대로 정비되어 있지 않고, 개방성도 취약하다.

엘리트들이 정부 회의 등 도서관 관련 위원회에 참가하면 "이제 도서관은 필요 없다"는 말을 진지하게 하는 경우가 많다. 어차피 좋은 도서관도 한국에 별로 없는데, 대중서만 즐비한 공공 도서관을 늘릴 필요가 뭐가 있느냐는 그들의 생각도 이해는 간다. 여기에서 외국 전문가들과 한국 전문가들의 가장 큰 차이는, 결국 도서관의 역사를 얼마나 가지고 있느냐 하는 것이다. 미국에서 이런 얘기를 무심코 했다가는 무식한 사람 취급받을 가능성이 크다. 19세기에나 했음직한 얘기라고 핀잔을 들을 수도 있다. 한국은 모두가 공유할 수 있는 도서관의 역사가 아직 짧고, 당연히 이 시스템을 만드는 데 평생을 바친 사람들에 대해서 잘 모른다. "유튜브에 다 있다"는 얘기나 "AI가 찾아줄 건데 뭐하러 책을 보느냐", 이런 얘기들을 엘리트들 입에서 들을 때는, 좀 고루한 얘기지만 '역사 의식'이라는 단어를 생각하게 된다.

자본주의를 하나의 경제 시스템으로 생각하면, 도서관은 대중에 대한 가장 효율적인 교육훈련 기구다. 도서관들 중에서 평생교육관과 연결되거나 심지어 이름을 그렇게 바꾸는 경우가 이해가 된다. 엘리트들만 교육을 잘 시키면 자본주의가 잘 돌아갈까? 공공 도서관이 자본주의가 만든 제도인 것처럼 의무교육도 자본주의가 만든 제도다. 그냥 소비자만 있으면 생산이 돌아가지 않기 때문에 생산자로서의 기본 교육을 하기 위해서 의무교육 제도를 만든 것이다. 학교에서 기본적인 문해력과 소양교육을 완성시키면, 그다음의 심화학습은 도서관으로 그 주체가 변경된다. '평등한 교육'이라고 편하게 표현하지만, 그 속에는 자본주의에서 국민경제를 운용하는 기본 설계가 숨어 있다. 대중이 스스로 편안하게 교육받을 수 있게 되는 체제가 결국 국가별 경쟁에서 승리하게 된다.

후기 자본주의의 많은 국가들은 가난한 사람들이 중산층으로 올라가게 하는 목표를 가지고 있다. 시스템 안에서 그런 장치들을 계속 유지하지 않으면, 자본주의는 위아래로 분리되고, 결국 많은 중남미 국가의 경제가 그렇듯 분리형 경제로 전락한다. 도서관에 오는 많은 사람들이 그냥 남는 시간을 보내거나, 달리 갈 데가 없어서 오는 것은 아니다. 더 훌륭한 사람이 되기 위해서 오는 청소년도 있고, 새로운 직업을 찾는 모색기에 오는 실업자도 있다. 1997년 IMF 경제 위기 때 한국에 전면화되었던 대량 해고의 시기에 극장과 도서관이 그들을 맞아주었다. 생각보다 많은 사람이 집에 실업 사실을 알리지 못하고 한동안 위장 출근을 했다고 한다. 낮에는 남산과 같은 산이나 공원에도 많이 갔지만, 비가 오면 결국 극장 아니면 도서관밖에는 갈 곳이 없다. 도서관에도 욕망이 존재한다. 지금의 어려운 상황을 타개하고자 하는 사람 혹은 더 나은 직업을 찾고 싶어하는 사람 등 다양한 욕망을 가진 사람들이 찾아온다. 집 근처라고는 해도 일상적인 출퇴근 시간만큼은 걸리는 곳에 그 시간을 써가며 도서관을 찾는 사람은 그게 뭐든 그들에게는 책으로 이끄는 유혹과 욕망이 존재한다. 욕망이라고 표현하지만, 그걸 다른 말로 바꾸면 꿈이다. '꿈꾸는 도서관', 어쩌면 도서관의 가장 이상적인 상태일지도 모른다.

한국의 엘리트들이 갖는 다양한 욕구를 공공 도서관들은 잘 만족시켜주지 못한다. 게다가 한국 엘리트들은 너무 열심히 공부하느라고 역사 교육을 진지하게 받지 못했을 가능성도 매우 높다. 어떻게 한국이 일제강점기를 버텼나, 어떻게 한국이 경제 발전을 했는가, 지역에서 자신의 역사를 만들기 위해서 얼마나 몸부림치며 버텼는가, 이런 얘기들을 잘 모를 가능성이 매우 높다. 게다가 그런 사람들은 진짜 경제성이 뭔지 제대로 배우지 않았을 가능성도 높다. 어쨌든 고시용 경제학은 매우 표면적인 문제만 출제하니까 말이다. 경제 철학과 같이 답이 정해져 있지 않은 경제학의 진짜 질문은 고시에서는 다루지 않는다. 도서관도 마찬가지다.

역사 의식도 깊지 않고, 그렇다고 경제에 대한 종합적 이해도 없는 높으신 엘리트들끼리 하는 회의에 도서관 관련된 주제가 올라가면, "문 닫아" 혹은 "예산 좀 줄입시다", 이렇게 결정이 날 가능성이 매우 높다. 특히 중앙에서 하는 고위층 회의일

수록 더욱 그렇다. 도서관 관련 주제는 상당수 한국 엘리트들에게 자신에게 별로 필요가 없거나 별 관심이 없는 주제일 경우가 많다. 무상 학교급식 논쟁 때는 좀 달랐다. 엘리트들도 자녀들이 학교에는 다닐 가능성이 높으니까, 안전하고 질 높은 급식을 먹이자는 얘기가 자신들에게도 무관한 주제가 아니었다. 도서관은 좀 다르다. 그런 사람들의 자녀들은 학원에 다닐 확률이 높기 때문에, 학교 도서관이든 지역 도서관이든 어쨌든 갈 시간이 별로 없을 가능성이 높다. 그래서 중앙 고위층 회의로 올라갈수록 도서관 행정은 매우 불리한 처지에 놓이게 된다. 특히 기초지자체인 구청이나 시청 같은 곳일수록 풀뿌리 민주주의가 약하니까 결국은 구청장이나 시장 같은 단체장의 개인적 취향의 영향을 많이 받게 된다. 자기들끼리 도서관 문을 닫기로 먼저 정해놓고, 집행 단계에서나 이 소식을 듣게 된 도서관 시민들에게 강한 저항을 받게 된다. 마치 공식과도 같다.

미국 엘리트의 경우는 생각이 좀 다른 것 같다. 지자체에서 세금으로 직접 만든 도서관도 있지만, 카네기 등 누군가 기증한 도서관 건물을 사용하는 경우도 많다. 카네기 도서관은 건물만 기증하고 운영은 지역에 맡겼다. 책을 사는 등 운영 비용은 건물을 기증받은 지역에서 감당해야 한다. 많은 경우 지역의 도서관위원회에서 도서관 운영은 물론 예산에 관한 것도 직접 결정한다. 나중에 온 행정관료인 단체장이 지역의 공공 도서관에서 자기 마음대로 할 수 있는 제도적 여지가 그리 많지 않다. 우리는 시민적 과정들이 생략되거나 아직 채 무르익지 않았기 때문에 단체장이 자기

맘대로 흔들 수 있는 여지가 많다.

　책의 눈으로 본 도서관은 이용객들이 더 나은 삶을 위해 새로운 꿈을 꾸는 곳이기도 하지만, 공간으로서의 도서관은 복지의 특징도 강하게 가지고 있다. 도서관은 일종의 지역 복지 시설이다. 최근 지역의 공공 도서관에 여러 기능들이 모이는 것은, 어려운 지역일수록 별도의 주민 공간을 만들기 어렵게 된 경제적 현실이 반영되어 있다. 지역 복지 혹은 주민 복지의 연장선에서 도서관이 갖는 또 다른 기능을 생각할 수 있다. 특히 지금과 같이 수도권으로 사람들이 모이고 많은 것들이 집중되는 현실 속에서 점점 더 소외되는 지역의 경우 더더욱 그렇다. 지방에서는 육아에서 청소년 그리고 노인에 이르기까지, 도서관이 기반 시설이다. 없으면 그만 아니냐? 결혼해서 살아야 할 곳을 고르는 사람들이 출산을 고민할 때 검토하는 시설 중의 하나가 육아 관련 네트워크다. 어린이 도서관이 있는 지역은 이럴 때 조금이라도 우선 순위를 가지게 된다. 어린이 도서관 자체가 중요해서가 아니라 어린이 도서관이 버틸 정도로 지역이 어린이 교육에 신경을 쓰는 곳이면, 관련된 다른 육아 네트워크도 잘 조성되어 있을 가능성이 높다. 어쨌든 어린이가 있어야 어린이 도서관이 있을 것 아닌가?

　우리는 여러 가지 방법으로 도서관을 평가한다. 물론 내가 평가 자체를 반대하는 것은 아니다. 도서관도 사람이 하는 일이라서 무기력해질 수도 있고, 시대에 안 맞게 지나치게 오래된 방식만을 고집할 수도 있다. 그렇지만 평가 후의 조치에 관해서는 좀 고민해보고 싶다. 별나게 특별한 방식이 아니라 일반적인 공공 서비스 혹은 지역 복지를 다루는 것과 같은 시각으로 공간으로서의 도서관을 보면 된다. 프랜차이즈 식당이나 편의점 같은 곳에서는 각 지점을 평가하고, 수익성이 떨어지거나 미래 가능성이 높지 않으면 서로 합치거나 폐점 결정을 내린다. 그렇지만 복지는 그런 프랜차이즈 본사에서 지점 운영하는 것과는 다르다. 전기나 수도 같은 것이라고 생각하면 된다. 전기가 공급되지 않는 곳은 어떻게 해서든 전기가 갈 수 있게 행정을 한다. 섬 같은 고립된 곳에서도 어떻게든 전기를 사용할 수 있게 하는데, 송전 설비 등 값비싼 투자를 했다고 해서 전기요금을 더 받지는 않는다. 전기는 상품이면서도 동시에 복지의 성격을 갖기 때문이다.

　이용하는 사람도 줄고, 이래저래 성과지표들이 잘 나오지 않는 지역의 도서관은 어떻게 해야 하는가? 프랜차이즈를 운영하는 것처럼, 규모를 줄이다가 적당할 때 폐관하면 그만일까? 지금 우리가 많은 작은도서관을 비롯한 지역 도서관을 딱 그렇게 프랜차이즈 본점 같은 시각으로 관리한다. 평가 점수가 높게 나오지 않으면 거기에 연동해서 보조금 등 지원금을 줄인다. 도서관 순위가 낮게 나오면 단체장들은 자기가 하지 않은 일로 자신의 성과가 떨어지는 것 같아서 기분 나빠한다. 그리고 결국 문을 닫게 한다. 그렇지만 복지는 그렇게 다루는 게 아니다. 국립중앙도서관과 각 지역 도서관은 프랜차이저와 프랜차이지 관계가 아니다. 평가 점수가 좋게 나오지 않거나 순위가 낮으면, 무엇인가를 개선하도록 운영 상황을 점검하고, 필요하면 운영 지원을 늘리는 게 맞다. 그런 게 도서관 평가의 원래 목표다. 도서관은 만드는 것도 어렵지만, 잘 운영하는 것도 쉽지 않다. 개별 사항에서 생겨나는 애로사항이나 운영상의 미비점을 개선하면서 좋은 도서관으로 만드는 게 맞는 방향인데, 우리는 그렇게 하고 있지 않다. 공무원들이 도서관과 프랜차이즈 커피 전문점을 동일선상에서 보고 있는 것 같다.

어린이 도서관 하나가 문을 닫으면, 일차적인 피해가 가는 곳은 그 지역 어린이가 아니라, 사실은 그 지역의 육아 환경 그 자체다. 그렇게 점점 더 '육아 사막' 지대가 늘어난다. 일단 어린이 도서관이 만들어지면, 그 지역 육아 네트워크의 중요한 연결점으로 기능하게 된다. 작은도서관도 마찬가지다. 처음부터 한국에서 작은도서관은 중앙도서관에서 경제적으로 소외된 지역을 지원하기 위한 시설로 이해했고, 우선 지원 순위를 경제적으로 어려운 지역부터 지원이 가도록 했다. 원래부터 그냥은 도서관이 생겨나기 어려운 지역, 도서관이 운영되기 어려운 곳부터 만들어나간 것이다. 이 제도가 원래 그렇다. 경제적으로 어려운 지역의 도서관은 사람들이 책을 덜 읽고, 당연히 도서관 운영이 어렵다. 그냥 열렬로 도서관 줄을 세우면, 도서관이 필요한 곳과 도서관이 운영되는 곳의 성과가 정반대로 나오게 되어 있다.

어쨌든 그렇게 성과지표로 관리를 하면 전체 효율성이 높아지지 않겠는가? 국민경제 차원에서는 지역차를 줄이는 것이 전체 성과를 위해서는 더 유리하다. 수위권 국민소득 최상위권에 들어간 스위스에도 북부 독일어권에 비해서 경제적 어려움을 겪는 남부 이탈리아구역적 경제 격차 문제가 존재한다. 공업 지역인 북부 지역과 농업 지역인 남부 지역 사이의 경제적 격차가 스위스의 오래된 고민이다. 이탈리아권인 남부 지역이 지나치게 경제적인 어려움을 겪지 않도록 하기 위해서 취리히를 축으로 하는 독일어권과 제네바를 축으로 하는 불어권이 다양한 방식으로 경제적 지원을 한다. 이 관계가 깨지면, 특정 지역이 그냥 가난해지는 걸로 끝나는 게 아니다. 남부 지역이 너무 어려워지면, 이탈리아권은 스위스 연방에서 나와서 이탈리아와의 합방을 시도하게 될 것이다. 그러면 스위스 연방이 깨진다. 지방 소멸이라는 용어가 처음 등장한 일본도 도쿄를 축으로 하는 관동 지역과 오사카를 축으로 하는 관서 지역이 팽팽하게 경쟁 중이다. 게다가 일본의 근대화를 이끌었던 규슈 지역도 여전히 중요한 경제 축이다. 도쿄가 수도이기는 하지만, 일본 경제는 도쿄 중심의 단일 축이 결코 아니다. 한국은 다르다. 서울 그리고 그 연장선에서 수도권이 거대한 블랙홀로 모든 것을 끌어당기는 구조를 가지고 있다. 지역에 도서관이 문을 닫거나 약해지면, 그냥 도서관 하나가 사라지는 것으로 끝나지 않는다. 이런 변화들을 제대로 반영할 수 있는 성지표는 적어도 도서관에 대해서는 아직 제대로 개발되어 있지 않다.

지역들은 지역 이 진행 중인 일본 작은 마을의 개성 뚜렷한 도서관 결과물로서도 매우 유명하다. 후쿠시마현의 이와키그림책노 일본의 세계적인 건축가 안도 다다오에 의해 노출 콘크리 미멀리즘 디자인으로 설계되었다. '빛의 건축'이라는 이름으 며 세계적으로 유명한 도서관이 되었는

4장 힘내라, 도서관!

렵지만, 잘 운영하는 것도 쉽지 않다. 개별 사항에서 생겨나는 애로사항이나 운영상의 미비점을 개선하면서 좋은 도서관으로 만드는 게 맞는 방향인데, 우리는 그렇게 하고 있지 않다. 공무원들이 도서관과 프랜차이즈 커피 전문점을 동일선상에서 보고 있는 것 같다.

어린이 도서관 하나가 문을 닫으면, 일차적인 피해가 가는 곳은 그 지역 어린이가 아니라, 사실은 그 지역의 육아 환경 그 자체다. 그렇게 점점 더 '육아 사막' 지대가 늘어난다. 일단 어린이 도서관이 만들어지면, 그 지역 육아 네트워크의 중요한 연결점으로 기능하게 된다. 작은도서관도 마찬가지다. 처음부터 한국에서 작은 도서관은 중앙도서관에서 경제적으로 소외된 지역을 지원하기 위한 시설로 이해했고, 우선 지원 순위를 경제적으로 어려운 지역부터 지원이 가도록 했다. 원래부터 그냥은 도서관이 생겨나기 어려운 지역, 도서관이 운영되기 어려운 곳부터 만들어나간 것이다. 이 제도가 원래 그렇다. 경제적으로 어려운 지역의 도서관은 사람들이 책을 덜 읽고, 당연히 도서관 운영이 어렵다. 그냥 일렬로 도서관 줄을 세우면, 도서관이 필요한 곳과 도서관이 잘 운영되는 곳의 성과가 정반대로 나오게 되어 있다.

어쨌든 그렇게 성과지표로 관리를 하면 전체적인 효율성이 높아지지 않겠는가? 국민경제 차원에서는 지역 간 격차를 줄이는 것이 전체 성과를 위해서는 더 유리하다. 수년 전부터 국민소득 최상위권에 들어간 스위스에도 북부 독일어권과 불어권에 비해서 경제적 어려움을 겪는 남부 이탈리아권 사이에 지역적 경제 격차 문제가 존재한다. 공업 지역인 북부 지역과 농업 지역인 남부 지역 사이의 경제적 격차가 스위스의 오래된 고민이다. 이탈리아권인 남부 지역이 지나치게 경제적인 어려움을 겪지 않도록 하기 위해서 취리히를 축으로 하는 독일어권과 제네바를 축으로 하는 불어권이 다양한 방식으로 경제적 지원을 한다. 이 관계가 깨지면, 특정 지역이 그냥 가난해지는 걸로 끝나는 게 아니다. 남부 지역이 너무 어려워지면, 이탈리아권은 스위스 연방에서 나와서 이탈리아와의 합방을 시도하게 될 것이다. 그러면 스위스 연방이 깨진다. 지방 소멸이라는 용어가 처음 등장한 일본도 도쿄를 축으로 하는 관동 지역과 오사카를 축으로 하는 관서 지역이 팽팽하게 경쟁 중이다. 게다가 일본의 근대화를 이끌었던 규슈 지역도 여전히 중요한 경제 축이다. 도쿄가 수도이기는 하지만, 일본 경제는 도쿄 중심의 단일 축이 결코 아니다. 한국은 다르다. 서울 그리고 그 연장선에서 수도권이 거대한 블랙홀로 모든 것을 끌어당기는 구조를 가지고 있다. 지역에 도서관이 문을 닫거나 약해지면, 그냥 도서관 하나가 사라지는 것으로 끝나지 않는다. 이런 변화들을 제대로 반영할 수 있는 성과지표는 적어도 도서관에 대해서는 아직 제대로 개발되어 있지 않다.

지역 소멸이 진행 중인 일본 작은 마을의 개성 뚜렷한 도서관들은 지역 정책의 결과물로서도 매우 유명하다. 후쿠시마현의 이와키그림책도서관은 일본의 세계적인 건축가 안도 다다오에 의해 노출 콘크리트와 미니멀리즘 디자인으로 설계되었다. '빛의 건축'이라는 이름으로 불리며 세계적으로 유명한 도서관이 되었는데, 기본적인 이용 대상은 지역의 유치원 세 곳의 어린이들이다. 정말로 어린이들을 위한 도서관이라서, 일반인들은 사전 신청을 통해서 금요일에만 방문할 수 있다. 지역 도서관을 통해서 지역 경제의 다른 대안을 모색하는 일본의 사례는 아주 많다.

지금 한국의 도서관 관리 시스템으로는 눈에 띄는 성과를 보여주지 못하는 지방 도서관들은 점점 예산이 줄고, 결국은 문을 닫게 된다. 쇠퇴하는 지역에서 도서관 사용도 줄어들고, 지표 평가가 좋지 않게 나오는 것은 자연스러운 일이다. 기계적인 경영의 관점에서는 이런 지역 도서관은 문을 닫게 하는 게 자연스러운 일일지도 모르지만, 국민경제라는 눈으로 보면 정말로 손해가 막심한 일이다.

도서관 하나가 지역에서 문을 닫으면, 공공의 중요한 포컬 포인트focal point 하나가 사라지게 된다. 지역에서 공간으로서의 도서관은 책만 보는 곳이 아니라 각종 문화 프로그램들을 통해서 주민들이 모이고 교류하는 공간이기도 하다. 이런 지역 네트워크가 제대로 형성되고 발달하는 데에는 많은 시간이 걸린다. 그렇지만 무너지는 것은 의외로 쉽다. 토목과 건설, 토건의 눈으로 보면 아무 일도 벌어지지 않는 것처럼 보일지 몰라도, 지역 네트워크의 눈으로 보면 끈적끈적한 지역 네트워크가 천천히 형성되고 있는 것이다. 경제학 테크닉이 아무리 발달해도 지역 경제에서 이런 지역 커뮤니티의 효과에 대해서 제대로 평가하지 못하고 있다. 21세기가 되면서 복지는 물론이고 의료에서도 커뮤니티 효과를 점점 더 강조하는 경향이 있다. 고령화 사회에서, 병원이나 시설 중심의 노인 의료에서 자기 집에서 늙어갈 수 있는 방식의 핵심이 '커뮤니티 케어'다. 세계적으로 뜨는 개념이다. 이렇게 지역에서 고령자들을 돌보고 고독사를 관리하는 편이 사회적으로는 시설 중심의 관리보다 더 인간적이기도 하고 더 경제적이기도 하다는 것이다. 도서관과 지역 의료는 일차적으로는 크게 연관이 없을 것 같지만, 고령화 흐름과 함께 더 밀접한 관계를 보이고 있다.

도서관이 전혀 없는 지역은 혼자서 말년의 인생을 보내기에 그다지 좋은 지역이 아니다. 도서관이 없는 곳은 지역의 시민 네트워크의 크기 자체가 아주 작아진다. 웰다잉 논의와 함께 병원이 아니라 집에서 마지막 순간을 보낼 수 있는 재택사dying at home의 논의가 점점 더 중요해지고 있다. 노년에 집에서 여생을 보내다 죽을 수 있으면 개인적 지출도 줄지만, 사회적으로 의료 지출 역시 줄일 수 있다. 재택의료, 재택간호, 재택간병, 이 세 가지가 재택사의 조건인데, 그게 바로 커뮤니티 케어가 새롭게 등장하는 이유다. 도서관과 지역 공동체는 밀접한 관계를 가지고 있어서 도서관을 만들지 못하거나 없애는 것을 막지 못한 지역은 건강한 커뮤니티가 유지되지 못하는 곳일 가능성이 높다. 반면 도서관이 활발하게 움직이는 곳은 동시에 커뮤니티 케어를 위한 지역 네트워크가 잘 형성되었을 가능성이 높다. 최근 작은도서관을 비롯한 지역 도서관들이 주민 독서 모임에 대한 예산을 줄이는 중이다. 풍성한 지역 공동체가 손실되는 것보다 예산 절감의 편익이 크기는 어렵다. 이걸 "앞으로 남고 뒤로 밑진다"고 표현한다. 경제적으로 어려운 지역일수록 도서관이 먼저 문을 닫고, 도서관 관련 예산들이 먼저 줄어들게 되는 경우가 많다. 그렇게 점점 더 어려운 지역이 되어간다. 미국이 어려운 지역의 시민들과 노동하는 소년 등을 위한 작은도서관을 언제부터 만들었는가? 아직 독립도 하기 전, 경제적으로도 그렇게 강한 나라가 아니던 시절부터였다. 그 시절 필라델피아는 유럽의 큰 도시처럼 경제는 물론이고 문화적으로 세계를 끌고 나가던 곳이 아니었다. 그곳에서 한 인쇄공이 시도한 책 읽기 모임 준토가 커지고 커져서 지금의 자본주의식 도서관이 된 것이다. 그게 왜 의미가 있느냐? 그렇게 해야 지역에 시민들이 논의하고 협력할 수 있는 공간이 생겨나고, 그게 바로 지역이 사람 사는 공간으로서 작동할 수 있게 해주는 진짜 인프라이기 때문이다. 장소와 공간의 의미를 우리는 중요하게 생각하지 않는 경향이 있긴 하다. 스페이스와 플레이스는 한국어에서는 그렇게 뉘앙스 차이가 크지 않다. 하지만 영어에서는 뉘앙스 차이가 좀 크다. 뜨는 동네를 '핫 스페이스'라고 부르지 않고, '핫 플레이스(핫플)'라고 한다. '공간'이 아니라 '장소'로 부른다. 프랑스 철학자이자 도시 연구가인 앙리 르페브르가 〈공간의 생산〉이라는 책에서 매우 밀도 있게 공간과 장소에 대해서 얘기한 적이 있다.

우리는 도서관이라는 제도를 만든 나라가 아니라서 도서관의 진짜 의미에 대해서 잘은 모른다. 일본도 마찬가지다. 그래도 일본이 우리보다 도서관을 운영한 역사가 길어서, 지역에서 공간으로서의 도서관에 대한 이해가 어느 정도는 생겨났다. 지역을 물리적인 의미에서의 공간 혹은 사회적 구조로서의 공간이 아니라 추억과 의미가 담긴 개개인에게 의미가 있는 '장소'로 만들어주는 핵심적인 기관이 도서관이다. 물론 경제적으로 그 의미와 효과를 제대로 평가하는 것이 쉬운 일은 아니다. 나이 먹으면서 매일 잠시라도 운동을 해야 근육과 뼈와 같은 골격만이 아니라 혈관과 미세 기관들의 노화를 막을 수 있는 것과 같다. 도서관 관련된 예산을 배정할 때 계산을 하지 말자는 것이 아니다. 계산을 할 거면 제대로 계산을 하는 게 맞다. 21세기, 전 세계 많은 선진국들에게 지역의 쇠퇴가 중요한 국가적 과제가 되었다. WTO가 만들어지면서 수출에 대한 보조금을 매우 엄격하게 금지시켰다. 그때 지역에 대한 지원만큼은 광범위하게 예외가 인정되었다. 지역의 쇠퇴가 그만큼 국제 경제에서도 중요하게 다루어졌던 것이다. 지방에 대한 지원 그리고 복지에 대한 지원이라는 의미에서 지역 도서관을 보아야 하는 순간이 왔다.

 공간을 장소로 만들어주고, 기억과 추억 그리고 살아 움직이는 사람들의 실제 생활로 만들어주는 핵심 포컬 포인트가 바로 도서관이다. 공간 정책에서 도서관의 의미를 잘 모르는 사람에게 '심시티' 게임을 권해주고 싶다. 게임에서는 도서관을 만들어야 그 뒤의 상급 교육시설들을 만들 수 있다. 그만큼 도서관이 핵심적인 지역 인프라다.

장애인 도서관과 점자책

자본주의가 만든 제도들이 생각보다 많다. 현대의 복지 체계는 독일의 철혈 수상 비스마르크가 그 기원이다. 물론 그 시절에도 반대가 많았지만, 강렬하게 반대하는 독일 귀족과 부자들에게 그는 체제유지비용이라고 설명했다고 한다. 힘들고 어려운 사람들에게 안전판을 만들지 않으면 결국 폭동과 소요가 많아질 것이고, 궁극적으로는 자본주의 체계가 붕괴할 수도 있다는 것이 그의 설명이었다.

복지 논쟁 중에서 가장 인상적인 것은 클린턴 시대의 '생산적 복지' 개념이다. 가난한 사람들에게 그냥 돈을 주지 말고, 그가 노동을 할 때 더 많은 돈을 주는 방식으로 바꾸자는 것이다. 장애인이나 심신미약인 사람들도 일을 해야 도와주겠다는 거냐! 너무 잔인한 얘기라고 많은 사람들이 반대했지만, 그렇게 해서 근로장려세제라는 제도가 등장하게 되었다. 일정액 이하의 소득을 얻게 되면 국가가 지원금을 주는 방식인데, 우리나라에서도 지금은 저소득층 지원의 핵심 장치가 되었다. 클린턴이 이 얘기를 했을 때에는 좌파들이 많은 반대를 했지만, 지금은 좌파 복지 정책의 핵심이 되었고, 결국은 보수들도 대부분 채택하는 정책이 되었다. 이를 계기로 복지의 개념이 넓어졌다. 일하는 사람에게도 복지를? 당연히 준다. 부수적으로 저소득층의 연간 소득을 좀 더 구체적으로 파악할 수 있게 되어서 정책 수립의 주요 참고 자료가 되기도 했다. 일해서 번 돈을 신고해야 근로장려금을 받을 수 있기 때문이다.

도서관의 기능 중에는 복지의 기능도 존재한다. 물론 도서관에 와야만 혜택을 받을 수 있고, 더 많은 책을 읽을수록 그 혜택이 커진다. 여름이 점점 더워질수록 혹서기에 도서관은 중요한 지역 기관으로 역할을 한다. 우리나라에서는 보기 드물지만, 미국과 프랑스에서 홈리스, 노숙자들이 도서관에서 책을 읽는 것을 본 적이 있다. 겨울에는 더 많다. 칸트와 쇼펜하우어를 읽는 노숙자, 어쩐지 어색한 조합이지만, 이런 도시 전설 같은 얘기들이 존재한다. 파리 한가운데에 있는 퐁피두도서관에서 추운 겨울날이면 종종 그런 광경을 볼 수 있다. 도서관의 원래 기능은 아니지만, 어쨌든 물리력으로 건물을 가지고 있는 시설이라서 그런 일들이 벌어진다.

장애인 도서관은 좀 더 적극적인 복지 시설이다. 도서관이 책을 배달하는 시스템은 코로나 팬데믹 기간 중 많은 도서관이 도입을 했는데, 장애인 도서관에서 이미 채택하고 있던 방식이 참고가 되었다. '책나래 서비스'라는 이름이다. 점자책에 대해서는 나도 잘 몰랐다. 점자책이 비싸기도 하고, 귀하다는 사실도 잘 몰랐다. 이게 생각보다 경제적으로는 어려운 문제다. 일단 시장 규모가 작다. 모든 시각 장애인이 다 점자를 읽는 게 아니라는 사실도 처음 알았다. 선천성 시각장애인은 맹인학교 등 정규 교육을 통해서 점자를 배우지만, 그렇지 않은 경우 배우기도 어렵고 활용도도 높지 않아서 따로 점자를 배우는 경우가 많지 않다. 성인 시각 장애인 40%가 점자 사용을 어려워한다(국립국어원, '2023년 점자 사용능력 실태 조사'). 특히 전자책에서 음성 기능이 지원되면서 점자의 필요성이 점점 더 줄어드는 것이 사실이다. 그렇지만 수학 등 이공계 도서는 그냥 한 번 듣는다고 이해할 수 있는 게 아니라서, 전문 영역으로 갈수록 점자책에 대한 수요가 더 높아진다. 비싸고 제작 시간이 오래 걸리는 점자책을 주문하는 사람들 중에 이공계 대학생들이 많다는 사실에 놀랐다. 잠시 생각을 해봤는데, 음성 지원으로 도형 문제를 어떻게 이해시킬 수 있나, 그런 질문이 들었다. 도형의 각도를 구하는 문제 중에 보조선을 사용해야 문제를 풀 수 있는 경우가 있다. 완전 어려운 킬러 문항은 아니지만, 보조선을 써야 한다는 사실을 모르면 전혀 풀 수 없다. 음성만으로는 설명하기가 곤란할 것 같다.

전문 도서와 점자책에 관해 시장 여건을 살펴보면서 클린턴 시절의 생산적 복지 개념이 떠올랐다. 노동이 갖는 매우 독특한 사회적 기능 때문에 노동의 세계로 저소득층을 계속해서 편입시키도록 노력하는 게 맞다. 장애인의 경우도 그럴 수 있다는 생각이 들었다. 그냥 기본적인 복지만이 아니라, 좀 더 전문직으로 갈 수 있는 통로를 만드는 것이 더 생산적일 수 있다. 고급지식일수록 음성 파일보다 점자책이 더 도움이 된다는 것 아니냐? 그렇지만 점자책은 보편적 수요가 부족해서 주문 생산 방식이다. 생산 기간도 길고, 가격도 비싸다.

점자로 미분과 적분을 어떻게 표현할 수 있는지 궁금해서 찾아봤다.

> 제73항 정적분은 적분 범위를 ᅟ으로 시작하고 아래 끝, 위 끝, 본 식(피적분 함수)의 순으로 적되, 아래 끝과 위 끝 사이, 위 끝과 본 식(피적분 함수) 사이를 한 칸씩 띄어 적는다. 적분 괄호는 대괄호로 적는다.
>
> $\int_a^b f(x)dx = [F(x)]_a^b$
>
> $2\int_0^a \sqrt{(a^2-x^2)}\,dx$
>
> $\lim_{b \to \infty} \int_a^b f(x)dx$

국립국어원, '2017 개정 수학 점자 규정 해설'

매우 복잡해 보이지만, 로그와 행렬 같은 것도 다 점자로 표현할 수 있고, 당연히 미적분도 표현된다. 점자의 세계가 참으로 놀랍다. 점자로 표현하면 복잡한 수학식도 생각보다 길지 않게 표현이 되지만, 이걸 음성으로 들으면 훨씬 더 복잡해질 것 같다. 이공계의 고급지식으로 갈수록 점자 활용도가 높아지게 된다는 현실이 이해가 된다. 마찬가지 방식으로 악보도 점자로 표현할 수 있다. 일반 악보보다 훨씬 길고 두꺼워지지만, 필요한 사람에게는 필수적일 것이다. 갑자기 악보를 전혀 볼 줄 모르던 폴 매카트니와 존 레넌이 공연 후 호텔방에서 녹음기의 도움을 받으면서 비틀스의 노래들을 작곡했다는 얘기가 생각이 났다.

사용하는 사람은 많지 않고, 가격도 비싼 책, 이게 딱 도서관이 작동하기에 적합한 조건이다. 장애인 도서관이 있는 것은 알았지만, 그런 게 있어야겠지, 그 정도로 가볍게만 생각했었다. 부끄러웠다. 장애인 도서관이야말로 생산적 복지이고, 도서관이 해야 할 일이 아닌가 싶다. 90년대 후반, 서울에 처음 장애인 엘리베이터를 만들 때 경제학자들끼리 비용편익분석에 대한 토론이 있었다. 개발사업 같은 것을 할 때, 기대할 수 있는 총이득 즉 편익과 거기에 들어가는 직간접 비용을 계산해보는 것이다. 이걸 다 경제학자가 할 것 같지만, 보통은 엔지니어링 회사의 실무자들이 한다. 1조 원 미만의 사업에 대한 비용편익분석을 경제학자들이 관여하는 일은 별로 없다. 1조 원이 넘어가는 국가적 사업 규모에서나 경제학자들이 꼼꼼하게 보게 된다. 보통은 그런데, 지하철의 장애인 엘리베이터의 경우는 좀 내용이 특수해서 논쟁이 생겼다. 어떻게 계산을 해도 비용보다 이익이 높게 나올 수가 없었다. 그러면 이걸 경제적인 이유로 안 해야 하느냐? 사안은 단순해도 어려운 철학적인 판단이 개입된다.

    장애인 도서관의 점자책을 보면서 도서관의 생산적 복지에 대해서 다시 한번 생각해보게 되었다. 모든 시각 장애인이 이용하는 것도 아니고, 음성파일 형식의 대체물이 급속하게 발전하는 중이다. 그런데도 장애인 도서관을 활성화시키고 적극적으로 늘려 나갈 필요가 있는 것일까? 이건 수학과 공학 등 고급지식에 대한 접근권의 성격으로 보는 게 맞을 것 같다. 우리가 가난했던 시절에는 정부도 가난했고, 사회의 특수 수요에까지 공공 서비스를 제공하기가 벅찼다. 지금은 그런 시기가 아니다. 고급지식을 담은 점자책을 만들고, 그걸 전달해줄 도서관을 운영하는 게 국가 차원에서 그렇게 어려운 일이 아니다. 그렇게 우리는 선진국이 되어가는 것 아닌가? 택배 배달과 결합시키면 별도로 전국적 네트워크를 광범위하게 만들어야만 하는 게 아니라서 보다 현실적인 대안을 만들어낼 수 있다.

도서관 시민과 '살아 있는 도서관'

지난 몇 년 동안 틈나는 대로 도서관에 대한 책이나 글을 읽고, 도서관 구경도 많이 다녔다. 사서들이 쓴 글을 읽다 보면 '도서관인'이라는 표현이 나온다. 워낙 우리나라에서 사서에 대한 인식이 높지 않고, 부정적인 시각도 많아서 조금 다른 표현을 쓰게 된 것 같다. 도서관인에는 사서뿐만 아니라 대학 교수 등 관련 연구자들도 포함되기는 한다. 어쨌든 도서관인이라는 단어에는 그냥 사서라고 하는 것보다는 뭔가 좀 더 사명감이 느껴지는 듯하다. 도서관인은 문어체고, 실제로 만나보면 '도서관쟁이'라는 표현을 더 자주 듣게 된다. 나는 그 표현이 듣기 좋았다. 뭔가 믿을 만한 사람이라는 어감을 준다.

도서관을 구성하는 두 주체를 생각하면, 사서와 도서관 시민이다. 물론 시민이 아니라 이용객이라고 생각하는 사람도 많겠지만, 도서관은 단순한 편의 시설이 아니기 때문에 그걸 만들어내고 유지하는 사람들이 매우 중요한 기관이다. 도서관은 헌법에 있는 기구가 아니라서 모든 나라가 그걸 만들어야 하는 책무가 존재하는 것은 아니다. 헌법에 있는 것도 아닌데, 마치 헌법상 기구처럼 국가의 기반 시설로 작동하게 하는 것, 그 힘이 바로 도서관 시민이다.

백화점과 도서관을 비교해보자. 백화점이야말로 대표적인 자본주의의 결과물이다. 최초의 백화점으로 알려진 곳은 파리의 르

봉 마르쉐다. 이름만 보면 싸고 저렴한 물건을 파는 곳 같지만, 실제로는 고급 제품을 파는 럭셔리 백화점이었다. 이 최초의 백화점이 문을 연 것은 1850년경이다. 공공 도서관의 출발 시기와 거의 비슷하다. 백화점도 세상의 많은 것을 바꾸었지만, 그렇다고 백화점을 시민, 아니 파리 시민들이 만들었다고 하지는 않는다. 백화점은 자본, 그것도 생산 자본에 눌려 있던 유통 자본이 전면에 나서면서 등장하게 된 시설이다. 백화점과 도서관 모두 자본주의가 만든 특수 시설이지만, 그 주체는 다르다. 도서관에서는 시민이 설립의 주체이며 동시에 운영자. 백화점의 고객과 도서관 시민은 위상이 전혀 다르다.

미국에 도서관이 등장하고 만들어지는 과정은 미국 시민사회의 형성과 역사가 궤를 같이한다. 벤저민 프랭클린이 만든 도서관을 최초의 현대식 도서관으로 평가할 수 있는 것은, 필라델피아에 시민사회가 형성되면서 작은 독서클럽 하나가 점점 퍼져나가 행정적 틀을 갖춘 것이 바로 현대식 도서관의 기원이기 때문이다. 뭐가 결정적으로 변하였는가? 그 이전의 도서관은 왕이 만드는 것이었다. 〈자본론〉을 집필하기 위해서 칼 마르크스가 주로 이용했던 것으로도 유명한 영국의 대영도서관은 1823년 조지 3세가 소장했던 도서들을 맡으면서 지금의 대영도서관 체계를 갖추게 되었다. 지금 도서관의 기원이라고 하는 기원전 도서관들 대부분이 제국을 이끌던 왕이 만든 것이다.

자본주의와 함께 왕의 시대가 종료했지만, 아직 시민사회는 충분히 형성되지 않았다. 도서관은 여전히 왕이 하는 일로 되어 있다가, 대서양 너머 미국에서 시민이라는 집단이 형성되고 그 과정에서 현대식 도서관이 생겨났다. 중세 시대의 종교 도서관에서는 수사들이 책을 필사하는 일이 굉장히 중요한 일이었다. 도서관 입장에서는 중요한 역사지만, 현대식 도서관에서 사서들이 책을 직접 필사하는 일을 하지는 않는다. 아이러니하게도 필사 시대에 사서의 사회적 지위가 가장 높았다. 학자적 권위와 종교적 권위를 동시에 가진 사람들이 도서관에서 일을 했다. 그렇지만 직업으로서의 전문사서는 현대식 도서관 등장 이후에 생겨났다.

순서대로 하면 도서관이 필요하다고 생각하는 도서관 시민들이 먼저 생겨났고, 그들이 도서관을 만들고, 그 도서관에서 분류 및 대출 같은 일을 하는 사서가 생겨났다고 보는 게 맞다. 그리고 사서협회가 생겨나면서 도서관의 방향과 정책적인 일을 전문적으로 다루는 집단이 등장하게 된다. 어느 나라든 도서관사에서는 사서협회의 결성 시기가 중요한 분기점이 된다. 미국은 1876년, 독립 100주년 기념 행사의 일환으로 사서협회가 생겨났다. 세계 최초다. 영국은 그다음 해인 1877년이다. 일본은 1892년, 한국은 1945년이다. 한국에서 한국도서관협회가 법적으로 등록된 것은 6·25가 끝난 이후인 1955년이다.

우리나라는 식민지 시기가 중간에 끼어 이렇게 자연스럽게 흘러가기가 어려웠다. 총독부는 초기에 무도서관 정책이라는 무지막지한 방법을 썼다. 나중에야 몇 개의 도서관이 생겨났지만, 그야말로 몇 개가 전부다. 그 과정에서 사서 교육이 진행되면서, 비교적 빠르게 사서 집단이 형성되었다. 그들이 군인들을 설득하는 데 성공하여 국가 주도로 군사정권 시대에 수백 개의 도서관이 만들어 지면서 한국의 도서관사가 본궤도에 오른다. 전체 규모로 보면 한국에는 사서가 먼저 집단으로 형성이 되고, 사서들이 도서관을 만든 나라라고 할 수 있다. 그렇다면 도서관 시민은?

도서관 시민이 한국에 없다고 말할 수는 없지만, 대규모로 도서관 시민이 형성된 문화적 계기는 2000년대 '기적의도서관'과 '작은 도서관' 건립 붐 때문이었다고 볼 수 있다. 그 이전에도 도서관지키기운동이 있었지만, 사회가 전면적으로 변화한 것은 21세기의 일이다. 총독부 시절부터 해방 그리고 군사정권 때는 시민이라는 개념을 사용하기에 적합한 시기는 아니었다. 도서관을 갈망하는 대중적 요구가 없던 것은 아니지만, 시민이라는 용어로 그 상황을 설명하기에는 뭔가 어색했다. 한국에서 시민이라는 개념이 전면에 등장한 것은 1990년대 중후반에 시민단체가 전격적으로 등장하면서부터다. 우스갯소리지만, 한국에서 시민의 경쟁자는 권력자나 독재자가 아니고, 도민 혹은 읍민이다. 아직도 많은 사람들이 시민이라는 단어에 정서적인 거부감을 가지고 있고, 시민에 대한 얘기를 하면 자신은 도민이라고 얘기하는 경우가 많다. 시민혁명이라는 개념이 여전히 한국에서는 낯설다.

우리는 여전히 왕의 일이나 국가의 일로 많은 것을 설명하려는 경향이 있다. 국가를 왕의 자리에 놓고, 왕이 많은 일을 했던 것처럼 국가가 그 자리를 대체해서 여전히 중앙형으로 많은 일들이 이루어지는 시대라고 생각한다. 학교 급식에서 연금에 이르는 많은 제도가 실제로 그렇게 만들어지거나 운영된 것은 맞다. 그러나 자본주의 시대의 도서관은 그런 왕의 일이나 국가의 일로는 잘 설명되지 않는 매우 독특한 시민사회 그것도 지역 시민사회의 역사와 함께 움직여 온 기관이다. 왕의 권능으로 움직이지 않았던 미국의 특수한 상황과 도서관이 결합하면서 매우 독특한 자본주의 역사가 미국에서 만들어지고, 결국 꽃을 피우게 되었다. 빌 게이츠가 자신을 만든 것은 마을 도서관이라고 말한 것은 과장이 아니라, 실제 미국 자본주의 역사가 그랬기 때문이다.

2023년 서울시 예산을 결정하면서 작은도서관에 대한 예산을 전액 삭감하고 관련 사업도 전면 폐기하는 결정이 내려진 적이 있었다. 8억 원 정도의 돈이라 규모로 보면 큰 것은 아니지만, 도서관 입장에서는 결정타다. 결국 서울시장 오세훈이 직접 개입해서 추경으로 예산을 확보하기로 하면서 이 사건이 마무리되었다. 비슷한 시기에 서울교통방송TBS의 예산이 전면적으로 서울시 의회에 의해서 끊겼다. 오세훈은 여기에 대해서는 별다른 해법을 제시하지 않았고, TBS는 파국으로 치닫게 되었다. 이때 나는 한국에도 이미 도서관 시민이 존재하고, 이제는 정치인 마음대로 관을 쉽게 달 수 있는 나라에서는 벗어났다고 생각했다. 서울에서는 도서관이 교통방송보다는 더 마음대로 손대기 어려운 곳이 된 것 아닌가?

복지를 비롯한 많은 정책을 진보와 보수라는 눈으로 보는 데 우리는 익숙해져 있다. 다른 나라에서도 마찬가지지만, 한국에서도 도서관은 이런 진보/보수의 시각만으로는 잘 설명되지 않는다. 노무현과 문재인 두 대통령은 도서관에 대해서만큼은 나름 최선을 다했지만, 그건 두 사람이 진보라서 그런 게 아니라 책에 대해서 좀 더 열정을 가지고 있어서 그렇다고 설명하는 게 맞다. 미국에서 공립 도서관 보급에 결정적인 역할을 했던 강철왕 카네기는 공화당의 열혈 지지자였다. 열심히 돈 벌고, 노블레스 오블리주를 잘 실천해야 한다는 전형적인 보수적 인물이었다. 한국에서도 도서관의 기틀을 만든 것은 군사정권이었다. 보수정권은 도서관에 적대적이고, 진보정권은 도서관 친화적인가? 반드시 그런 것도 아니다.

보수 우세 지역인 서초구에서 구청장을 연임했던 조은희는 보수정권 내에서 대표적인 도서관주의자다. 처음 구청장이 된 다음에 살펴보니까 지역에 대형 도서관인 반포도서관 하나밖에 없었다고 한다. 주민들에게 물어보니까 그래도 권역별로 하나씩은 도서관이 있으면 좋겠다고 해서, 양재도서관을 비롯해 8개의 공공 도서관을 더 만들었다. 서초구가 직접 운영하는 공립 작은도서관도 14개나 된다. 구청장 시절에 조은희를 처음 만났는데, 내가 만나본 구청장 중에서는 진보, 보수를 통틀어 도서관에 가장 적극적인 사람이었다.

도서관을 설명하는 데 더 결정적인 것은 진보/보수의 시각보다 그 나라에 도서관 시민이 얼마나 폭넓게 형성되어 있는가, 그렇게 보는 게 더 유효할 것이다. 2023년 서울시 보조금심의위원회의 결정을 시장이 뒤집고 추가로 예산 지원을 했던 일은 한국에도 이제는 도서관 시민이 폭넓게 형성되어 있다는 것을 보여준다. 국회도서관 분원이 부산으로 간 이유는 무엇일까? 6·25 이후로 도서관에 대한 폭넓은 시민사회가 부산에도 강하게 형성되어 있기 때문이 아닐까?

인천의 연수도서관은 공공 도서관인데, 그 설립 과정에 지역 시민들의 의견이 많이 반영되었다. 최근에 설립된 많은 공공 도서관은 지역 시민들의 요구에 의해서 만들어지는 경우가 많다. 그냥 위에서 지도만 보고 여기저기 찍어서 만들던 군사정권 시절과는 이제 도서관 설립 과정도 많이 바뀌었다. 그렇게 도서관 시민이 광범위하게 형성되면서 우리는 건물로만 인식되는 도서관이 아니라 유기적 존재인 "살아 있는 도서관"이라는 표현을 써도 괜찮을 상태가 되었다.

도서관이 살아 있다는 것은 그냥 건물이 좋거나, 이용객이 많다는 것만으로 설명하기 어렵다. 좀 더 복합적인 현상이 도서관에서 벌어진다.

이렇듯 다채로운 변화의 와중에 한 가지 변하지 않은 것이 있다면, '공동체가 소통하며 성장하며 더 나은 세상을 함께 만들어나가는 공공의 공간'이라는 정체성이다.
〈도서관은 살아 있다〉 | 도서관여행자 지음 | 마티 | 2022

도서관은 태어나고 시간이 흐르면서 성장해 나간다. 사람과 다른 점은 도서관의 생명이 사람보다 훨씬 길다는 점이다. 그래도 그 자체로 무한한 것은 아니다. 늙어가기도 하고, 심지어 죽기도 한다. 지금 한국에서는 지자체 단체장이 생각 한 번 삐딱하게 먹으면 도서관이 바로 죽을 수도 있다. 도서관의 죽음은 지역 도서관 시민이 덜 형성되었거나, 지역공동체 자체가 붕괴할 때 발생한다. 그리고 한국의 경우는, 진보/보수와는 상관없이 무식한 단체장이나 정치인을 만나면 갑작스럽게 죽기도 한다. 정치적 성향의 문제라기보다는 책이 뭔지, 도서관이 뭔지 생각해본 적이 없는 무식함이 문제라는 생각이 든다. 굼벵이도 구르는 재주가 있다고, 도서관 같은 것은 몰라도 충분히 정치적 능력이 있을 수는 있다. 그런 단체장이 오면 도서관은 제 수명을 채우지 못하고 죽는다.

한국 도서관은 이미 형성되어 있던 도서관 시민들이 힘을 모아 도서관을 만들어낸 역사는 아니지만 일제강점기와 군부 독재 그리고 민주화의 시간을 거치면서, 어느덧 한국도 도서관 시민이 존재하는 나라가 되었다. 이미 만들어진 도서관은 도서관을 찾고 그 안에서 시간을 보내는 도서관 시민을 만든다. 우리 사회도 이제 그렇게 되었고, 그걸 즐길 수 있는 때가 되었다. 만약 서울에 도서관 시민이라는 큰 흐름이 존재하지 않았다면, 서울의 많은 작은도서관들이 서울시의 2022년 결정과 함께 고난의 시간을 보내고, 일부는 결국 죽었을 것이다. 오세훈을 움직인 것은 결국은 도서관 시민의 존재라고 생각한다.

지난 몇 년간, 한국 도서관의 문제점과 어려움에 대해 많은 사람들에게 여러 가지 얘기를 들었다. 위탁과 외부운영, 공무원 사서와 비공무원 사서, 전문성, 수없이 많은 문제점과 불균형이 존재한다. 아직 100년도 되지 않은 짧은 역사 속에서 한국의 도서관이 이상적이고 매력적인 곳이라고 하기는 어렵다. 그렇지만 별로 소문도 크게 안 나고, 티도 별로 안 났지만, 이제는 도서관 시민이 존재하는 나라가 되었다는 사실은 놀랍고 자랑스러운 일이다. 전쟁 중에도 도서관을 만들었던 나라다. 도서관이 그렇게 성장하는 동안, 한국은 세계 최빈국에서 선진국이 되었다. 지역에 구심점 역할을 하고, 국민들의 지식 수준을 높이는 역할을 하면서 한국도 경제강국이 되었다. 도서관의 국민경제에 대한 기여는 계측하기 어려운 것이지, 핵심적인 역할이 없는 것은 아니다. 도서관을 확충하지 않으면서 장기적인 경제 번영을 누린 나라는 자본주의 시스템에서는 존재하지 않는다. 20세기의 개발도상국 중에서 한국 도서관과 비교할 만한 위대한 도서관 서사를 가지고 있는 나라는 없다. 그 도서관 서사에 마지막 찍히는 방점이 바로 도서관 시민이다. 순서는 미국과 다르지만, 이렇게 해서 한국의 위대한 도서관 서사도 한 사이클을 돌게 된다. 도서관 시민과 함께하는 도서관, 그것이 바로 살아 있는 도서관이다.

도서관 경제를 살펴본다고 하니까 많은 사람들이 파주중앙도서관 윤명희 관장을 만나보라고 권해주었다. 그녀는 아이 낳고 7개월 만에 동네에 도서관이 생겨서 공무원 시험을 준비하기 시작했다. 그렇게 9급 사서직부터 시작했다. 파주시에서 유일한 사서이기도 했다. 결국 도서관의 도시, 파주를 만들었다. 파주의 도서관에 다양한 독서 동아리들이 생겨났고, 도서관들이 늘어나기 시작했다. 민간 위탁으로 넘어갔던 교하도서관이 다시 파주시 직영으로 바뀌기도 했다. 한국에 전설적인 사서들이 몇 명 있는데, 그녀는 현재진행형인 전설이다. 그녀 이전의 전설적 사서들은 도서관을 만드는 영웅적 일을 주로 했다. 그녀는 도서관에 동아리를 만들고, 시민들이 다양한 방식으로 참여할 수 있는 기틀을 만들었다. 도서관의 힘은 건물에 있는 게 아니라 바로 사람, 시민들에게 있다. 그녀에게 '도서관쟁이'라는 말을 처음 들었다. 그녀가 만들거나 관여한 파주의 도서관들은 살아 있다. 사람들이 살아 있기 때문이다. 책을 보관하고 관리하고 대여하는 일을 사서들이 한다. 도서관쟁이는 도서관 시민을 만들고, 그 도서관이 살아 있게 하는 사람들이다. 윤명희 관장과는 오래전 작은 인연이 있다. 대학교에 막 들어온 윤명희와 같이 음악을 했었다. 그런 그녀를 도서관 때문에 오랜만에 다시 만났다. 함께 얘기를 나누다 보니 한국의 도서관들이 이제 건물, 공간의 단계를 넘어 살아 있는 단계로 가고 있다는 생각이 들었다. 그녀는 한국의 위대한 도서관 서사의 마지막 빈 부분을 채워넣고 있었다.

도서관과 돌봄의 경제

'카우보이 경제'와 '우주선 경제'라는 용어가 있다. 지구는 넓고, 어딘가 계속 깃발을 꽂으며 나아가도 된다고 사람들이 생각하던 시절이 있었다. 그렇지만 지구는 외부 보급 없이 그냥 혼자 버티면서 가야하는 우주선과 같다. 1966년 케네스 볼딩이 했던 얘기다. 미국은 생태적인 관점으로는 그렇게 지속가능한 경제를 운용하는 나라는 아니다. 미국의 이미지는 여전히 카우보이에 더 가깝다. 트럼프의 미국은 더욱 그렇다. 세계 최강의 힘을 가지고 압도적인 권능으로 힘을 숭상하는 나라, 그런 나라라고 생각했다. 많은 자원과 에너지를 소비하고, 자동차가 없으면 살아가기 어려운 나라, 고속철을 도입하지 못한 나라, 그런 게 내가 본 미국의 이미지였다.

도서관에 대해서 공부하면서, 내가 미국에 대해서 완전히 오해하고 있다는 생각을 하게 되었다. 서부 영화나 마피아 영화를 너무 많이 봤나? 미국에 대해서 카우보이 이미지가 강했다. US스틸이나 포드 등 내가 공부했던 많은 회사들도 대부분 마초 느낌 강한 회사들이었다. 미국의 도서관이 좋다는 정도만 알았지, 그렇게 도서관을 열심히 만들었던 나라라는 사실은 잘 몰랐다. 독립전쟁에서 2차 세계대전 그리고 냉전에 이르는 강력한 군사력에 너무 눈이 많이 갔던 것 같다. 심지어 US스틸의 전신을 창립한 강철왕 카네기가 지금 미국 공공 도서관의 거의 절반에 해당하는 도서관을 만들었다는 사실은 내가 알고 있던, 아니 알고 있다고 생각했던 많은 것들의 근간을 흔들었다. 미국에는 카우보이와 마초의 외면적 모습만 있는 게 아니라 지역 청소년들에게 더 많은 책을 읽게 하고, 그들의 삶을 돌봐야 한다는 또 다른 내부적 흐름이 존재하고 있었다.

새로운 땅에 진출해서 정복하는 그런 카우보이 이미지 뒤에는 한 마을에 정착해서 그곳에 도서관을 만들고 꾸려나가고 그걸 발전시키는 또 다른 흐름이 있었다. 그게 미국을 만든 진짜 힘이고, 미국 경제를 강하게 만든 진짜 체력이라는 것을 알게 되었다. 한때 하드웨어와 소프트웨어에 대한 은유로 경제를 분석하는 것이 유행했던 적이 있다. 사람의 노하우가 중요하고, 지식이 중요하고, 문화가 중요하다는 의미로 그런 단어들이 사용된 것이다. 하드 파워와 결이 다른 소프트 파워라는 단어도 같이 유행했다. 장치와 시설이 갖는 물리적 힘과 구분해서 그것을 운용하는 사람들의 능력이 갖는 힘에 대한 얘기다. 2004년, 조지프 나이의 〈소프트 파워: 세계 정치에서 성공하기 위한 방법들〉이 발간되어 빅 히트를 쳤다. 물론 이것도 결국은 힘에 대한 얘기인 것은 마찬가지다. 미국이 가진 도서관은 소프트 파워를 대표한다. 그러나 도서관은 물리적이든 인적이든, 그런 파워, 힘만을 가지고 있는 것은 아니다. 미국의 도서관은 특히 그렇다.

코로나 시기에 한국의 도서관들도 무인 운영과 책 배송 등 기존에 익숙하지 않은 방식들을 도입했었다. 미국의 많은 도서관들은 감염을 피하기 위해 도서관 주차장에서 식료품도 나누어주고, 정보 취약계층을 위하여 노트북과 무선 공유기를 빌려주기도 했다. 이런 일을 왜 도서관이 해? 도서관은 긴급 상황에서 물리력과 인력을 가진 주요 시설이 된다. 미국의 많은 도서관들이 홈리스가 들어오면 경찰을 부르기도 한다. 미국의 모든 지역에서 도서관이 돌봄을 중요하게 여기는 것은 아니다. 시애틀중앙도서관은 처음부터 시민들이 이 도서관이 복지 기능도 가지기를 원했다. 설계 때부터 공간의 1/3만 장서 공간으로 배치했고, 나머지 공간들은 사회복지 영역으로 남겨두었다. 코로나 격리 기간 때 건물은 폐쇄되었지만, 노숙자들을 위해서 화장실은 개방했다고 한다.

한국에서 많은 사람들은 여전히 도서관이 '건물'이라고 생각한다. 실제로 건물로만 기능하는 도서관도 존재한다. 그렇지만 도서관은 건물의 의미보다 책과 사서의 의미가 훨씬 큰 사회적 기관이다. 평생교육 등 지식과 관련된 교육 역할을 하기도 한다. 그렇게 보면 교육기관이다. 그리고 또 하나 존재하는 도서관의 기능이 바로 돌봄 기능이다. 대학 도서관과 전문 도서관은 일반적인 공공 도서관과는 성격이 좀 다를 수 있다. 지역에 있는 많은 도서관들은 크든 작든, 원하든 원치 않았든, 돌봄의 기능을 하게 된다. 미국의 많은 도서관들은 출발부터 소외되고 어려운 지역 청소년들이 책을 통해서 더 많은 기회를 얻기를 원했다. 도서관에서 책을 읽는 시간은 그 자체가 힘들고 어려운 사람들에게는 휴식이고 돌봄의 시간일 수도 있다.

누군가 자신을 위해서 잘 정리된 공간과 책 그리고 휴식 공간을 만들어주는 일, 자본주의 사회 특히 후기 자본주의에서는 쉽게 상상하기 어려운 일이다. 자신의 일은 자신이 해야 하는 것 아니야? 도서관, 그중에서도 특히 미국의 공공 도서관은 그 자체로 돌봄의 성격이 강하다. 원래 도서관은 그런 게 아니라고 생각하는 사람도 있을 것이다. 그러나 왕의 도서관과 시민의 도서관은 비슷해 보여도 그 성격 자체가 다르다. 미국에 최초로 생긴 공공 도서관은 시골 우체국 한 귀퉁이에 생겼다. 전문가들이 와서 자료를 찾으라고 만든 게 아니라 우체국을 이용하는 사람들이 쉬기도 하고, 책도 보면 좋겠다는 생각으로 만들어진 것이다. 이제는 미국은 물론이고 한국에서도 사람들이 무료로 쉴 수 있는 거의 마지막 공간이 도서관이다. 공원이 어느 곳에나 있는 것은 아니다. 카페나 편의점은 무료가 아니다. 한국은 길가에 쉬어갈 수 있는 벤치도 별로 없는 나라인데, 그나마 혹시라도 누가 누울까 봐 방지 장치를 해놓은 나라다.

미국은 건국 이전부터 도서관을 만들었다. 완전 마초 스타일의 강철왕 카네기가 자신이 벌었던 돈의 상당 부분을 공공 도서관에 털어넣으면서 미국 자본주의의 성격을 질적으로 변화시킨 것인지도 모른다. 미국은 유럽, 특히 북유럽식의 복지와는 거리가 먼 나라다. 그렇다고 카우보이처럼 그냥 전진만 하고, 정복만 한 나라는 아니다. 동네에서 도서관을 만들고, 그런 도서관이 어려운 청소년들이나 지역의 주민들에게 책과 함께 '셸터shelter' 역할을 해주기를 바랐다. 그리고 그들의 꿈이 현실이 되었다. 그렇게 만들어진 게 미국의 공공 도서관이라서, 코로나 때 도서관이 심지어 무선 공유기도 빌려주는 일이 벌어지게 된 것이다. 도서관 말고 이 일을 지역에서 어느 누가 할 수 있겠는가?

우리는 미국과는 다른 경로로 도서관을 만들게 되었다. 목표와 이유는 달랐지만, 한국 경제의 도약기에 도서관이 중요한 역할을 했다. 미국은 복지와 돌봄이 약점일 것 같지만, 도서관과 지역 사회에서 나름대로의 보완 시스템을 구축했다. 우리는? 한국의 도서관도 그런 기능을 했다. 내가 바로 그런 공공 도서관의 수혜자다. 아직 연탄불로 난방하던 시절, 내가 쓰던 방은 책상에 올려놓은 요구르트가 아침에 일어나보면 얼어 있을 정도로 추웠다. 라디에이터에서 스팀이 빵빵하게 나오던 강서도서관은 워크맨과 건전지만 충분히 있으면 더 바랄 게 없는 공간이었다. 지금도 그 시절 라디에이터에서 나오던 따뜻한 수증기 냄새를 코가 기억한다. 그 80년대를 돌아보면, 도서관에서 친구들과 수다 떨면서 지냈던 시간들이 내 인생의 즐거운 추억으로 남아 있다. 그런 사람들이 많을 것이다. 다만 그들의 인생에서 발생한 그 효과를 경제적으로 파악할 방법이 없을 뿐이다. 잴 수 없다고 해서 존재하지 않는다고 할 수 있나?

우리는 도서관의 경제적 효과에 대해서도 아직 잘 모르지만, 그 효과를 해석하는 데는 더더욱 미숙하다. 책이란 무엇인가, 이것도 잘 모른다. 왜 사람들은 책을 읽고, 책을 읽으면 무슨 효과가 생기는가? 철학과 인류학 같은 기초 학문은 도대체 어디에 쓰는가? 우리는 그것도 잘 모른다. 세계에서 가장 먼저 자본주의식 도서관을 만든 미국은 여전히 기초 학문에서 최고의 성과를 내고 있다. 이런 돈도 되지 않는 학문을 도대체 왜 하는가? 우리는 사실 뭘 잘 모르면서도 그냥 남들도 하니까, 외국을 흉내 내고 모방하면서 지금까지 왔다. 우리가 한 것도 정작 잘 모른다. 문학을 왜 하는가? 돈 벌려고 하는가? 노벨상 받으려고 하는가? 그런 건 아니다. 하고 싶은 얘기가 있으니까 하는 것이다. 남의 얘기를 왜 들어? 그런 스토리텔링이 자본주의에서 더 약화되었는가? 그렇지 않다. 그렇게 만들어진 하나의 시스템이 소프트 파워의 핵심이다. 그렇게 만들어진 미국 경제의 뒤에는 중후장대형 설비로 움직이는 산업과 국방력만 있는 게 아니다. 모두가 할리우드를 욕하지만, 할리우드만큼 재밌는 얘기를 지속적으로 오랫동안 만들기가 쉽지 않다. 또한 미국보다 공부 잘하기도 쉽지 않다. 그 가운데 미국의 도서관이 자리하고 있다. 텍스트의 세계, 기초 학문의 세계, 문화의 세계, 그 밑에 전 세계 어느 도서관보다 돌봄에 적극적인 미국 도서관이 숨어 있다.

    미국이 잘한 것은 카우보이와 마린, 해병대만이 아니다. 이런 강하고 화려한 요소들 뒤에서 미국 경제의 진짜 인프라에 해당하는 현대식 도서관이라는 새로운 제도를 만들고, 목숨 걸고 도서관을 지켜온 또 다른 역사가 존재한다. 한국은 겉모습은 따라왔는데, 사실 그 속에 숨은 진짜 효과를 아직 잘 모른다. 그래서 "도서관이 더 필요하냐?" 혹은 "도서관 말고도 돈 쓸 데 많다"는 얘기를 하는 것 아닌가? 도서관에 관해서만큼은 한국에서는 좌우의 차이보다 무식하냐 아니냐, 그게 더 큰 요소로 작용한다. 얼마만큼 무식한가? 대규모로 도서관을 확충한 군인들이었던 박정희나 전두환보다 더 무식하다고 할 수 있다.

지식과 돌봄, 그 어디엔가 위치하고 있는 도서관은 21세기에도 여전히 중요하고도 유용한 사회적 기관의 역할을 하고 있다. 카우보이 정도가 아니라 아예 배를 끌고 바이킹처럼 뭔가 가지고 오는 약탈이 경제의 핵심이라고 생각하는 사람이 많다. 과도한 수출의 신화다. 국민경제의 또 다른 중요한 축은 사람들을 돌보고 연결시키는 일이다. 그걸 요즘은 '돌봄 경제'라는 이름으로 표현한다. 자본주의 이전의 전통적인 사회에서는 마을, 그야말로 지역공동체가 이 기능을 했다. 그걸 자본주의에서 새롭게 재구성하였는데, 미국의 경우는 도서관이 그 핵심 기능을 하게 되었다. 우리의 경우는? 우리도 크게 다르지 않다. 군인이 만들었든, 공무원이 만들었든, 일단 만들어진 도서관은 서구식으로 교육받은 사서들에 의해서 서양식 기관처럼 움직여나갔다. 뒤늦기는 했지만, 우리도 입관료를 폐지하였고, 개가식으로 도서관들이 바뀌어갔다. 그 안에 있는 사람들이 조금이라도 더 편할 수 있게 한국 도서관도 자신의 길을 걸어왔다.

한국은 이제 고도성장기를 지났고, 균형을 찾고 내부의 문제를 완화시켜서 조화를 찾는 것이 중요한 단계가 되었다. 그냥 이를 악물고 참고 버티면서 주어진 임무를 완수하는 것이 경제 주체의 미덕이라고 생각하는 시기는 끝났다. 이제는 쉬기도 하고, 즐기기도 하고, 또 서로 돌보는 것들이 더 큰 의미로 다가오는 시기가 오고 있다. AI 시대에는 돌봄의 사회적 기능이 더욱 커지게 된다. 노동에서 소외되고, 관계에서 밀려나고, 고독하고, 외톨이가 될 가능성이 포드주의에 의한 대량생산 대량소비 시대보다 더 커진다. 도서관은 건물이 그 존재를 규정하는 것이 아니라 지역 네트워크가 그 존재의 유용성을 규정한다. 자본주의 이전에 도서관은 책을 보관하는 곳이었지만, 자본주의 이후에는 책을 읽게 하고 빌려주는 곳으로 만들어졌다. 오래된 책은 버려진다. 아깝지만 서고를 무한대로 넓힐 수 있는 게 아니라서 어쩔 수 없다. 그 대신 계속해서 신간으로 그 빈 공간을 채워줘야 한다. 몇 년만 신간 구매를 제대로 못하면 도서관은 금방 노후해진다. 끊임없이 변화하고 움직여야 하고, 사람들이 계속해서 오고, 그렇게 네트워크가 갱신되어야 한다. 만드는 것보다 유지하는 게 훨씬 힘든 게 도서관이다. 그런 점에서 도서관은 전형적인 서비스 산업이다. 많은 사람들이 지역에서 그런 관계와 네트워크를 건강하게 만드는 게 아무것도 아니라고 생각하지만, 국민경제가 건강하기 위해서는 소외되거나 낙후되는 지역 그리고 관계 네트워크가 활발하게 움직일 수 있어야 한다. 도서관은 미국에서도 그렇고 한국에서도 돌봄 경제의 핵심 기관이다.

　미국이 가진 힘은 도서관에서 나온다. 그 이유를 세계 최고의 규모를 자랑하는 미국의 몇몇 대학 도서관에서 찾는 사람도 있겠지만, 실제 힘은 미국의 지역 공공 도서관과 마을 도서관에서 나온다. 책의 미래를 불투명하게 생각하는 사람들 중에는 도서관이 얼마나 가겠느냐고 얘기하는 사람들이 있다. 아마 미국의 도서관은 자본주의 이후 가장 먼저 만들어지기도 했지만, 아마 다른 나라들보다 가장 오래 버틸 가능성이 높다. 도서관이 버티는 한, 순수 학문과 문학 그리고 책이 미국에서는 더 오래 버틸 것이다. 노벨평화상을 미국이 받을 가능성은 잘 모르겠지만, 아마 마지막까지 노벨문학상을 받을 나라는 미국일 것이다. 집단적인 텍스트 이해도 역시 미국의 청소년들이 가장 마지막까지 최고 수준을 유지할 것이다. 미국이 최고의 지역 자치를 하지는 않는다. 그건 스위스가 최고다. 그렇지만 미국의 지역들은 AI의 전면화 국면에서도 일정 수준 이상의 돌봄 경제를 유지하고 있을 것이다.

우리는 도서관을 언제까지 만들고 유지해야 하는가? 미국이 전면적으로 도서관을 포기할 때까지라고 할 수 있다. 국가 간에도 경쟁이 있고, 청소년들의 학력과 지식도 일정 수준으로 유지해야 한다. 그리고 공동체의 돌봄도 먼저 포기해서는 안 되는 분야다. 이 경쟁에서는 먼저 도서관을 포기하는 쪽이 진다.

왕의 도서관은 미국이나 일본의 국회도서관처럼 국가 도서관의 형태로 계속해서 남았다. 이건 인류의 역사와 같다. 중세 시대의 교회 도서관 역할을 하는 것이 지금의 대학 도서관이다. 종교의 역사가 자본주의와 비교도 할 수 없게 긴 것처럼, 대학은 자본주의보다 먼저 생긴 기관이다. 자본주의 역사보다 더 오래된 역사를 가지고 있다. 공공 도서관은 자본주의가 만들어낸 기관이다. 이건 자본주의의 변화에 따라 변하기도 하고 사라질 수도 있다. 그렇지만 이 제도를 만든 나라가 미국이라서 미국은 아마도 마지막 순간까지 도서관을 포기하지 않을 것이다. 모든 자료가 완벽하게 전산화되고, 책에 대한 지적재산권과 그 보상까지 완벽하게 정책적으로 해결된다면 대중들이 책을 도서관에서 읽지 않아도 되는 순간이 올 수도 있다. 그리고 지금 도서관이 하는 돌봄 기능에 대해서 다른 방식의 해법을 찾게 될 수도 있다.

그 마지막 순간까지, 먼저 도서관을 닫는 쪽이 선진국끼리의 국제적 경쟁에서 질 가능성이 높다. 책을 읽을 줄 모르고, 읽어본 적 없는 미래 청소년과 여전히 도서관에서 책을 빌려서 읽는 또 다른 미래 청소년 사이의 경쟁이라고 생각하면 좀 더 상상하기가 수월할 것이다. 이 게임은 버티는 쪽이 유리하다. 게다가 버티는 데에 새로 도서관을 만드는 것 같은 엄청난 투자와 재원이 필요한 것도 아니다. 굳이 먼저 철수할 물리적 이유는 별로 없다. 결국은 그 나라의 도서관 역사와 도서관 시민의 존재가 이런 것들을 결정할 것이다.

소수가 뭔가 하고 다수가 그걸 끌어가는 게 자본주의 경제라고 생각하는 사람도 있다. 그런 선진국 경제는 존재한 적이 없었다. 19세기에 학교와 도서관을 통해서 전체적인 수준을 높여간 나라가 20세기에 큰 경제적 성과를 만들어냈고, 그건 지금도 마찬가지다. 전 세계 대부분의 부모가 갖는 공통적인 희망은 아마도 자기 자식이 핸드폰은 좀 덜 보고, 도서관에서 좀 더 많은 시간을 보냈으면 하는 것 아닐까? 그건 그들이 보수적이라서 그렇거나 게임에 대한 특별한 편견을 가지고 있기 때문이 아니다. 21세기에도 여전히 지식경제는 그런 방식으로 움직이기 때문이다. 길게 생각하고 보다 고급스러운 일을 할 수 있는 문해력은 그렇게 만드는 방식밖에 없기 때문이다.

내가 아는 어느 사서의 고민으로 이 얘기를 마무리할까 한다. 한국을 대표하는 큰 도서관의 사서인 그 엄마도 자식이 책을 안 읽어서 고민이 많단다. 그 남편은 한국을 대표하는 전자회사에서 일을 하고, 자식과 같이 닌텐도를 하는 게 큰 휴식이다. 교수 엄마도, 사서 엄마도, 심지어는 학원에서 일하는 엄마도 다 공통적으로 이런 고민을 하는 것이 2020년대의 세계적인 모습이다. 미국의 한 치과의사 엄마도 같은 고민을 하고 있는 것을 보았다. 일본 외교관의 아내인 어느 엄마도 같은 고민을 한다. 이 엄마들에게 유일한 구세주는 집에서 멀지 않은 도서관이다. 미국이든, 일본이든, 한국이든, 도서관은 우리가 생각하는 것보다 훨씬 더 위대한 일을 했고, 그 일은 지금도 계속되고 있다.

도서관에 대해서 고마워하라는 얘기는 안 하고 싶다. 도서관의 도움을 받은 사람들은 충분히 고마워하고 있다. 도서관을 존경하지는 않아도 좋지만, 도서관을 조금은 더 존중하면 좋겠다. 그러면 미국과 우리의 경제적 격차를 조금은 줄일 수 있게 된다. 도서관을 무시하는 사람들이 늘어나면, 미국과 한국의 격차는 더 벌어지게 된다.

그래도 한국 도서관의 미래는 여전히 낙관적이다. 조선총독부가 도서관 못 만들게 하던 시절을 이겨내고 지금의 도서관을 만들어낸 나라다. 도서관 필요 없고, 민간 위탁하면 그게 혁신이라는 바보들이 일부 있지만, 한국의 역사는 바보들의 역사가 아니다. 힘 센 바보들이 시스템을 무너뜨리기에는 우리 도서관의 역사가 더 크다. 어쨌든 우리는 위대한 도서관 서사를 가지고 있는 나라다. 낙관과 명랑함으로 내가 할 수 있는 말은 딱 한마디다. "힘내라, 도서관!"

히키코모리를 위한 짧은 도서관 소묘

2019년, 도쿄대를 졸업하고 공무원 직급의 최고 위치인 사무차관으로 은퇴한 70대 노인이 40대 아들을 살해한 사건이 벌어졌다. 최근 폭력 성향을 강하게 보이기 시작한 그의 아들이 인근 초등학교 운동회 소리가 싫다며 "다 죽여버리겠다"고 외치며 집을 나서자, 아들이 학교에 가서 저지를 범죄를 막기 위해서 실랑이 끝에 아들을 죽인 것이다. 그의 아들은 오랫동안 히키코모리였다. 그는 아들에게 매달 40만 엔의 용돈을 주었다. 360만 원 정도, 적지 않은 돈이다. 도쿄지방법원은 그에게 징역 6년을 선고했지만, 고등법원에서 보석이 인정되어 500만 엔을 납부하고 일시적으로 풀려났다가 이후 항소심에서 6년형이 확정되었다. 일본에서 은둔형 외톨이, 히키코모리 문제는 오랫동안 청년들의 문제로 이해되고 있었다. 이제 시간이 흘러서 지금은 중년의 문제가 되었다.

이 사건을 비롯한 일련의 히키코모리 관련 사망 사건은 '8050 문제'라는 전혀 새로운 범주의 사회적 개념을 만들어냈다. 80대 부모가 50대 은둔형 외톨이 자식과 살면서 전에는 일어나지 않았던 문제가 벌어지게 되었다. 외형적으로는 부모가 사망하면서 더 이상 연금을 받을 수 없게 된 자식에 대한 문제다. 그렇지만 일본도 다양한 종류의 복지 장치를 가지고 있어서 부모가 사망한다고 자식에 대한 경제적 지원이 완전히 사라지는 것은 아니다. 그리고 새롭게 제도를 정비하면 되는 일이다. 우리나라의 경우는 자식이 정신적으로 문제가 있으면 부모의 국민연금을 승계 받을 수 있다. 부모가 늙으면 부모도 돌봄이 필요하고, 자식도 돌봄이 필요한데, 과연 한 사회가 얼마나 빠르게 이런 변화에 대응할 것인가, 그런 시스템의 문제에 더 가깝다. 물론 현실에서는 공적 지원을 받을 수 있는 다양한 장치가 존재한다고 하더라도 오랫동안 사회적 관계로부터 단절된 당사자가 과연 그런 행정 절차를 밟을 수 있는가, 그런 문제들이 존재한다.

히키코모리라고 흔히 부르는 은둔형 외톨이 현상이 일본에서 사회 문제가 된 것은 1990년대부터다. 많은 사람이 일본에서 먼저 생겼고 한국에서 뒤늦게 생겼다고 보는 경향이 있다. 진실은 아무도 모른다. 한국에는 과연 이런 현상이 없었을까? 나는 한국에도 최소한 IMF 경제 위기 이후로 이런 현상들이 폭넓게 퍼져 있었을지 모른다고 생각한다. 아마도 샘플 조사만 있었고, 전수 조사가 제대로 진행된 적이 없기 때문에 진실을 모르는 것일 수도 있다. 한국에도 폭넓게 은둔형 외톨이가 이미 있었는데, 일본에서 먼저 사회문제가 되었을 수도 있다. 우리는 있는지 없는지 모르고 있었을 수도 있다. 연구자로서 나는 그런 가능성을 배제하지 않는다. 장애인 문제에 대해서 우리가 오랫동안 무감했던 것처럼 외톨이 문제에 대해서도 그랬을 수 있다.

'니트NEET, Not in Education, Employment or Training'는 일본이나 한국에서만 벌어지는 현상은 아니다. 유럽에서도 벌어지고, 미국에서도 벌어졌다. 고용현황조사에서 '그냥 쉬었음'이라고 답하는 사람들이 니트다. 그중 일부가 점점 사회생활과 단절되면서 고립된다. 일본은 히키코모리 통계를 낼 때 6개월 이상 고립된 경우라는 기준을 사용하는데, 사실 정의를 내리기는 쉽지 않다. 그리고 왜 유독 한국과 일본에서 이런 장기 고립이 발생하는지, 제대로 설명하기가 어렵다. 히키코모리 현상이 반드시 청년층에게서만 발생하는가? 이것도 명확하지 않다. 일본은 주로 청년을 중심으로 조사를 했는데, 최근에 중장년층으로 범위를 넓혀보니까 40~50대에도 폭넓게 퍼져 있다는 것을 발견했을 뿐이다. 과연 이들이 모두 청년기부터 히키코모리였는지, 최근에 그렇게 된 것인지, 쉽게 단정하기는 어렵다. 청년들만 사회적 단절 현상을 겪는다고 말할 근거는 별로 없다. 히키코모리에 대해서는 생각보다 충분한 연구가 되어 있지 않기 때문에, 우리가 모르는 것이 많다. 흔히 사람들이 생각하듯이 꼭 가난한 집에서만 벌어지는 것도 아니다. 앞서 일본 차관 사례에서 보듯이, 안정적이고 360만 원가량의 용돈을 줄 수 있는 집에서도 벌어진다. 반드시 저소득층에서만 벌어지는 일이 아니다. 그만큼 원인은 복합적이다. 내가 본 한국 사례 중에는 의사나 은행가 등 아버지가 전문직이고 유복한 경우도 많았다. 돈이나 실업만으로 설명하기는 쉽지 않다. 부모가 경제적으로 넉넉해서 20대에 비싼 아파트를 사줬는데, 그 집에서 혼자 히키코모리가 되고, 혼자 단절되면서, 점점 더 우울증이 깊어진 사례도 본 적이 있다. 그 사람도 처음에는 좋은 직장에 다니고 있었다.

2023년 보건사회연구원에서 19~39세를 대상으로 2만 명이 넘는 고립·은둔 청년 조사를 했다. 지역별 조사는 가끔 있었지만, 이런 규모의 전국 조사를 한 것은 이게 최초였다. 가장 눈에 띄는 것은 성별 차이다. 여성 비율이 72.3%로, 남성의 2.6배다. 이 비율은 조사마다 차이가 있어서 일반화시키기는 어려운데, 일본의 경우 많은 조사에서 성별 차이가 크게 나오지 않았다. 은둔형 외톨이 중에는 남성들이 더 많을 것이라고 생각하는 사람들이 많은데, 현실은 그렇지 않다. 2023년 조사에서 여성 비율이 2배가 넘었다는 결과는 많은 것을 생각해보게 한다. 학력은 다들 높은 편이다. 대학원 이상이 5.6%이고, 대학교 졸업이 75.4%다.

흔히 은둔형 외톨이를 얘기하면 진짜로 방에서도 나오지 않는 사람을 생각하는 경우가 많은데, 실제로 그렇게 심한 초고위험군은 이 조사에서는 504명으로, 객관적 위험이 있다고 판단된 응답자의 4%에 불과하다. 일본과의 직접 비교는 어렵지만, 한국의 청년 외톨이 중 47.2%는 지난 일주일 동안 돈을 버는 활동을 했다. 심층 인터뷰 결과, 그들이 주로 일을 한 곳은 타인과 실질적 접촉이 많지 않은 편의점이나 택배 물류센터 같은 곳이었다. 이들 중 75.4%가 자살을 생각했고, 26.7%가 자살을 시도한 경험이 있다. 그렇지만 80% 이상이 현재 상태에서 벗어나고 싶다고 대답하였다.

내가 도서관이 히키코모리와 새로운 관계를 맺을 수도 있을 것이라고 생각한 것은 코로나 때 했던 비대면 대출 서비스를 보았을 때였다. 조사 항목에는 빠졌지만 은둔형 외톨이들도 택배는 받는 경우가 많다. 현재는 TV 시청과 온라인 활동, 동영상 시청에 많은 시간을 보내고 있지만, 그들 중 45.4%가 일이나 공부를 시작하고 싶어한다. 가족이나 지인에게 도움을 요청하겠다고 하는 비율은 7.9%다. 책이 과연 이들 중 일부라도 세상과의 관계를 회복하는 데 역할을 할 수 있을까? 과연 오랫동안 고립된 사람에게 책이 무슨 역할을 해줄 수 있을까? 21세기 한국 자본주의가 만들어낸 관계 단절자에게 도서관이 작은 도움이라도 줄 수 있을까?

새로운 친구가 생겼다. 어쩌면 더 깊고 은밀한 관계다. 지금 내가 가장 좋아하는 친구는 바로 책이다. 매일 저녁 책을 읽는다. 기억하고 싶은 문장은 노트에 필사하면서 읽고 있다. 아침에 짧게 독서를 하기도 낮에 낭독을 하기도 한다. 책을 다 읽고 나면 필사한 내용을 독서 노트를 써서 블로그에 올린다. 정확히 세어 보지는 않았지만 지금까지 100편이 넘는 리뷰를 썼다. 책은 나를 밖으로 꺼내주었다. 한 달 동안 외출을 안 하는 게 일상이었던 내가 도서관에 책을 빌리러 다니기 시작한 것이다. 집 밖을 나갈 이유가 하나 생겼다. 꾸준히 도서관을 드나들었다. 매일 나가지는 않더라도 반납일을 지키기 위해, 꼭 읽고 싶은 책을 빌리기 위해 매주 도서관에 갔다. 도서관 산책으로 조금씩 바깥 공기를 마셨다.

(…)

책을 매개로 좁은 방 안에서 더 넓은 세계와 긴밀히 접촉할 수 있었다. 내 문제에만 갇혀 있던 시선이 확장되기 시작했다.

〈책 읽는 히키코모리〉 | 하루결 지음 | 브런치북 | 2023

히키코모리 상태에서 어느 순간 책을 읽기 시작한 하루결은 서평을 쓰게 되었고, 시도 쓰면서 작가가 되었다. 2023년 12월, 그는 그의 방을 나설 준비를 하기 시작했다. 나는 2007년 〈88만원 세대〉를 쓰면서 너무 기본 자료가 없어서 결국 마지막 순간에 히키코모리에 대한 얘기를 포기한 적이 있었다. 그때도 여러 사람들을 만났고, 그 후에도 기회가 되는 대로 이 얘기들을 계속해서 살폈다. 한국에서는 관련된 일을 하는 활동가들을 적지 않게 만났다. 일본에서도 청년 활동가들을 만났고, 관련된 시설도 가본 적이 있다. 현장에서 용어를 고민하는 사람들은 어른이 되어도 새롭게 많은 것을 배워야 한다는 의미의 '어른이'라는 단어도 사용한다는 것을 알게 되었다. 워낙에 공식적인 방식으로는 접촉이 어렵기 때문에 한 명 한 명을 공들여 만나고, 이런 과정을 '발굴'이라고 부르는 것을 보면서 가슴이 짠했다. 내가 만난 외톨이들은 대부분 학력이 높았고, 지적 수준도 결코 낮지 않았다. 어쩌면 그래서 더 상처받기 쉬웠던 것이라는 생각도 들었다. 자본주의는 약자에게는 여전히 두려운 존재고, 한국 자본주의는 두려우면서도 차가운 존재다. 아직 우리의 자본주의는 따뜻한 자본주의와는 거리가 멀다.

도서관은 책이라는 매력적인 물건을 가지고 사람과 만나는 곳이다. 한국은 물론 일본에서도 은둔형 외톨이 관련된 기관을 설계하면서 도서관을 생각하는 경우를 보지 못했다. 여전히 도서관은 아날로그 스타일이고, 책은 전형적으로 올드 매체에 속하는 종이 매체다. 종이를 집어 한 페이지, 한 페이지 넘기면서 느껴지는 독특한 감각이 존재한다. 도서관에서 책을 반납하고 새로운 책을 빌릴 때, 한 권을 다 읽었다는 뭔가 뿌듯한 느낌도 있다. 큰 성취감은 아니더라도 작은 기쁨이 발생한다. 정보학으로는 설명하기 어려운 도서관만이 가지고 있는 문화적 속성이 존재한다.

도서관에는 시험에 합격을 하고, 승진을 하려는 사람들의 강한 욕망만이 존재하는 것은 아니다. IMF 경제 위기 이후로 직장을 잃은 많은 사람들이 도서관에서 위안을 받고, 위로를 찾았다. 그게 아니더라도 도서관이 비 오는 날, 추운 날, 더운 날, 셸터 같은 기능을 했다. 그런 역할을 히키코모리들에게도 해줄 수 있지 않을까? 굳이 도서관에 오지 않아도 비대면 관계로 책을 빌려주는 시스템은 이미 갖추고 있다. 도서관은 지역마다 존재한다. 장애인 도서관은 전국 서비스를 한다. 은둔형 외톨이를 찾아내고, 소통하기 위한 물질적 장치는 이미 가지고 있다.

지역의 도서관이 몇 명의 히키코모리만이라도 방에서 나오게 할 수 있다면 아름다운 기적일 것이라고 생각한다. 몇 사람이라도 사회적 관계망 속으로 돌아올 수 있다면, 그것만으로도 엄청난 일이다. 한 사람 한 사람이 모두 저마다 하나의 우주 아니겠는가? 지역별로 은둔형 외톨이 관련된 정책을 만들 때, 작지만 의미 있는 도서관의 역할을 고려하면 좋겠다. 도서관의 회원 동아리 중에 히키코모리 관련된 책을 읽는 동아리 하나쯤 생겨도 이상한 일이 아니다. 자본주의에서는 모두가 자신만을 위해서 살아갈 것 같지만, 꼭 그렇지는 않다. 공공 도서관은 많이 배운 사람들이 구하기 어렵고 귀한 책을 보는 곳이 아니다. 그게 '라이브러리' 정신이다. 더 많은 활동을 하는 성장하는 유기체, 그게 바로 인도의 랑가나단이 얘기한 도서관학 제5법칙이다.

고대 도서관은 책을 모시는 곳이었지만, 현대 도서관은 사람을 모시는 곳이다. 관계가 중요해지고, 도서관에 자연스럽게 동아리가 생겨나게 된다. 어떻게 보면 도서관은 관계 전문 기관이기도 하다. 히키코모리는 노동 시장적 관계에서 상처받고 두려움이 생겨난 사람들이다. 도서관은 그 끊어진 관계를 다시 연결시킬 수 있는 가능성을 가지고 있다. 히키코모리와 도서관, 전혀 연결되지 않을 것 같은 두 존재가 연결될 수 있을까? 이 가능성을 생각하는 나는 여전히 낭만주의자이고, 낙천주의자인 것 같다. 나는 한국 자본주의가 따뜻한 자본주의로 전환하여 나갈 때 지역의 도서관들이 중요한 역할을 할 것이라고 믿고 있다. 그게 한국의 위대한 도서관 서사가 앞으로 나아가야 할 방향이라고 생각한다.

총독부에서 처음 도서관을 만들었을 때, 그곳에 우리말로 된 책을 넣는 것이 큰 일이었다. 일본인 군인과 경찰의 시대에서, 다시 한국인 군인들의 정치, 그렇게 오랫동안 한국은 강압적인 통치의 시대였다. 도서관도 딱딱하고 근엄했다. 어린이 도서관과 작은 도서관을 거치면서, 한국 도서관은 점점 더 부드러워졌고, 시민들을 반기는 모습으로 변해갔다. 서초구에서 구청장을 지내면서 많은 도서관을 만들었던 조은희와 마지막 통화를 했을 때, "잠깐만요", 그렇게 말하면서 한마디를 더 보태고 싶다고 했다. "도서관이 카페처럼 느껴지게 하고 싶어요." 앞으로는 바뀔지도 모르지만, 우리 시대에 정서적으로 가장 편한 공간은 카페일지도 모른다. 도서관의 얼굴도 점점 바뀌어간다. 지금까지 우리는 도서관을 지식경제라는 측면에서 주로 봤지만, 미래의 도서관은 '따뜻한 자본주의'의 상징이 될지도 모른다. 도서관 시민과 함께 한국 도서관의 위대한 서사가 몇 발 더 앞으로 나아가는 모습을 보고 싶다.

책을 덮으며

1

많은 경우, 내가 책에서 다루는 주제들은 힘들고 어려운 사람들이거나 구조적 모순에 관한 것들이다. 결국은 어둡고 무거운 톤의 글을 쓰게 된다. 힘든 얘기를 웃으면서 하기는 어렵다. 그래도 가능하면 너무 처지지 않으려고 신경을 쓰고, 되도록 밝은 부분을 부각시키려고 노력한다. 그게 꽤 힘이 든다. 그걸 버티기 위해서 평소에 명랑하게 지내려고 한다. 그래도 책을 한 권 쓰고 나면 지친다. 마음을 형상화시킬 수 있으면, 그야말로 너덜너덜해진다고 하는 게 맞을 것이다. 그래도 늘 감사함을 갖는 것은, 내가 다루는 주제들이 많은 경우 출판사들이 꺼리는 주제들이기 때문이다. 그래도 독자들의 힘으로 이런 주제들이 책으로 나오고 출간이 된다. 많이는 아니지만, 아주 약간의 자부심을 가지고 산다. 2년 전에 아버지가 암으로 쓰러지신 후 돌아가셨다. 2년간 책을 못 냈다. 아버지 돌보면서 글을 쓸 수 있을 정도로 그렇게 신경줄이 굵지는 않다.

이 책은 제목이 그래서인지, 책을 쓰는 동안에 그렇게 힘들지는 않았다. 오히려 더 마음이 편해졌다. 물론 그냥 편한 시간이었던 것은 아니다. 둘째가 폐렴으로 병원에 입원했었다. 병원 상태가 원할하지는 않아서, 보통의 입원 기간보다 하루 먼저 퇴원을 하게 되었다. 그리고 며칠 후, 어머니가 폐암 진단을 받으셨다. 폐암이 문제가 아니라 어머니는 치매와 상실감으로 한동안 식사를 안 하셨다. 오히려 확정이 된 후에는 그래도 치료 받으시겠다고 해서 상황이 좀 나아졌다. 병원에서는 연세가 있고, 암이 너무 깊은 곳에 있어서 수술이 어렵다고 했다. 보통의 경우 이럴 때에는 글을 쓰기가 어렵다. 이번 경우는 좀 달랐다. 책을 쓰는 시간이 그렇게 어렵지 않았고, 감정 소모가 많이 일어나지도 않았다. 오히려 나에게 힘이 되는 느낌도 들었다.

일상적으로 글을 쓸 때 주변에 티 내지 않으려고 하는 편이다. 따로 작업실을 마련하지 않는다. 사회과학으로 벌 수 있는 돈이 뻔하기 때문에 불필요한 지출은 줄이고, 최대한 단출하게 하고 산다. 책을 쓸 때에도 우리 집 어린이들 밥해줄 거 다 하면서 지낸다. 가족들한테도 그렇고 남들한테도 티가 나게 하지는 않는다. 신경 곤두서서 주변 사람들에게 신경질 내고, 불편하게 하면서 살고 싶지 않아서 좀 조심하는 편이다. 아내 정도나 내가 책을 쓰는 중인지 아닌지 아는 정도다. 30대에 한창 책 쓸 때에는 면도를 자주 안 하기도 했는데, 이제는 그런 유별난 일을 안 한다. 그래도 힘이 안 드는 건 아니다.

제목 때문인지, 이 책을 쓰는 동안에 그렇게 지친다는 느낌을 받지 않았다. 미루어 짐작했던 것보다는 우리나라가 어려운 시절을 잘 헤쳐나왔다는 생각이 들었고, 도서관 역사가 자랑스럽다는 느낌도 들었다. 그야말로 '갬성' 차원의 특별한 느낌을 받았다. '도서관 갬성'이라는 느낌이 실제로 존재하기는 하는 것 같

책을 덮으며

다. 도서관에 갈 때는 설레는 마음이 있다. 그 설레는 느낌이 좋았다. 그런 갬성을 가능하면 살리고 싶었다. 그래서 몇 달 동안 유쾌한 마음을 갖고 지낼 수 있었다. 책을 마치고 나면 "해냈다", 그런 후련함의 대가로 너덜너덜하게 지친 마음을 갖게 되는데, 이 책은 그런 게 없었다. 아무쪼록 독자 여러분들에게도 그런 갬성이 전달되면 좋겠다.

2

파리에 처음 갔을 때, 파리 1대학 대학원은 서류 면접으로 떨어졌고, 8대학의 경우 대학원은 붙었다. 10대학은 시험을 봤는데, 가까스로 붙었다. 8대학과 10대학 중에서 어디를 갈지 고민했는데, 경제학 도서관은 10대학 쪽이 훨씬 좋았다. 결국 10대학에 가기로 마음을 먹었다. 나중에 런던 비즈니스스쿨이나 런던 정경대 도서관도 가봤다. 독일 본대학이나 제네바나 취리히대학 도서관도 보았고, 도쿄대 도서관도 가봤다. 경제학만큼은 10대학 도서관이 제일 괜찮았다. 나에게는 그랬다.

경제학 방은 2층에 있는데, 내 눈에는 그게 어마어마하게 보였다. 저 책들을 집에 갈 때까지 전부 다 읽어야겠다고 생각했는데, 다 읽지는 못했어도 한 번씩 들춰보기는 했다. 문화경제학이나 사회적 경제 같은 것은 그때의 독서가 아니었으면 잘 몰랐을 분야였을 것이다. 사회학과 인류학 쪽에 있는 책들도 가능하면 다 보려고 했는데, 거기는 연관된 분야만 겨우 봤다. 그 시절에 행복했다. 나중에 힘든 시간도 많이 겪었지만, 특히 학기가 끝난 7월에 거의 아무도 없던 도서관에서 학교 급식 먹으면서 지냈던 시간은 너무너무 행복했던 기억이다. 올림픽을 치렀던 수영장에서 수영하고, 400미터 트랙을 뛰고, 그렇게 한 달을 보내면 천국에 와 있다는 느낌을 받게 된다. 그 힘으로 지금까지 버티면서 살았던 것인지도 모른다.

학교에 잘 적응하지 못했던 초등학교 2학년 때 담임 선생님이 자료실 열쇠를 나에게 주었고, 그 열쇠 덕분에 학교 끝나면 학교 자료실에서 원껏 그림책을 볼 수 있었다. 그렇게 나는 익숙하지 않았던 학교라는 제도에 마음을 조금씩 붙였다.

학교에 대해서 그렇게 좋은 기억을 가지고 있지는 않지만, 그래도 도서관에 대해서만큼은 많은 도움을 받았던 기억이 가득하다. 그런 행복한 기억들이 도서관 역사를 정리하고, 경제적 효과에 대해서 생각할 때 좀 영향을 주었는지도 모른다. 지금도 책을 보는 것은 괴롭고, 보기 싫은 것을 참고 본다. 그래도 도서관에 관해서만큼은 행복한 기억이 많이 있다. 도서관에 관한 얘기를 정리하는 것, 그건 괴롭고 참아야 하는 시간이 아니다.

20대에 너무 옛날 책들을 많이 봐서 그런지, 먼지 알레르기가 생겼다. 평소에는 괜찮지만, 도서관에서 오래된 책들을 들척이면 재채기가 심하게 나게 되었다. 원인은 모른다. 몇백 년 된 책들을 너무 많이 봐서 그럴 것이라고 짐작만 할 뿐이다. 일상생활이 힘들지는 않은데, 지금도 가끔 먼지가 많으면 알레르기성 재채기를 하게 된다. 그래서 늘 도서관에 가 있는 삶은 누리기가 어렵게 되었다.

책을 덮으며

행복한 순간에 대해서 얘기해보라면 사람들은 다양한 얘기를 하겠지만, 나에게는 여전히 파리 10대학 도서관 입구에서 에스프레소를 마시던 순간이 가장 먼저 떠오른다. 그렇지만 평소에 이 얘기를 하지는 않는다. 너무 재수 없어 보일 것 같아서 그렇다. 내가 마음속에 있는 기억에 대한 얘기를 하면 아내가 질색을 하고, 다른 데서는 절대로 그런 얘기 하지 말라고 한다. 그냥 있어도 재수 없어 보이는데, 입만 열면 진짜로 재수 없다고 한다. 책을 쓰는 내내, 재수는 없어 보일지 몰라도 행복했던 순간들이 계속 생각이 났다. 나도 안다. 도서관에서 커피 마시는 순간이 가장 행복했다고 말하면 얼마나 재수 없어 보일지 말이다. 도서관 얘기는 대체적으로 재수 없다. 이 책을 보는 많은 분들은 아마 도서관에 관한 행복한 기억이 적지 않은 분들일 것이다. 그렇지만 도서관 얘기는 혼자만 알고 있는 게 낫지, 주변에 얘기하지 않는 편이 좋다. 생각보다 많은 사람들이 책과 도서관에 대해서 좋지 않은 기억을 가지고 있다. 도서관 얘기는 옳은 얘기이거나 아름다운 얘기일 수는 있지만, 역시 재수는 없는 얘기다. 도서관을 사랑하는 사람들끼리나 할 수 있는 얘기다.

3

이제 아들들을 청소년이라 불러야 하는 시기가 다가온다. 이미 여드름이 나기 시작했고, 변성기도 시작되었다. 책을 많이 보기는 하는데, 공부를 알아서 잘 하는 스타일은 아니다. 그보다는 전두환이나 윤석열 혹은 문재인 성대모사에 더 많은 시간을 들인다. 영화 〈서울의 봄〉에 나오는 "실패하면 반역 성공하면 혁명 아입니꺼", 이런 걸 해서 사람들 웃기는 걸 아주 좋아한다.

이 책은 큰애가 중학교 2~3학년이 되었을 때 읽으면 좋겠다는 생각을 하면서 썼다. 도서관 얘기를 재미있어 할지는 잘 모르겠지만, 그래도 보겠다는 의지가 생겼을 때 읽을 수 있는 형태가 되도록 좀 신경을 썼다. 경제학자들이 습관적으로 사용하는 숫자들을 남용하지 않으려고 노력을 했다. 그래도 생소한 얘기들이 많을 것이라서 정말로 중학생들이 편안하게 읽을 수 있을지, 그건 잘 모르겠다. 어쨌든 외계어처럼 보이지 않게 하려고 노력은 했다.

도서관에 관해서 재밌는 얘기들을 되도록이면 많이 넣고 싶었는데, 아는 얘기가 많지 않아서 그렇게 하지는 못했다. 박사 과정 때 윤리와 에티켓에 관한 얘기를 친구들과 하다가 '도서관과 방귀'라는 주제로 꽤 길게 그리고 엄청 심각하게 토론한 적이 있다. 나는 가끔 도서관에서 재채기를 하기 때문에 할 얘기가 좀 있었다. 그때 도서관에서 방귀가 보통 때보다 많이 나온다고 말하는 친구들이 있었다. 그 얘기를 받아서 수리경제학으로 논문 준비하던 친구가 아주 길게 발제를 했다. 도서관에서 나는 책 냄새가 장을 편안하게 만들어주는 효과가 있기 때문에 자신은 도서관에 가면 항상 화장실에 가게 된다는 것이다. 그리고 자신의 주변에는 그런 사람들이 꽤 있다는 것이다. 그렇다면 도서관에서 나는 책 냄새가 어떻게 사람의 장 운동을 활성화시키는가? 다들 경제학 전공이라 의학에 대해서는 별 지식이 없어서, 더는 논의를 끌어가지 못했다. 정말로 도서관에 가면 사람들이 방귀를 더 뀔까? 화장

책을 덮으며

실에 더 많이 갈까? 지금 생각해도 어처구니 없는 논의이기는 한데, 그 얘기를 그렇게 진지하고 학술적 용어들을 사용하면서 한 시간 넘게 얘기한 게 기억 난다. 어지간히들 공부하기 싫었던 모양이다. 어쨌든 그 뒤로는 도서관에 가면 화장실에 줄이 있나 없나, 그런 걸 눈여겨 보게 되었다. 딱히 줄이 긴 걸 보지는 못했다. 아마도 도서관 냄새와 방귀 연관성은 경험적으로는 없는 걸로.

도서관 에티켓 중 한 가지는 확실히 변했다. 도서관에서는 조용히 하는 게 기본 에티켓이라고 배웠는데, 이제는 많은 도서관이 그렇게 하지 않으려고 한다. 시장통처럼 시끌벅적하지는 않더라도 적당히 서로 얘기도 하고, 어린이들이 소리 내는 것들을 자연스럽게 받아들이는 분위기다. 심지어 엄격하기로 소문난 일본의 도서관들도 요즘은 엄숙주의에서 벗어나려고 하는 것 같다. 일본 도서관에서 졸면 수위가 와서 깨운다는 얘기도 이제는 옛날 얘기가 될 새로운 시대가 오는 중이다. 엄격하고 엄숙해봐야 도서관에 좋을 게 별로 없다.

한국의 10대가 도서관과 관련되어 평생 가지고 갈 즐거운 추억 한두 개 정도는 만들고 어른이 되면 좋겠다는 작은 소망이 생겼다. 즐겁고 재밌는 일은 차고 넘친다. 그래도 도서관에 관한 즐거운 추억은 인생에서 특별한 의미가 있을 것이다. 한국에 사는 누구에게나 도서관은 가장 쉽고 편하게 방문할 수 있는 공유지다. 자본주의가 만든 기발한 제도이고, 미국이 인류에게 행한 가장 큰 기여다. 이런 매우 특별한 일이 벌어졌기 때문에 우리가 쉽게 도서관에 갈 수 있는 것 아니겠는가? 그렇다고 도서관에 고마워할 필요는 없다. 오히려 도서관이 고마워할 것이다.

　책을 준비하면서 너무나도 많은 사서들에게 도움을 받았다. 여력이 되면 지금 남아 있는 도서관의 사연들을 정리해보고 싶어졌다. 도서관 중 어느 하나도 그냥 저절로 생겨난 것은 없다. 다 눈물 없이는 볼 수 없는 사연들을, 그것도 몇 개씩 가지고 있다. 폐관 결정이 내려진 작은도서관 하나는 자발적인 독서모임이 무척 활성화된 곳이다. 그런 얘기들을 하나하나 모아서 정리해보는 일을 한번 해보고 싶어졌다. 내가 할 수 있는 일인지는 잘 모르겠지만, 지금 우리에게 꼭 필요한 일이라는 생각이 들었다. 인천 지역의 공공 도서관 몇 개의 사연을 알게 되고, 이 아름다운 얘기를 좀 더 많은 사람들이 알았으면 좋겠다는 소망이 생겼다.

힘내라, 도서관!
- 위대한 도서관 서사와 도서관 시민

초판 1쇄 인쇄 2025년 10월 17일
초판 1쇄 발행 2025년 10월 24일

지은이 우석훈
편집 이민정
디자인 위앤드(정승현)
관리 남영애

펴낸곳 오픈하우스
펴낸이 정상우
출판등록 2007년 11월 29일(제13-237호)
주소 (03496) 서울특별시 은평구 증산로9길 32
전화 02-333-3705
팩스 02-333-3745
페이스북 facebook.com/openhouse.kr
인스타그램 instagram.com/openhousebooks234

ISBN 979-11-92385-39-6 03020

- 인용문 중 일부는 저작권자와 연락이 닿지 않아 허가를 받지 못하고 출처 표기만 하였음을 밝힙니다.
- 잘못된 책은 구입처에서 바꾸어 드립니다.
- 값은 뒤표지에 있습니다.
- 이 책은 저작권법에 따라 보호받는 저작물이므로 무단 전재와 무단 복제를 금지하며,
  이 책 내용의 전부 또는 일부를 사용하려면 반드시 저작권자와 ㈜오픈하우스포퍼블리셔스의
  서면 동의를 받아야 합니다.